AF126108

Angelika Frost

Berufsethik

in der Sozialpädagogik

1. Auflage

Bestellnummer 50558

Bildungsverlag EINS

www.bildungsverlag1.de

Bildungsverlag EINS GmbH
Hansestraße 115, 51149 Köln

ISBN 978-3-427-50558-7

© Copyright 2012: Bildungsverlag EINS GmbH, Köln
Das Werk und seine Teile sind urheberrechtlich geschützt. Jede Nutzung in anderen als den gesetzlich zugelasse-
nen Fällen bedarf der vorherigen schriftlichen Einwilligung des Verlages.
Hinweis zu § 52a UrhG: Weder das Werk noch seine Teile dürfen ohne eine solche Einwilligung eingescannt und in
ein Netzwerk eingestellt werden. Dies gilt auch für Intranets von Schulen und sonstigen Bildungseinrichtungen.

Inhaltsverzeichnis

Vorwort

Liebe Leserinnen und Leser,

das vorliegende Lehrbuch gibt einen grundlegenden Überblick über berufsethische Fragen der Sozialpädagogik und richtet sich an Studierende, Fachschüler und Berufsfachschüler, die eine Ausbildung zum Sozialpädagogen, Erzieher, Heilerziehungspfleger oder Sozialassistenten absolvieren.

Das Buch orientiert sich in seinem Inhalt und Aufbau an den berufsethischen Lehrplänen der Bundesländer, insbesondere am Thüringer Lehrplan für das Lerngebiet „Berufsethische Grundfragen" an Fachschulen für Sozialpädagogik sowie am Bayerischen Lehrplan für die Erzieherinnenausbildung.

Ebenfalls werden die bildungspolitischen Intentionen der Bundesländer beachtet, die ihren Ausdruck in den einzelnen Bildungsplänen finden. Der Gedanke der Teilhabe und Mitbestimmung (Partizipation) von Kindern und Jugendlichen an Entscheidungsprozessen findet im Lehrbuch umfassend Berücksichtigung.

Sozialpädagogische Fachkräfte werden in ihrem Berufsfeld mit vielfältigen ethischen Frage- und Problemstellungen konfrontiert. In der Arbeit mit Kindern, Jugendlichen, Menschen mit Beeinträchtigungen und Familien müssen unterschiedliche, zum Teil widersprüchliche Werthaltungen und Interessen berücksichtigt werden. Fachliche Entscheidungen sind in diesem Berufsfeld oftmals auch ethische Entscheidungen. Besonders die Arbeit mit Menschen, die in ihrer Selbstbestimmungsfähigkeit eingeschränkt sind, erfordert ein hohes Maß an ethischer Urteils- und Entscheidungsfähigkeit vor dem Hintergrund der Achtung der Menschenwürde und der Selbstbestimmung. Mit dem vorliegenden Lehrbuch soll ein Beitrag zur Aneignung dieser beruflichen Kompetenz geleistet werden.

Dazu ist es erforderlich, sich mit Grundsätzen ethischen Denkens vertraut zu machen, diese aufzugreifen und auf vielfältige berufliche Situationen zu übertragen. Natürlich versteht sich das Lehrbuch nicht als konkrete Handlungsanleitung für „schwierige" Situationen. Es kann lediglich als Verständigungs- und Orientierungsgrundlage dienen.

In den ersten drei Kapiteln werden ethische Kategorien wie Werte, Normen und Prinzipien thematisiert sowie ausgewählte Grundpositionen der Ethik vorgestellt. Diese Kenntnisse sind eine wesentliche Voraussetzung für eine fundierte ethische Argumentation und Reflexion.

Kapitel 4 wendet sich dem Thema der ethischen Argumentation und Entscheidungsfindung im Berufsfeld zu. Durch Beispiele und Aufgaben werden Anregungen zur Vertiefung und zur Erprobung der eigenen Entscheidungsfähigkeit gegeben. Vor allem die Arbeit mit moralischen Dilemmata eignet sich zum Austausch, Meinungsstreit und zur ethischen Reflexion.

Im Kapitel 5 werden ethische Fragen der beruflichen Motivation von Sozialpädagogen behandelt, die im engen Zusammenhang mit der Gestaltung der Helfer-Klienten-Beziehung stehen. Dieses Thema wird aus dem Blickwinkel der Sozialpädagogik im Kapitel 6 dargestellt.

Kapitel 7 behandelt ethisch relevante Problemfelder der Sozialpädagogik und ist sehr umfangreich. Die Auswahl der Themen sowie die Beispiele und Aufgabenstellungen wurden auch im Hinblick auf die Praktikumsvorbereitung der Studierenden konzipiert. Durch das Aufgreifen und gedankliche Experimentieren mit Konflikt- und Grenzsituationen soll ein wichtiger Beitrag zum Erwerb von Handlungssicherheit in der beruflichen Praxis geleistet werden.

In allen Kapitel geben Aufgaben, Fallbeispiele, Bilder und Texte Anregungen für vertiefende Diskussionen und Anwendung des erworbenen Wissens. Die Karikaturen sollen verdeutlichen, dass auch ernsthafte ethische Themen mit Heiterkeit betrachtet und bearbeitet werden können.

Nicht alle Aspekte der Berufsethik in der Sozialpädagogik können im Lehrbuch thematisiert werden. Die Themen- und Problemfelder der sozialpädagogischen Praxis sind jedoch so ausgewählt, dass sie zur weiteren fachlichen und ethischen Vertiefung und Reflexion anregen können.

Zur besseren Lesbarkeit wird im Folgenden vorwiegend die weibliche Form verwendet. Selbstverständlich sind gleichzeitig auch immer alle männlichen Studierenden und im Berufsfeld Tätigen angesprochen.

Ich wünsche Ihnen viel Freude beim Lernen, Argumentieren, Diskutieren und Streiten.

Angelika Frost
Dezember 2012

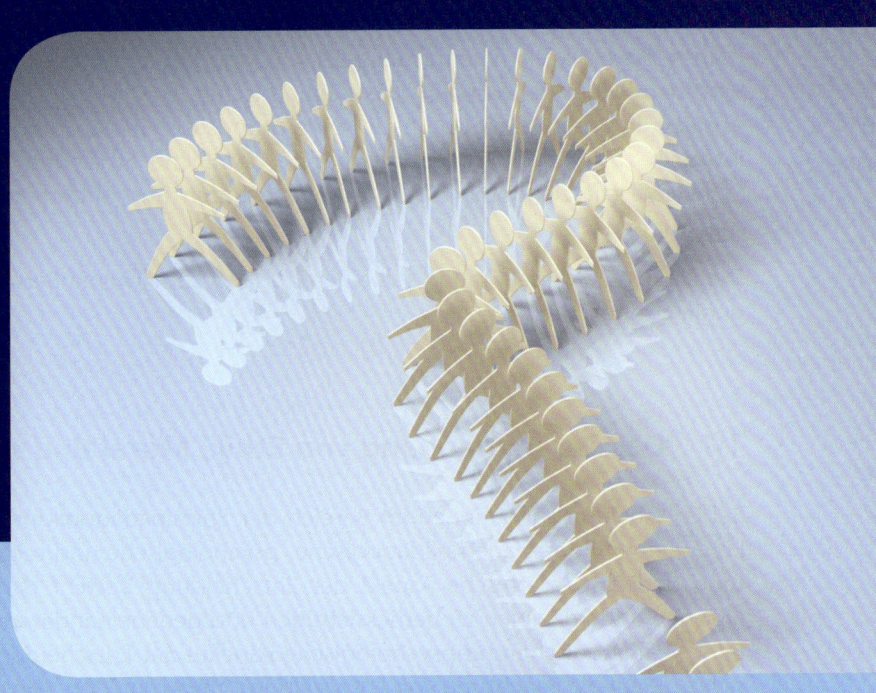

1 Grundlagen einer beruflichen Ethik

Warum ist Ethik ein Thema der Sozialpädagogik? Welche ethischen Fragestellungen wirft berufliches Handeln auf? Lässt ein ethischer Pluralismus, also eine Vielfalt ethischer Ansätze, in unserer Zeit überhaupt eine grundsätzliche Verständigung über berufliches Handeln zu? Welche Bedeutung haben berufliche Ethik und ethische Reflexion für Erzieher, Heilerziehungspfleger, Sozialassistenten und andere sozialpädagogische Berufsgruppen?

Die Diskussion dieser Fragen soll einen Zugang zum Thema Berufsethik der Sozialpädagogik ermöglichen.

1.1 Der Zusammenhang von Ethik, Moral und sozialer Arbeit

Bei Entscheidungssituationen im Bereich der Sozialpädagogik müssen neben ethischen Erwägungen immer auch pädagogische, psychologische und rechtliche Aspekte Beachtung finden. Der ethische Aspekt der Entscheidung besteht darin, moralische Werte, Normen und Prinzipien zu berücksichtigen und gegeneinander abzuwägen (siehe Kapitel 4). Pädagogische und psychologische Aspekte der Entscheidung hingegen beziehen sich z. B. auf die Beachtung von Entwicklungsschwerpunkten, wie der emotionalen Lage, der Motivation, der Fähigkeiten der Persönlichkeit und daraus resultierender pädagogischen Maßnahmen und Methoden. Bei allen Entscheidungen bilden rechtliche Normen den verbindlichen Rahmen, in dem sich die Entscheidungsfindung bewegen muss.

> **Beispiel: Julia**
>
> Julia arbeitet seit einer Woche gemeinsam mit ihrem Freund Jonny in einem Kinder- und Jugendheim, wo beide ein sechswöchiges Praktikum im Rahmen ihrer Erzieherausbildung absolvieren. Über ihre Beziehung vereinbaren sie Stillschweigen, da sie erst seit drei Wochen zusammen sind. An einem Abend vertraut sich die 14-jährige Kati der Praktikantin Julia an und berichtet ihr, dass sie sich in einen tollen Typen verliebt hat. Allerdings verrät sie nicht, in wen. Am nächsten Tag übernimmt Jonny für seine Freundin die Spätschicht, da Julia an diesem Abend mit ihrer Tanzgruppe einen wichtigen Auftritt hat. Weil Julia in der Einrichtung ihren Hausschlüssel vergessen hat, geht sie schnell noch einmal zurück, um ihren Schlüssel zu holen. Dabei sieht sie, wie Jonny im Zimmer von Kati verschwindet. Am nächsten Tag ist Kati sehr aufgekratzt und berichtet Julia stolz, dass Jonny ihr neuer Freund sei. Die Frage, ob Jonny das wüsste, bejaht Kati.
>
> Fassungslos stellt Julia Jonny zur Rede. Er sagt entrüstet, dass Kati lügt und sich nur wichtig machen will. Er bittet Julia, die Aussage zu ignorieren, damit kein Gerücht entsteht und er nicht in Schwierigkeiten kommt. Julia ist zuerst skeptisch, doch dann willigt sie ein, weil sie Jonny vertraut.
>
> Eine Woche später erscheint Kati verweint zum Frühstück. An ihren Armen befinden sich Kratzspuren und blaue Flecken. Als die Erzieherin nachfragt, wie es zu den Verletzungen

gekommen ist, sagt sie nichts. Nachmittags bezichtigt sie Jonny der Misshandlung, allerdings äußert sie dies ausschließlich Julia gegenüber. Jonny hatte am Vortag Dienst in Katis Wohngruppe. Als Julia ihn zur Rede stellt, beteuert er, dass er mit dem Vorfall nichts zu tun hat und bittet Julia, die Beschuldigung nicht weiterzugeben.

Aufgaben

Erarbeiten Sie in Kleingruppen folgende Fragen:

1. *Welche ethischen, pädagogischen, psychologischen und rechtlichen Fragen wirft der Fall auf?*

2. *Julia muss mindestens eine Entscheidung treffen; inwiefern handelt es sich um eine ethische Entscheidung?*

3. *Überlegen Sie sich weitere Situationen aus Ihrer Lebens- und Berufserfahrung, die mit ethischen Fragestellungen zu tun haben.*

1.1.1 Die Begriffe Ethik und Moral

Die Begriffe Ethik und Moral stehen in engem Zusammenhang. Der Begriff Ethik ist vom griechischen Wort *ethos* abgeleitet und kann als Sitte oder Gewohnheit übersetzt werden. Das griechische Wort ethos bezieht sich also auf Umgangsformen in einer jeweiligen Gesellschaft bzw. Kultur. Ethik als Bezeichnung für eine philosophische Disziplin geht auf den griechischen Philosophen Aristoteles zurück.

„Die Ethik als Disziplin der Philosophie versteht sich als Wissenschaft vom moralischen Handeln. Sie untersucht die menschliche Praxis im Hinblick auf die Bedingungen ihrer Moralität und versucht, den Begriff der Moralität als sinnvoll auszuweisen ..."
(Pieper, 2003, S. 17)

> *Definition*
> *Ethik als eine philosophische Disziplin befasst sich mit der Entstehung, Veränderung und Wirkung der Moral. Sie sucht nach Begründungen für Kriterien, nach denen gutes oder schlechtes Handeln beurteilt werden kann.*

Ethik kann somit als Wissenschaft von der Moral bezeichnet werden. Sie umfasst sowohl die Theorie der menschlichen Lebensführung als auch die Theorie des moralischen Verhaltens.

Der Begriff Moral ist abgeleitet vom lateinischen Wort *mores* und kann als Brauch oder Sitte übersetzt werden.

„Eine Moral ist der Inbegriff jener Normen und Werte, die durch gemeinsame Anerkennung als verbindlich gesetzt worden sind und in der Form von

– Geboten (Du sollst ...; es ist deine Pflicht ...) oder
– Verboten (Du sollst nicht ...) an die Gemeinschaft der Handelnden appellieren.“

(Pieper, 2003, S. 17)

> *Definition*
> *Moral beschreibt die Gesamtheit der sittlichen Normen, Werte und Grundsätze, die das zwischenmenschliche Verhalten einer Gesellschaft regulieren und von ihrem überwiegenden Teil als verbindlich akzeptiert werden.*

Moral kann verstanden werden

• als Übereinstimmung des Verhaltens mit sozial vorgegebenen Erwartungen und Normen,

• als Übereinstimmung des Verhaltens mit den eigenen moralischen Auffassungen und Prinzipien und

• als Fähigkeit, in Bezug auf die eigenen moralischen Auffassungen und auf die jeweilige Situation angemessen zu urteilen und zu handeln.

Im alltäglichen Sprachgebrauch werden die Adjektive „ethisch“ und „moralisch“ oft synonym verwendet, da beide Begriffe ursprünglich die gleiche Bedeutung hatten. Auch in der wissenschaftlichen Diskussion wird deutlich, dass keine starren und klaren Grenzen zwischen beiden Begriffen bestehen.

Dennoch gibt es Unterschiede in der Verwendung der Begriffe. So wird Moral zumeist als Bereich des menschlichen Lebens angesehen, der die Gesamtheit der moralischen Normen, Prinzipien und Institutionen umfasst. Der Gegenbegriff zu „moralisch“ ist in dieser Bestimmung nicht „unmoralisch“, sondern „außermoralisch“. Moralische Aussagen sind wertende Aussagen erster Ordnung, die zur Befolgung auffordern.

> **Beispiel:** *Eine Erzieherin soll die Kinder gerecht behandeln.*

Ethik hingegen ist eine theoretische Grundlage menschlicher Lebensführung. Ethische Aussagen sind normative Aussagen zweiter Ordnung, die zu einer reflektierten Meinungsbildung vor dem Handeln auffordern.

> **Beispiel:** *Vor dem Hintergrund des ethischen Prinzips der Gerechtigkeit sind Erzieherinnen verpflichtet, Kinder gerecht zu behandeln.*

Die Unterscheidung von „ethisch“ und „moralisch“ hat auch im Hinblick auf eine berufliche Ethik ihre Berechtigung, da es nicht nur darum geht, bestimmte Normen zu befolgen, sondern vor allem darum, Verantwortung zu tragen, d. h. ethisch begründete Entscheidungen zu treffen und die entsprechenden Konsequenzen zu tragen.

1.1.2 Bereiche der philosophischen Ethik

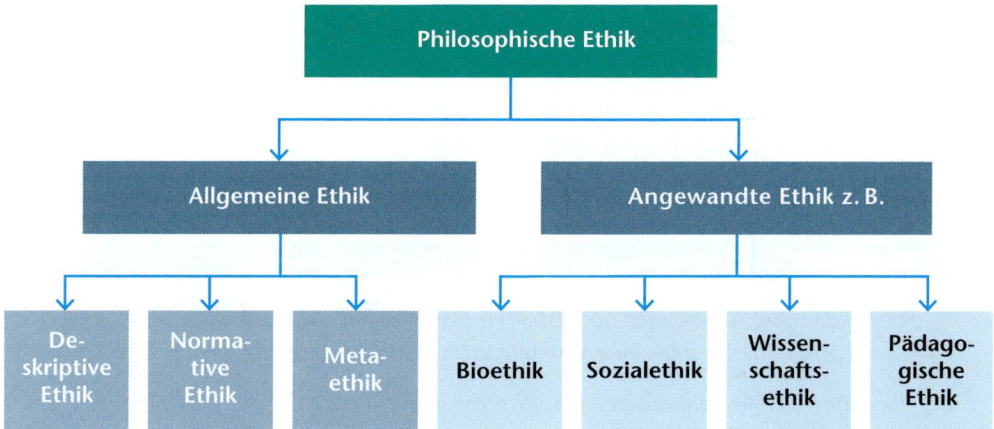

Überblick über die Bereiche der philosophischen Ethik

Die **allgemeine** Ethik stellt als praktische Grundlagenwissenschaft das Begriffs- und Methodeninstrumentarium für die Disziplinen der Ethik bereit.

Die **deskriptive** (beschreibende) Ethik beschreibt geltende, also übliche moralische Überzeugungen und Wertvorstellungen. Sie erhebt keinen Anspruch auf ein Kriterium oder einen Maßstab für moralisches oder außermoralisches Handeln. Die Aussagen der deskriptiven Ethik basieren beispielsweise auf sozialwissenschaftlichen Befragungen.

Die **normative** Ethik hat vorschreibenden Charakter. Sie entwirft Kriterien und Normen moralischer Beurteilung in Form von Forderungen. Die normative Ethik fragt nach der Begründbarkeit einer Norm auf der Grundlage ethischer Prinzipien. In diesem Sinne kann die normative Ethik auch als Lehre vom „guten Handeln" verstanden werden.

Ethik ist eine wertneutrale Wissenschaft. Sie trifft keine moralischen Entscheidungen, sondern hinterfragt menschliches Handeln in Bezug auf Werte und Normen und befindet sich damit auf der rationalen Argumentationsebene.

Metaethik beschäftigt sich mit ethischen Theorien und klassifiziert diese je nach ethischem Begründungsansatz (siehe Kapitel 3).

Die **angewandte Ethik** (Bereichsethiken) wendet allgemeine ethische Prinzipien auf konkrete Situationen an und entwickelt bereichsspezifische Normen und Maßstäbe aus konkreten Situationen heraus. So greift die pädagogische Ethik allgemeine ethische Grundsätze wie z. B. aus der Pflichtethik auf, formuliert aber auch spezielle, auf die ethische Gestaltung des Erziehungsprozesses zugeschnittene Maßstäbe.

Für die Entstehung und Entwicklung von Bereichsethiken gibt es verschiedene Gründe. Dazu gehören:

- die rasante Entwicklung von Wissenschaft und Technik, die neue Dimensionen von Verantwortung erfordern,

- der ethische Pluralismus, der die Möglichkeit und Notwendigkeit einer Konsensfindung in grundlegenden Fragen einfordert und

- die zunehmende Spezialisierung und Differenzierung in der beruflichen Praxis.

Aufgaben

1. *Formulieren Sie für die vier dargestellten Bereiche der angewandten Ethik jeweils ein aktuelles Thema bzw. eine konkrete ethische Fragestellung.*

2. *Überlegen Sie, welche weiteren Bereichsethiken für unsere Gesellschaft sinnvoll sind und begründen Sie Ihre Meinung.*

1.1.3 Der Zusammenhang zwischen Ethik, Sozialwissenschaften und sozialer Arbeit

Sozialwissenschaften untersuchen die Phänomene gesellschaftlichen Zusammenlebens. Auch ethische Fragen werden im Rahmen sozialwissenschaftlicher Betrachtungen untersucht, z. B. das moralische Handeln und Urteilen im konkreten Zusammenhang (bezüglich der Bedingungsfaktoren und Konsequenzen).

Einen besonderen Stellenwert nehmen die Pädagogik, die Psychologie und die Soziologie ein. Die Sozialwissenschaften untersuchen aus unterschiedlichen Blickwinkeln Bedingungen und Einflussfaktoren auf menschliches Handeln. Das trifft auch auf die Ethik zu, wobei hier der normative Anspruch, d. h. die Aufforderung, im Mittelpunkt steht.

Bei ethischen Fragestellungen geht es immer um den moralischen Anspruch des Handelns und dessen Begründung. Die besondere Nähe der Ethik zur Pädagogik ergibt sich also unter anderem aus dem normativen Anspruch beider Disziplinen.

Berührungspunkte von Ethik und Pädagogik können wie folgt beschrieben werden:

- Der Mensch wird nicht als moralisches Wesen geboren, sondern zu Moralität erzogen.

- Allgemeine Erziehungsziele sind Sollensforderungen und unterliegen einer ethischen Reflexion und Begründung.

- Gleiches gilt für das pädagogische Verhältnis bzw. die pädagogische Beziehungsgestaltung, z. B. bei der Frage nach dem ethisch gebotenen Erziehungsstil und der Frage nach ethisch gerechtfertigten Erziehungsmaßnahmen (siehe Kapitel 7).

- Pluralismus zeigt sich nicht nur in der Ethik, sondern auch im pädagogischen und sozialpädagogischen Bereich. Unterschiedliche pädagogische Ansätze und Konzepte begründen Ziele, Inhalte und Methoden der sozialen Arbeit.

Definition

Soziale Arbeit als Beruf hat die Aufgabe, Menschen unterschiedlicher Altersgruppen in bestimmten Lebenssituationen in unterschiedlicher Art und Weise zu begleiten. Allgemeines Ziel ist dabei der Erhalt bzw. Erwerb der Fähigkeit, ein selbstbestimmtes Leben in freier Entscheidung gestalten zu können. Grundlagen der sozialen Arbeit sind wissenschaftliche Erkenntnisse über menschliches Verhalten und ethische Prinzipien wie Menschenwürde und Gerechtigkeit.

Der Begriff „Soziale Arbeit" dient als Überbegriff für Sozialpädagogik und Sozialarbeit. Soziale Arbeit versteht sich als Profession, Disziplin, Handlungswissenschaft und Forschungsfeld. Ein allgemeines Ziel der Sozialen Arbeit besteht darin, soziale Probleme zu lösen bzw. sie gar nicht erst entstehen zu lassen (Prävention).

Ethik stellt eine Begründungsbasis für Soziale Arbeit (Wertewissen) dar. Soziale Arbeit liefert für ethische Reflexionen die empirische Basis (Erfahrungswissen).

Aufgaben

Lesen Sie das Fallbeispiel und bearbeiten Sie dazu die folgenden Aufgaben.

1. *Wie kann das Verhalten der Mutter erklärt bzw. interpretiert werden?*

2. *Setzen Sie die Geschichte fort.*

3. *Diskutieren Sie ethische Fragen, die sich Ihrer Meinung nach aus dem Fall ergeben.*

Fallbeispiel

Sie arbeiten in einer Tagesgruppe als Erzieherin. Die Elternarbeit spielt hier eine sehr große Rolle. Sie sind Kontakterzieherin für den 11-jährigen Kevin, der seit sechs Monaten die Tagesgruppe besucht. Die Mutter ist alleinerziehend und arbeitslos. Nach Aussagen des Jungen gibt es häufig wechselnde Partnerschaften, verschiedene Männer wohnten schon bei der Familie. Kevin hat noch eine kleine Schwester, sie ist vier Jahre alt.

Bei der Mutter haben Sie sich zu einem Elterngespräch angemeldet. Als Sie an der Wohnungstür klingeln, macht niemand auf, obwohl Sie Stimmen hinter der Tür hören. Als Sie die Mutter am nächsten Tag anrufen, sagt sie, sie hätte das Klingeln nicht gehört. Sie vereinbaren nun einen Gesprächstermin mit der Mutter in der Einrichtung. Zum Gespräch erscheint sie nicht ...

1.2 Bedeutung und Grenzen einer beruflichen Ethik

Definition
Berufliche Ethik (oder Berufsethik) bezieht sich im Sinne einer angewandten Ethik
auf die fachliche Reflexion der mit einem Beruf verbundenen moralischen Verbind-
lichkeiten.

Bedeutung einer beruflichen Ethik

Berufliche Ethik hat folgende Ziele und Aufgaben:

- Ethik untersucht Maßstäbe und Kriterien, die menschliche Handlungen als moralisch gut bezeichnen und grenzt moralisches von außermoralischem Handeln ab.

- Ethik zielt auf den Erwerb moralischer Kompetenz (moralischer Urteils- und Diskursfähigkeit) ab. Darin besteht die besondere Bedeutung für die berufliche Praxis.

Ethisches Urteilen ist im Berufsfeld grundsätzlich unvermeidbar, da berufliches Handeln, wie jedes menschliche Handeln, von ethisch- kulturellen Orientierungsmustern abhängt.

Die Notwendigkeit ethischer Reflexion ergibt sich aus dem Wesen des Menschen. Damit sind vor allem drei Aspekte gemeint:

1. Der Mensch ist ein soziales Wesen. Das soziale Zusammenleben funktioniert nur, wenn es tragfähige Übereinkünfte gibt, z. B. Konventionen, Normen und Regeln.

2. Der Mensch verfügt über die Fähigkeit zur Selbststeuerung, d. h., er hat die Fähigkeit und Möglichkeit, sich in einem bestimmten Handlungsrahmen frei zu entscheiden.

3. Gleichzeitig ist der Mensch zum Entscheiden gezwungen. Das betrifft sowohl weitreichende Fundamental- und Lebensentscheidungen als auch alltägliche Einzelentscheidungen (siehe Kapitel 4).

Ethische Reflexion setzt bestimmte Fähigkeiten voraus, die der Mensch im Verlauf seiner Entwicklung durch Vermittlungs- und Aneignungsprozesse erwirbt. Dazu gehören:

- die Fähigkeit zur Eigen- und zur Fremdwahrnehmung (die Fähigkeit zur Fremdwahrnehmung ermöglicht es, die Situationen aus der Sicht des anderen wahrzunehmen und zu beurteilen),

- moralisches Urteilsvermögen (Urteilsfähigkeit) und

- die Fähigkeit, Konsequenzen von möglichen Entscheidungen zu erkennen und gegeneinander abzuwägen (Diskursfähigkeit).

Ethische Kompetenz macht demzufolge einen wichtigen Teil der beruflichen Kompetenz von Erziehern, Heilerziehungspflegern, Sozialassistenten und Angehörigen anderer Berufsgruppen aus.

Lesen Sie das Fallbeispiel Julia am Anfang des Kapitels auf S. 8.

1. *Überlegen Sie, welche ethischen Kompetenzen Julia braucht, um sich richtig entscheiden zu können.*

2. *Tauschen Sie sich mit einem Partner über ihre Ergebnisse aus.*

Zur ethischen Kompetenz in der Sozialpädagogik gehören folgende Aspekte:

- die Kenntnis und die Fähigkeit zur Umsetzung ethischer Prinzipien (siehe Kapitel 2)

- die Aneignung und die Reflexion eigener Werte

- das Erfassen und die Akzeptanz von Wertepräferenzen der Klientel im Berufsfeld

- die Übertragung bzw. Anwendung von ethischen Prinzipien auf berufliche Entscheidungssituationen (siehe Kapitel 4)

Eine berufliche Ethik zielt auf die Begründung des guten beruflichen Handelnsab. Bezogen auf Sozialpädagogik bedeutet gutes Handeln allgemein die Achtung und Wahrung der Menschenwürde.

In konkreten beruflichen Handlungs- und Entscheidungssituationen ist es jedoch erforderlich, Werte, Prinzipien und Normen gegeneinander abzuwägen (siehe Kapitel 4). Um in diesen Situationen richtig zu handeln, bedarf es der ethischen Reflexion.

Grenzen einer beruflichen Ethik

Gegen die Ethik und die Berufsethik werden immer wieder Einwände vorgebracht. So wird z. B. ihr praktischer Nutzen infrage gestellt, oder es wird bemängelt, dass die Ethik der gesellschaftlichen Entwicklung hinterherläuft, also nicht schnell genug auf neue Herausforderungen der wissenschaftlichen, technischen und sozialen Entwicklung reagiert.

Diese Vorwürfe zeugen von einseitigen Vorstellungen über Ethik oder von falschen Erwartungen an die wissenschaftliche Theorie von der Moral. Der beruflichen Ethik sind zwar bestimmte Grenzen gesetzt. Es handelt sich jedoch nicht um Defizite der Ethik selbst.

In diesem Sinne können folgende Grenzen formuliert werden:

- Ethik ist eine offene Theorie. Sie kann, wie jede andere Theorie auch, die Vielfalt der Praxis nicht vollständig erschließen.

- Ethik macht die Menschen nicht moralisch.

- Ethik stellt keine universellen, für alle gültigen Normen auf. Moralische Normen stehen immer in einem historischen, kulturellen, gesellschaftlichen und sozialen Kontext (siehe Kapitel 2).

- Ethik gibt keine Anleitung für konkrete Situationen, sie leitet lediglich zum Erwerb moralischer Kompetenz an.

Ethik stellt also Handlungswissen als Voraussetzung für den Erwerb moralischer Kompetenz bereit. Aber wie der Einzelne handelt, ist nicht eine Frage des Wissens, sondern eine Frage des freien Willens.

Aufgaben

1. Interpretieren Sie die Karikatur.

2. Stellen Sie einen Zusammenhang zwischen der Aussage der Karikatur und den Grenzen der (beruflichen) Ethik her.

1.3 Zum Berufsethos in der Sozialpädagogik

Definition
Unter Berufsethos (Berufsmoral) versteht man das sittliche Handeln im Beruf. Es gründet sich auf moralische Grundsätze und Prinzipien, die das Handeln einer bestimmten Berufsgruppe bestimmen und damit als verbindlich akzeptiert werden.

Der Begriff „Berufsethos" grenzt professionelles Handeln von nichtprofessionellem Handeln ab. Berufliche Kompetenz in der Sozialpädagogik schließt moralische Kompetenz im Sinne der ethischen Reflexion und Begründung beruflichen Handelns ein. Das bedeutet nicht, dass Laienerzieher (z. B. Eltern) nicht über Erziehungskompetenz im Sinne einer moralischen Kompetenz verfügen können. Aber im nichtprofessionellen Rahmen gibt es keine allgemein akzeptierten und reflektierten Regeln über das richtige und gute Handeln. Auch aus diesem Grund ist Elternarbeit für Erzieher und andere sozialpädagogische Berufsgruppen eine wichtige Aufgabe.

Das Berufsethos zeigt sich vor allem in:

- beruflichen Zielen und Motiven,

- Konzeptionen und Leitbildern als informelle berufsethische Normen (von der einzelnen Einrichtung gesetzt) und

- Kodizes als formelle berufsethische Normen (von Berufsverbänden gesetzt).

Grundlegende Ziele einer beruflichen Ethik der Sozialpädagogik sind unter anderem folgende:

- Begründung des beruflichen Handelns unter Beachtung der Folgen
- kritische Prüfung von Lebensformen und Wertvorstellungen hinsichtlich ihrer Sittlichkeit
- Aufbau eines beruflichen Selbstverständnisses und beruflicher Selbstvergewisserung
- Förderung beruflicher Verbundenheit (Identifikation)

Aus diesen Zielen leitet sich das pädagogische Ethos ab, das in seinem Kern darin besteht, das Kind oder den Jugendlichen durch angemessene ethisch reflektierte Fremdbestimmung zur Selbstbestimmung zu führen. Dies kann sich auch auf erwachsene Menschen beziehen, die sich in bestimmten Problemlagen befinden, die sie aus eigener Kraft nicht bewältigen können (Überforderung bei der Erziehung der Kinder, Armut, Behinderung, Krankheit usw.).

Konzeptionen, Leitbilder und Kodizes formulieren neben Qualitätskriterien auch Werte, denen sich die Mitarbeiter verpflichtet fühlen. Eine ernsthafte und ehrliche Selbstverpflichtung auf Werte schließt jedoch bestimmte Voraussetzungen ein. Dazu gehören die Bereitschaft jedes Einzelnen, sich an den formulierten Wertmaßstäben messen zu lassen, das Bestreben, sich beruflich zu entwickeln und sich weiterzubilden sowie die Bereitschaft, offen und selbstkritisch mit eigenen Fehlern und mit Fehlern anderer umzugehen (Fehlerkultur).

1. Recherchieren Sie Konzepte bzw. Leitbilder von sozialpädagogischen Einrichtungen, Trägern und Berufsverbänden. Wählen Sie ein Konzept aus und analysieren Sie dieses in Kleingruppen mithilfe der folgenden Fragen:

   • Welche Werte, Normen und Prinzipien werden formuliert?

   • Wird die Notwendigkeit der Umsetzung dieser Werte, Normen und Prinzipien begründet?

   • Sind die Anforderungen realistisch, also umsetzbar? Begründen Sie Ihre Auffassung.

2. Diskutieren Sie die Ergebnisse der Gruppenarbeit in der Klasse.

2 Werte, Normen und berufsethische Prinzipien

Ethik fragt nach der Begründung von Moral und sucht nach Kriterien und Maßstäben für gutes Handeln. Diese allgemeinen Kriterien werden in Werten, Normen und ethischen Prinzipien formuliert und dienen der Orientierung für praktisches Handeln in Alltag und Beruf.

2.1 Der Zusammenhang von moralischen Werten und Normen

Werte, Normen und Prinzipien stellen konkrete Ausdrucksformen von Moral dar. Soziale Arbeit basiert in erster Linie auf der Achtung vor dem besonderen Wert und der Würde eines jeden Menschen.

2.1.1 Werte und Tugenden

„Werte sind Mosaiksteine für unsere Ideale. In der Zuordnung zueinander entsteht erst ein Ganzes."
(Schorlemmer, 1995, S. 15)

> *Definition*
> *Unter moralischen Werten werden Leitvorstellungen, Orientierungsstandards und Handlungsziele verstanden, die eine Gesellschaft, eine Gruppe oder Individuen für erstrebenswert halten.*

Ursprünglich stammt der Begriff „Wert" aus der Wirtschaft, im 19. Jahrhundert wurde er auch zu einem philosophischen Begriff (Wertephilosophie).

Die Philosophie unterscheidet außermoralische und moralische Werte. Zu **außermoralischen** Werten gehören erstrebenswerte Güter und Ziele des Einzelnen, z. B. materieller Wohlstand, Arbeit, Familie und Gesundheit. **Moralische** Werte dagegen sind Orientierungen und Ziele, die für moralisches Handeln und Entscheiden wesentlich sind, z. B. Wahrhaftigkeit, Hilfsbereitschaft und Solidarität.

Werte | Strittmatter

Die guten Dinge des Lebens
sind alle kostenlos:
Die Luft, das Wasser, die Liebe.
Wie machen wir das bloß,
das Leben für teuer zu halten,
wenn die Hauptsachen kostenlos sind?
Das kommt vom frühen Erkalten.
Wir genossen nur damals als Kind
die Luft nach ihrem Werte
und Wasser als Lebensgewinn,

und die Liebe, die unbegehrte,
nahmen wir herzlich hin.
Nur selten atmen wir richtig,
und atmen die Zeit mit ein,
wir leben eilig und wichtig
und trinken statt Wasser Wein.
Und aus der Liebe machen
wir eine Pflicht und Last.
Und das Leben kommt dem zu teuer,
der es zu billig auffasst.

(Strittmatter, 2006, S. 78)

Lesen Sie das Gedicht auf S. 20 unten und beantworten Sie dazu folgende Fragen:

1. *Worin besteht die Grundaussage des Gedichtes?*
2. *Welche Werte werden angesprochen?*
3. *Handelt es sich dabei um moralische oder außermoralische Werte?*

Als der Grundwert moralischen Handelns gelten die Absicht und die Entschlossenheit, das Gute zu tun. Die moralische Forderung ist unmittelbar mit dem Gebot verbunden, die Würde eines jeden Menschen zu achten. Sowohl bei außermoralischen als auch bei moralischen Werten kann unterschieden werden zwischen wichtigen übergeordneten Werten und weniger wichtigen untergeordneten Werten. Diese Hierarchie ist abhängig vom gesellschaftlichen Werterahmen und von den jeweiligen Interessen bestimmter Gruppen oder des Einzelnen. Außerdem spielt der betroffene Lebensbereich eine große Rolle (Gesellschaft, Familie, Partnerschaft, Beruf, Freizeit). So stehen z. B. Werte wie Menschenwürde und Freiheit in unserer Gesellschaft ganz oben in der Hierarchie. Liebe, Treue und Vertrauen sind in Familie und Partnerschaft hoch geachtete Werte.

Hartmut von Hentig ist der Überzeugung, dass die Anzahl der Werte relativ klein ist. In seiner Argumentation geht er davon aus, dass weitere Wertebezeichnungen ausschließlich Nuancierungen oder Synonyme der folgenden zwölf Werte darstellen:

1. Leben

2. Freiheit/Selbstentfaltung/Selbstbestimmung/Autonomie

3. Frieden/Freundlichkeit/Gewaltlosigkeit

4. Seelenruhe, z. B. aufgrund der erfüllten Pflichten oder aus Übereinstimmung mit dem eigenen Gewissen

5. Gerechtigkeit

6. Solidarität/Brüderlichkeit/Gemeinsamkeit/Gemeinwohl

7. Wahrheit

8. Bildung/Wissen/Einsicht/Weisheit

9. Lieben-Können/Geliebt-Werden

10. Körperliches Wohl/Gesundheit/Schmerzfreiheit/Kraft

11. Ehre/Achtung des Menschen/Ruhm

12. Schönheit

Alle weiteren Werte wie Pünktlichkeit, Ordnung, Vertrauen usw. gelten nach Hentig entweder als Mittel zur Erreichung der zwölf Werte oder als eine dazu geeignete Verhaltensweise.

(vgl. von Hentig, 2007, S. 162)

Wertepluralismus

Selbst wenn Menschen in derselben Gesellschaft und Kultur aufwachsen, kann es zu unterschiedlichen Bewertungen eines Sachverhaltes oder einer Situation kommen. Man spricht hier von „Wertepluralismus".

> **Definition**
> *Unter Wertepluralismus versteht man zeitgleich existierende und geltende unterschiedliche Wertorientierungen in einer Gesellschaft.*

An die Stelle universeller Werte für alle Lebensbereiche treten zunehmend neue und vielfältige Wertvorstellungen, die sich ergänzen oder widersprechen können. So stellen z. B. die Werte Selbstbestimmung und Treue in einer Partnerschaft unter Umständen unvereinbare Gegensätze dar. Eine wesentliche Ursache für den zunehmenden Wertepluralismus besteht in der Differenzierung von Lebens- und Arbeitswelten. Es existiert heute eine Vielfalt von neuen Familien- und Lebensformen. Diese Vielfalt schafft für den Einzelnen Wahlmöglichkeiten, aber auch Entscheidungszwänge und möglicherweise Unübersichtlichkeit und Desorientierung. Sozialpädagogen stehen damit einerseits vor der schwierigen Aufgabe, diese Wertedifferenzen in der Arbeit mit Kindern, Jugendlichen, Eltern, Familien usw. zu akzeptieren, zu berücksichtigen und auszuhalten. Andererseits sind sie gefordert, Unübersichtlichkeit oder Desorientierung zu vermeiden und Klienten durch Struktur und Verlässlichkeit einen Orientierungsrahmen zu geben.

Aufgaben

1. Wählen Sie in Partnerarbeit aus den folgenden zehn Werten sieben wichtige Werte aus: Ehrlichkeit, Erfolg, Fleiß, Freiheit, Gesundheit, Liebe, Toleranz, Treue, Wohlstand, Zuverlässigkeit.

2. Einigen Sie sich in Kleingruppen auf fünf wichtige Werte.

3. Präsentieren und vergleichen Sie die Ergebnisse in der Klasse.

Tugenden

Eng verbunden mit dem Begriff „Wert" ist der Begriff „Tugend". Der griechische Philosoph Platon (428-348 v. Chr.) beschrieb vier Tugenden: Gerechtigkeit, Weisheit, Tapferkeit und Besonnenheit. Aus dieser Beschreibung wird deutlich, dass Tugenden positiv bewertete Eigenschaften eines Menschen sind.

> **Definition**
> *Als Tugenden gelten moralische Eigenschaften und Einstellungen des Menschen, die den Zweck haben, das Gute zu verwirklichen, d. h. moralischen Werten zu entsprechen.*

Der Zusammenhang zwischen Wert und Tugend besteht darin, dass mit dem Begriff Tugend die Fähigkeit beschrieben wird, sich den moralischen Werten gemäß zu verhalten.

Nach dem griechischen Philosophen Aristoteles (384-322 v. Chr.) liegt die Tugend oft zwischen zwei Extremen, dem Übermaß und dem Untermaß. Tapferkeit als Tugend hob er z. B. von Tollkühnheit als Übermaß und Feigheit als Untermaß ab.

Die Dynamik von Werten bzw. Tugenden und ihren Gegensätzen lässt sich auch durch ein Wertequadrat veranschaulichen. Beim Wertequadrat wird davon ausgegangen, dass jeder Wert nur dann konstruktiv wirken kann, wenn er im Spannungsverhältnis zu einem positiven Gegenwert steht. Ohne diesen Gegenwert wird aus der Tugend eine negative Extremform (Übermaß oder Untermaß). So wird beispielsweise aus dem Wert Mut ohne den Gegenwert Vorsicht das Übermaß Übermut und aus dem Wert Vorsicht ohne den Gegenwert Mut das Untermaß Feigheit.

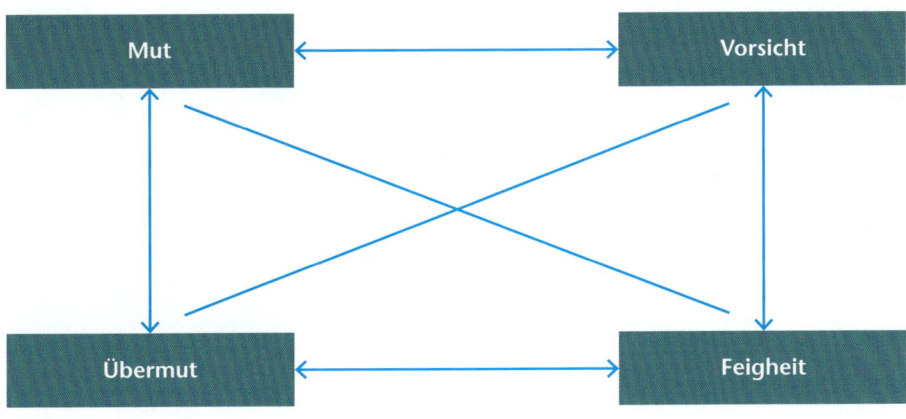

Wertequadrat

Die waagerechte Linie zwischen Mut und Vorsicht stellt das positive Spannungsverhältnis zwischen zwei Tugenden dar. Das gewährleistet, dass die Tugend nicht zum Extrem wird. Die untere waagerechte Linie zeigt gegenteilige negative Eigenschaften, die als entwertende Übertreibung bezeichnet werden können. Übertriebener Mut führt zu Übermut, übertriebene Vorsicht führt zu Feigheit. Die senkrechten Pfeile stellen die positive und die negative Extremform gegenüber. Die Diagonalen markieren konträre, miteinander unvereinbare Gegensätze. Die Werte im Quadrat stehen in einer dynamischen Beziehung, es gibt keine starren Grenzen. Die vier Begriffe, die das Wertequadrat bilden, stehen in einer Beziehung zueinander. Nicht immer ist es möglich, für alle Werte vier Begriffe zur Erstellung des Wertequadrates zu finden. Manchmal ist es notwendig, anstelle eines einzelnen Begriffes Beschreibungen zu benutzen.

Das Wertequadrat macht deutlich, dass die Zuschreibung von „gut" oder „schlecht" nicht als absolute Gegensätzlichkeit betrachtet werden kann, sondern dass es im Wertegefüge eines Menschen Nuancen, Bewegungen und Ressourcen gibt.
(vgl. Schulz von Thun, 2003, S. 38–44)

Aufgabe

Wählen Sie eine der folgenden Tugenden aus und erstellen Sie dazu ein Wertequadrat: Großzügigkeit, Hilfsbereitschaft, Toleranz.

2.1.2 Normen

Werte und Normen liegen auf unterschiedlichen Ebenen. Werte sind Vorstellungen und Absichten. Moralische Normen sind konkrete Regeln, durch die Werte umgesetzt, bewahrt und geschützt werden sollen.

Definition
Normen sind Handlungsanweisungen, die auf Werten beruhen und von Institutionen und Gruppen definiert werden. Der Verpflichtungscharakter moralischer Normen wird in Form von Geboten („Du sollst …") oder Verboten („Du sollst nicht …") ausgedrückt.

Aus moralischen Werten können moralische Normen abgeleitet werden, die für den Einzelnen, für Gruppen oder für Institutionen als konkrete Orientierungs- und Entscheidungshilfe dienen.

Aufgabe

Ordnen Sie folgenden Werten jeweils mindestens zwei Normen zu: Menschenwürde, Wahrheit, Solidarität, Gesundheit.

Moralische Normen sind von Rechtsnormen zu unterscheiden.

Rechtsnormen stellen verallgemeinerte Verhaltenserwartungen dar, die sich auf das äußere Verhalten des Menschen beziehen, und deren Verstoß sanktioniert wird. Rechtsnormen sind einklagbar und erzwingbar.

Moralnormen sind dem Gewissen verpflichtete Vernunfturteile. Sanktionen gibt es lediglich in Form von positiven oder negativen Reaktionen der Umwelt, wie Lob und Anerkennung oder Ermahnung und Ablehnung.

Moralnormen haben im menschlichen Zusammenleben bestimmte Funktionen. Sie gewährleisten:

- Verhaltenssicherheit,
- Berechenbarkeit,
- Vertrauen,
- Orientierung und
- Schutz gemeinschaftlicher und individueller Interessen.

Aufgabe

Erarbeiten Sie in Gruppen auf der Grundlage Ihrer praktischen Erfahrung und Ihrer theoretischen Kenntnisse eine Liste moralischer Normen, die in einer Kindergartengruppe, in einer Hortgruppe, in einer Wohngruppe für Kinder und Jugendliche und in einem Jugendclub gelten sollten. Überlegen Sie, welche Funktionen diese Normen erfüllen.

Genau wie Werte unterliegen auch Normen einem Wandel. Durch die oben genannten gesellschaftlichen Veränderungen können sich geltende Normen wandeln und neue Normen entstehen.

Wer hat dich entjungfert, Mutter?

„**Spiegel:** Herr Fischer, für Ihr Buch haben Sie sich 192 harte Elternfragen ausgedacht. Ist Ihre Generation zu unkritisch gegenüber Mutter und Vater?

Fischer: Ich denke, dass die Kinder ihre Eltern nicht kennen. ´68 fand die letzte große Eltern-Kinder-Diskussion statt, und da hieß es pauschal: Ihr macht alles falsch, ihr seid Schweine. Danach wurde die Auseinandersetzung darüber wegsortiert.

Spiegel: Für die 68er-Generation war der Nationalsozialismus die große Frage. Welches ist denn in unserer Zeit die große Frage an die Eltern?

Fischer: Es ist eine Mischung aus Privatem und Gesellschaftlichem. Man ist wieder in klassische Strukturen zurückgefallen, man spricht beispielsweise ungern oder gar nicht über die eigene Sexualität.

Spiegel: Sie fragen zum Beispiel: „Bei welchem deiner Kollegen hättest du schwul werden können, Vater?"

Fischer: Beim Thema sexuelle Identität, denke ich, sind wir genauso weit wie vor 50 Jahren. Diese Frage greift ja fast die eigene Existenz an, es ist durchaus so gedacht, dass da Schweißperlen ausbrechen sollen.

Spiegel: Oder die Frage: „Wer hat dich entjungfert, Mutter?" Warum muss ich das wissen?

Fischer: Es ist nicht entscheidend, ob ich das wissen muss. Entscheidend ist: Wie wird damit umgegangen? Bei vielen meiner Freunde könnte ich diese Frage beantworten, wieso darf ich sie dann nicht meinen Eltern stellen?

Spiegel: Wieso soll es gut sein, diese Neugier zu befriedigen?

Fischer: Prinzipiell ist das Verhältnis zu den Eltern ja einzigartig: größtmögliche Nähe bei größtmöglicher Distanz. Bei den Fragen geht es vor allem darum: Was lässt man an sich heran? Wenn man an einem Punkt besonders weit vorstoßen kann und an einem anderen nicht, lässt sich dadurch vieles über Tabus in der Familie ablesen.

Spiegel: Wollen Sie die Tabus brechen?

Fischer: Zumindest beginnt man dadurch, seine Identität und auch seine Vorurteile zu überdenken. Ich habe meiner Mutter die Frage gestellt: „Seit wann glaubst du nicht mehr an Gott?", und dabei herausgefunden, dass sie jeden Abend betet. Das wusste ich nicht.

Spiegel: Das heißt, Sie haben Ihren Eltern die Fragen bereits gestellt?

Fischer: Noch nicht alle. Wir werden sie aber der Reihe nach durchgehen. Ich denke, dass man nichts von sich weiß, wenn man nichts von seinen Eltern weiß.

Spiegel: Was haben Sie bisher über sie gelernt?

Fischer: Sie reden lieber, als ich dachte."

(Interview mit dem Autor Marc Fischer in: DER SPIEGEL, Nr. 33/2010, S. 44)

Aufgaben

Lesen Sie den Artikel und beantworten Sie folgende Fragen:

1. *Welche Werte und Normen werden angesprochen?*
2. *Inwiefern zeigt sich in dem Artikel ein Werte- oder Normenwandel?*
3. *Halten Sie das Vorgehen des Autors für moralisch gerechtfertigt? Begründen Sie.*

2.2 Ausgewählte berufsethische Prinzipien der Sozialpädagogik

Moralische Prinzipien liegen auf der Ebene moralischer Normen, sind aber generell allgemeiner als konkrete Handlungsnormen. Das Buch „Principles of Biomedical Ethics" des Philosophen Tom Beauchamp und des Moraltheologen James Childress, das 1979 erschien und mittlerweile in der 6. Auflage (2008) erhältlich ist, gehört zu den bekanntesten Werken der Medizinethik. In ihrem Buch zeigen die Autoren den Wechsel von der vorherrschenden Tugendethik zur Normenethik (vgl. Kapitel 3) zunächst in der medizinisch-ethischen Urteilsbildung auf. Die vier von Beauchamp und Childress dargestellten ethischen Prinzipien von heute sind nicht nur in den pflegerischen und medizinischen Fachkreisen international anerkannt, sondern längst auch im Bereich der Sozialpädagogik. Sie werden als „Prima facie-Prinzipien" bezeichnet, weil sie klar, einleuchtend und damit akzeptabel sind. Im konkreten Entscheidungsfall gilt jedoch, ethisch begründet zwischen den Prinzipien abzuwägen.

Folgenden Prinzipien werden von Beauchamp und Childress unterschieden (vgl. Beauchamp/Childress, 2001, S. 57 ff.):

- Autonomie (autonomy)
- Nicht schaden (non-maleficence)
- Gutes tun (beneficence)
- Gerechtigkeit (justice)

2.2.1 Selbstbestimmung/Autonomie

Definition
Der aus dem Griechischen stammende Begriff Autonomie bedeutet soviel wie „Selbstgesetzgebung" (griech: „autos" = selbst/„nomos"= Gesetz).

Als moralisches Prinzip gründet sich Autonomie auf die folgenden beiden Werte:

- Menschenwürde und
- persönliche Freiheit.

Mit dem Prinzip sind zwei Rechte verbunden: einerseits das positive Recht, über das eigene Leben zu bestimmen und andererseits das negative Recht, Bevormundung abzuwehren.

Von den Kindern | Gibran

Und eine Frau, die einen Säugling an ihre Brust drückte, sagte: Sprich zu uns von den Kindern.

Und er sagte:

Eure Kinder sind nicht eure Kinder. Sie sind die Söhne und die Töchter der Sehnsucht des Lebens nach sich selbst.

Sie kommen durch euch, doch nicht aus euch. Und sind sie auch bei euch, gehören sie euch nicht.

Ihr dürft ihnen eure Liebe geben, doch nicht eure Gedanken, denn sie haben ihre eigenen Gedanken.

Ihrem Körper dürft ihr eine Wohnstatt bereiten, doch nicht ihren Seelen. Denn ihre Seelen wohnen im Haus der Zukunft, und das bleibt euch verschlossen, selbst in euren Träumen.

Ihr dürft danach streben, ihnen ähnlich zu werden, doch versucht nicht, sie euch ähnlich zu machen. Denn das Leben schreitet nicht zurück, noch verweilt es beim Gestern.

Ihr seid die Bogen, von denen eure Kinder als lebendige Pfeile abgeschnellt werden. Der Schütze sieht die Zielscheibe auf dem Pfad des Unendlichen, und Er beugt euch mit Macht, damit Seine Pfeile umso geschwinder und weiter fliegen.

Freut euch der Beugung, die euch die Hand des Bogenschützen aufzwingt. Denn so wie Er den flüchtigen Pfeil liebt, liebt Er auch den verharrenden Bogen."

(Gibran, 2003, S.19–20)

Aufgaben

Lesen Sie das Gedicht und beantworten Sie folgende Fragen:

1. *Inwiefern trifft das Gedicht Aussagen zum Prinzip der Selbstbestimmung?*

2. *Wie wird der Sinn oder die Bedeutung von Selbstbestimmung begründet?*

3. *Welche Schlussfolgerungen für Ihre künftige berufliche Tätigkeit können Sie daraus ziehen?*

Was bedeutet es für Sozialpädagogen, dieses Prinzip im beruflichen Handeln umzusetzen?

Grundlegende Bedeutung besitzt die Achtung der Person unabhängig von ihrem körperlichen, seelischen oder geistigen Zustand. Wichtig ist weiterhin, Betroffene über Interventionen und Maßnahmen umfänglich zu informieren, sie entscheiden zu lassen oder an Entscheidungen zu beteiligen, individuelle Werte und Lebensführungskompetenz zu respektieren, Wahrhaftigkeit in der Kommunikation, die Beachtung individueller Bedürfnisse usw.

Gerade in der Arbeit mit Menschen in problematischen Lebenssituationen kann es schwierig sein, gänzlich andere Haltungen zu akzeptieren und nicht die eigenen

Wertmaßstäbe zu übertragen. Bei der Umsetzung dieses Prinzips in der Sozialpädagogik gibt es Grenzen. Diese Grenzen stehen hauptsächlich mit zwei Aspekten in Zusammenhang:

- einer möglichen Einschränkung der Selbstbestimmungsfähigkeit der Person (Kinder, kranke und behinderte Menschen) und

- der Möglichkeit einer Gefährdung von Leben und Gesundheit durch bestimmte Handlungen (riskantes Verhalten, aggressives Verhalten usw.).

Aufgabe

Bilden Sie Kleingruppen und tauschen Sie sich auf der Grundlage Ihrer praktischen Erfahrungen über Möglichkeiten und Grenzen der Umsetzung des Autonomieprinzips aus:

- *in der Kindertagesstätte*
- *im Hort*
- *in der Tagesgruppe*
- *im Kinder- und Jugendheim*
- *in Wohnheimen für behinderte Menschen*
- *im Jugendclub*
- *im Altenheim*

2.2.2 Nicht schaden

Das Prinzip der Schadensvermeidung ist seit der Antike ein ethischer Grundsatz der Medizin. Er enthält einerseits das Verbot, einem Patienten Schaden zuzufügen und anderseits das Gebot der Vermeidung von Schaden, der Beförderung des Wohls oder der Beseitigung von Schaden. Hieraus leiten Beauchamp und Childress eine Präzisierung des Prinzips ab, indem sie das Verbot als Nichtschadensprinzip (*nonmaleficence*) und die Gebote als das Fürsorgeprinzip (*beneficence*) bezeichnen.

Das Prinzip der Schadensvermeidung bezieht sich sowohl in der Medizin als auch in der Sozialen Arbeit auf die Vermeidung bzw. Beseitigung von körperlichem, seelischem und sozialem Schaden.

In der Sozialpädagogik wird dieses Prinzip verwirklicht durch das Recht des Kindes, des Jugendlichen oder Erwachsenen auf:

- eine sichere Umgebung,
- körperliche und seelische Unversehrtheit,
- Schutz gegenüber Gefahren usw.

2.2.3 Gutes tun

Eng verbunden mit dem Nichtschadensprinzip ist das Gutes-Tun-Prinzip. Weil
beide Prinzipien eng miteinander verbunden sind, werden sie häufig unter dem
Prinzip der Fürsorge zusammengefasst.
Gutes zu tun in der Sozialpädagogik soll
gewährleistet werden durch das Recht des
Klienten auf:

angemessene Hilfe

- Schutz der Würde,
- Anerkennung und Zuwendung,
- angemessene Hilfe und
- Bildungsgelegenheiten und Selbstverwirklichung.

Das Verhältnis zwischen den beiden Prinzipien wird von Beauchamp und Childress als
„Spezifizierung" bezeichnet. Wie im Falle des Autonomieprinzips gelten das Nicht-Scha-
den- und das Gutes-Tun-Prinzip nicht absolut. Beide setzen voraus, dass man Schaden
gegenüber Nutzen abwägt. Unter Umständen kann von zwei Übeln nur das geringere
gewählt werden. Wenn Gutes nur dadurch befördert werden kann, dass einer Person
Schaden zugefügt wird, muss beides sorgfältig gegeneinander abgewogen werden. Gibt
es z. B. für eine Person, der es im Moment gesundheitlich nicht gut geht, eine wichtige,
aber schlechte Nachricht, hat der Überbringer der Nachricht zwischen Ehrlichkeit
(schlechte Nachricht überbringen) und Rücksichtnahme (Verschweigen der Nachricht)
im Sinne von Gutes tun und nicht schaden abzuwägen.

Aufgaben

1. *Suchen Sie Beispiele aus Ihrer beruflichen Praxis, bei denen Nutzen und Schaden
   gegeneinander abzuwägen sind.*

2. *Inwiefern kann Helfen in der Sozialpädagogik im Zwiespalt von Nutzen und Schaden stehen?*

3. *Diskutieren Sie die beiden Prinzipien anhand des folgenden Falles:*

   Fallbeispiel

   *Im Jahre 1941 erhielt ein deutscher Arzt wie viele seiner Kollegen folgenden Befehl: Er
   sollte bei der Tötung von Geisteskranken mitwirken, indem er die Kranken in „Verle-
   gungslisten" eintrug und damit zur Tötung freigab. Der Arzt überlegte, ob er der Aufforderung nachkommen sollte; er sah die Chance, durch entsprechende Gutachten
   einen Teil der Kranken vor der Ermordung zu retten.*

2.2.4 Gerechtigkeit

Gerechtigkeit bedeutet einerseits, die Rechte einer Person zu achten und anzuerkennen und andererseits seine Verdienste und seine Stellung zu achten. Gerechtigkeit wird unterteilt in:

1. Verteilungsgerechtigkeit und
2. Tauschgerechtigkeit

Verteilungsgerechtigkeit wird auch als austeilende Gerechtigkeit bezeichnet nach der Formel: Jedem das Gleiche. Der Sinn der Verteilungsgerechtigkeit besteht darin, Güter oder Ressourcen gleich zu verteilen.

> *Beispiel: Die Erzieherin einer Kindertagesstätte praktiziert zum Mittagsschlaf ein Einschlafritual. Sie geht zu jedem Kind und streicht ihm sanft über die Stirn und spielt ihnen ein Schlaflied vor.*

Tauschgerechtigkeit wird auch als ausgleichende Gerechtigkeit bezeichnet nach der Formel: Jedem das Seine. Der Sinn der Tauschgerechtigkeit besteht darin, differenzierte Interessen, Bedürfnisse, Fähigkeiten usw. zu beachten.

> *Beispiel: Markus lässt sich nicht gern berühren. Als Ausgleich für das Einschlafritual der anderen Kinder setzt sich die Erzieherin beim Schlaflied immer neben Markus' Liege.*

Das praktische Problem besteht darin, Maßstäbe zu begründen, wonach bemessen werden soll:

- nach den Bedürfnissen – wer mehr braucht,
- nach den Leistungen – wer mehr leistet,
- nach dem Aufwand – wer sich mehr engagiert oder
- nach dem Status – wer mehr Prestige besitzt.

Im Berufsfeld der Sozialpädagogik können all diese Aspekte je nach Situation eine Rolle spielen.

Aufgaben

1. *Interpretieren Sie die Karikatur auf der nächsten Seite.*

2. *Erarbeiten Sie jeweils eine Situation aus Ihrem Berufsfeld, in der nach Bedürfnissen, nach Leistungen, nach Aufwand und nach Status verteilt werden sollte.*

Die Umsetzung des Gerechtigkeitsprinzips in der Sozialpädagogik erfordert z. B.:

• die Ressourcen gerecht zu verteilen (Zeit und Zuwendung, Spielzeug usw.),

• angemessene und differenzierte Hilfestellung zu leisten und

• die Persönlichkeitsrechte und die Würde eines jeden Kindes, Jugendlichen oder Erwachsenen zu achten.

Bei der professionellen Arbeit mit Menschen ist es nicht immer leicht, gerecht zu sein. Es kann in der konkreten Situation schwierig sein, zwischen bestimmten Kriterien abzuwägen. So gibt es unterschiedliche Anspruchs- und Erwartungshaltungen sowohl auf der Seite des Sozialpädagogen als auch seitens der Klientel. Äußere Sachzwänge, wie Personal- und Zeitengpässe oder knappe finanzielle Mittel, können die Umsetzung des Gerechtigkeitsprinzips erschweren. Kann nur wenig verteilt werden, muss genau überlegt werden, nach welchen Kriterien verteilt werden soll.

2.3 Menschenwürde und ethische Grundhaltungen

Die Achtung der Menschenwürde ist nicht nur ein moralisches Gebot, sondern auch eine rechtliche Forderung, die durch viele internationale und nationale Konventionen garantiert werden soll. Im Artikel 1 Absatz 1 des Grundgesetzbuches der Bundesrepublik Deutschland wird formuliert:

„Die Würde des Menschen ist unantastbar. Sie zu achten und zu schützen ist Verpflichtung aller staatlichen Gewalt."

Der erste Artikel der Allgemeinen Erklärung der Menschenrechte der Vereinten Nationen aus dem Jahre 1948 lautet:

„Alle Menschen sind frei und gleich an Würde und Rechten geboren. Sie sind mit Vernunft und Gewissen begabt und sollen einander im Geiste der Geschwisterlichkeit begegnen."

Eine eindeutige, klare Definition für Menschenwürde gibt es nicht, sondern nur verschiedene Deutungen bzw. Forderungen zur Umsetzung oder Garantie der Menschenwürde. Hauptsächlich sind das zwei Forderungen:

1. Das Prinzip der Menschenwürde bedeutet die grundsätzliche Subjektstellung eines jeden Menschen, d. h. ein Mensch darf nicht für die Ziele anderer missbraucht oder geopfert werden.

2. Nach dem Menschenwürdeprinzip sind alle Menschen gleich(wertig), unabhängig von ihren Fähigkeiten, Eigenschaften, Verdiensten usw.

Der Begriff der Menschenwürde steht im engen Zusammenhang mit dem Prinzip der Autonomie:

„Autonomie des Willens ist die Beschaffenheit des Willens, dadurch derselbe ihm selbst (unabhängig von aller Beschaffenheit der Gegenstände des Wollens) ein Gesetz ist. Das Prinzip der Autonomie ist also: nicht anders zu wählen als so, dass die Maximen seiner Wahl in demselben Wollen zugleich als allgemeines Gesetz mitbegriffen sind."
(Kant, 2007, S. 76)

Unterscheidung des Würdebegriffes

Der Begriff der Menschenwürde kann unter zwei Gesichtspunkten bestimmt werden:

1. als wesensmäßige, dem Menschen innewohnende (inhärente) Würde und
2. als abhängige (kontingente) Würde.

Der Grundsatz, dass der Mensch nicht nur Mittel zum Zweck sein soll, ist durch Immanuel Kant geschaffen worden (vgl. Kapitel 3). Die wesensmäßige Würde muss weder errungen werden, noch kann sie verloren gehen. Die kontingente Form von Würde hingegen muss erworben werden und kann auch wieder verloren werden. Sie ist ungleichmäßig verteilt und von bestimmten Merkmalen und Eigenschaften abhängig. Es geht bei dieser Form um eine bestimmte Stellung in der Gesellschaft, um Prestige und Ansehen.

Inwiefern ist diese Unterscheidung bedeutsam für Soziale Arbeit?

Wird Menschenwürde über Kontingente definiert, so kann der Mensch seine Würde verlieren, z. B. durch Krankheit oder durch den Verlust des Arbeitsplatzes. Dieser Blickwinkel darf im beruflichen Handeln keine Rolle spielen. In der Sozialpädagogik geht es um die Achtung und Wahrung der inhärenten Würde, um den Würde- und Autonomieanspruch eines jeden Menschen. Im Berufsalltag und bei ethischen Entscheidungen hat der Wert der wesensmäßigen Menschenwürde oberste Priorität.

Begründungsstrategien

In den internationalen Konventionen, in vielen nationalen Dokumenten sowie im Grundgesetz der Bundesrepublik Deutschland besteht ein großer Konsens darüber, dass jedem Menschen unbedingte Menschenwürde zukommt. Die Frage, warum das so ist oder sein soll, wird dabei weder beantwortet noch gestellt.

In der Philosophie gibt es verschiedene Strategien zur Begründung dieser Auffassung. Zu den bekannten Begründungsstrategien gehören z. B.

1. die christlich-theologische Konzeption und
2. die Konzeption von Kant.

Beide Konzeptionen gehen davon aus, dass jedem Menschen Würde zukommt, die Begründungen dafür unterscheiden sich jedoch. Der Würdebegriff der christlichen Auffassung ist als eine Würde zu verstehen, die von Gott kommt. In diesem Zusammenhang ist der Mensch mit seiner Würde als Gottes Eigentum anzusehen.

Kant hingegen geht davon aus, dass der Mensch als Vernunftwesen fähig ist, sich selbst ein moralisches Gesetz zu geben, das universelle Gültigkeit besitzt. Dieses Gesetz bezeichnet Kant als kategorischen Imperativ (siehe Kapitel 3). Nach Kant kommt jedem Menschen ein Selbstzweck zu. Durch diesen Selbstzweck und durch die Fähigkeit zur Autonomie im Sinne einer Selbstgesetzgebung sind alle Menschen gleich(wertig).

Daraus ergeben sich für das Berufsfeld der Sozialpädagogik zwei ethische Forderungen:

1. Alle Kinder, Jugendlichen und Erwachsenen sind unabhängig von ihren aktuellen Fähigkeiten und Eigenschaften als gleichwertig zu betrachten und zu behandeln.

2. Die Subjektstellung eines jeden Menschen ist zu achten, d. h., er darf nicht nur als Mittel gesehen oder instrumentalisiert werden.

Ethisch gebotene Haltungen in der sozialpädagogischen Arbeit

Neben diesen prinzipiellen Forderungen gelten insbesondere für die Erziehungsarbeit drei wichtige Grundhaltungen, die die Persönlichkeitsentwicklung von Kindern und Jugendlichen unterstützen, sich jedoch auch in der Arbeit mit Familien, kranken oder behinderten Menschen als förderlich erweisen. Beschrieben wurden diese Grundhaltungen in der personenzentrierten Persönlichkeitstheorie von Carl R. Rogers: Empathie, Akzeptanz und Kongruenz.

Empathie bezeichnet das einfühlende Verstehen, also die Situation aus der Sicht des anderen zu betrachten, sich in seine Gefühls- und Wahrnehmungswelt hineinzuversetzen. Diese Grundhaltung ist besonders dort gefragt, wo Menschen aufgrund ihres Alters oder ihres Gesundheitszustandes Gefühle und Befindlichkeiten nicht oder nicht mehr klar ausdrücken können.

Akzeptanz bedeutet die unbedingte Wertschätzung der Person unabhängig von ihrem aktuellen Zustand oder Verhalten. Akzeptanz drückt sich in einer positiven emotionalen Grundhaltung zum Kind, Jugendlichen oder Erwachsenen aus. In seiner Umsetzung bedeutet das auch, zwischen Person und Sache zu unterscheiden. Ein Kind ist als Person z. B. nicht böse oder schlecht, sondern sein Verhalten ist in einer bestimmten Situation nicht in Ordnung.

Kongruenz bezeichnet die Echtheit oder Wahrhaftigkeit in der Beziehungsgestaltung. Damit sind zwei Forderungen an Sozialpädagogen und andere pädagogische Berufsgruppen gestellt:

1. die Forderung, in der Beziehung echt zu sein, also dem anderen zu begegnen, ohne sich zu verstellen, und

2. die Forderung, dem anderen gegenüber die eigene Befindlichkeit mitzuteilen, z. B. Ärger oder Enttäuschung.

Aufgaben

1. *Reagieren Sie unter Beachtung der drei Grundhaltungen angemessen auf das Verhalten der Kinder und des Jugendlichen, indem Sie zu folgenden Beispielen einen kurzen Dialog formulieren und diesen als Rollenspiel gestalten.*

    Kindertagesstätte
    Nach Beendigung des Freispiels in der Kindertagesstätte fordern Sie Ruth (3,5 Jahre) mehrmals auf, die Puppenecke aufzuräumen. Ruth reagiert nicht.

    Grundschulhort
    Angelika (10 Jahre) zerreißt in der Hausaufgabenzeit wütend ihr Arbeitsheft und beleidigt Sie als Praktikantin verbal.

    Kinder- und Jugendheim
    Eike (17 Jahre) zerkratzt mutwillig den Küchentisch.

2. *Vergleichen und diskutieren Sie die Ergebnisse in der Klasse und verständigen Sie sich über Möglichkeiten und Grenzen der Umsetzung dieser Grundhaltungen in konkreten Erziehungssituationen.*

3 Hauptpositionen der Ethik

Warum gibt es unterschiedliche Ansätze bei der Begründung moralischen Handelns? Worin liegen die Unterschiede in der Argumentation? Inwiefern sind diese Kenntnisse für Erzieher, Heilerziehungspfleger, Sozialassistenten und Angehörige ähnlicher Berufsgruppen von Bedeutung?

In der Ethik geht es um die Beschreibung (deskriptive Ethik) und die Begründung (normative Ethik) moralischer Geltungsansprüche. Die Frage nach den Maßstäben und Kriterien guten Handelns, die auch in den Berufsfeldern der Sozialpädagogik eine große Rolle spielen, wird aus verschiedenen Positionen der normativen Ethik beantwortet.

Für eine Berufsethik ist insbesondere dieser normative Aspekt wichtig, da hier die Begründung des guten oder richtigen beruflichen Handelns im Mittelpunkt steht. Bei der Frage nach den Maßstäben oder Kriterien des guten Handelns werden in der ethischen Argumentation zwei grundlegende Modelle unterschieden:

- das teleologische Modell und
- das deontologische Modell.

Der Begriff „Teleologie" ist vom griechischen Begriff „telos" abgeleitet und bedeutet „Ziel". Nach diesem Argumentationsmodell ist eine Handlung nach ihren Zielen bzw. Folgen zu beurteilen. Weder die Handlung an sich noch die Absicht und Gesinnung sind für die ethische Bewertung ausschlaggebend, sondern ausschließlich die Folgen (Konsequenzen) der Handlung.

Das deontologische Modell hat seine Bezeichnung vom griechischen Wort „deon", was als „Pflicht" übersetzt werden kann. Dieser Ansatz orientiert sich an allgemeinen Prinzipien und Normen sowie den daraus resultierenden Pflichten. Diese Pflichten besitzen in jeder Situation unbedingten Geltungsanspruch, unabhängig von den sich daraus ergebenden Konsequenzen. Im Unterschied zum teleologischen Modell, bei dem die Folgen der Handlung ausschlaggebend sind, steht beim deontologischen Modell die Intention (Absicht) des Handelnden im Mittelpunkt der ethischen Argumentation.

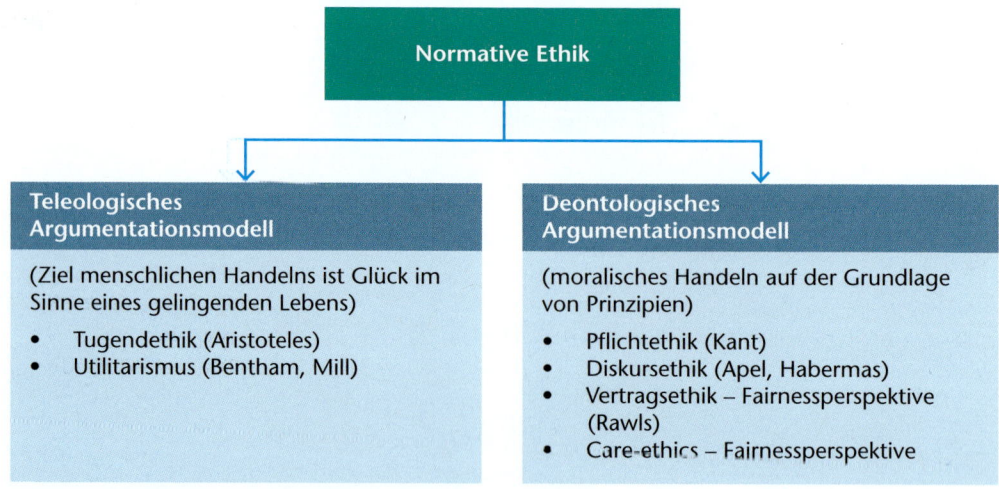

Überblick über die Argumentationsmodelle der normativen Ethik

3.1   Die Tugendethik nach Aristoteles

Aristoteles (384-322 v. Chr.) gilt als Begründer der Tugendethik. Nach ihm bildet sittliche Tüchtigkeit („arete") die Grundlage für eine funktionierende Gemeinschaft. Die Tugenden werden als moralische Mittel verstanden, um das höchste Ziel der Glückseligkeit zu erreichen. Damit gelten Tugenden als Maßstäbe für moralisches Handeln sowie als Orientierung in Entscheidungssituationen. Für Aristoteles ist Glück der Inbegriff eines gelingenden und erfüllten Lebens. Der Erwerb von Tugenden ist wesentliche Voraussetzung für die Erreichung von Glück. Tugenden sind nach Aristoteles nicht angeboren, sondern müssen durch Übung erworben werden. Sie können nur dann erlangt werden, wenn

Aristoteles

dafür das richtige Maß gefunden wird. Das richtige Maß liegt Aristoteles zufolge in der Mitte zwischen Übermaß und Untermaß (vgl. Kapitel 2). Ein maßvolles Leben ist demnach die Voraussetzung für ein glückliches Leben. Der Mensch soll durch die von der Vernunft gelenkte Tugend seine Begierden, Triebe und Affekte steuern und dadurch sein Handeln kontrollieren.

Aristoteles unterscheidet zwei Arten von Tugenden:

1.   rationale oder Verstandestugenden: z. B. Vernunft, Klugheit, Weisheit
2.   ethische oder Charaktertugenden: z. B. Tapferkeit, Wahrheitsliebe, Gerechtigkeit

Worin bestehen die Stärken und die Schwächen dieses Ansatzes? Die Tugendethik stellt einen Gesamtentwurf dar, der zu begründen versucht, wie das Leben des Einzelnen und das Leben der Gemeinschaft in Einheit gelingen kann. Glückseligkeit lässt sich nach dieser Argumentation nur dann erreichen, wenn Einzelinteressen und kollektive Interessen übereinstimmen. Die Tugendethik berücksichtigt jedoch nicht, dass positiv bewertete (gute) Charaktereigenschaften nicht immer zu moralischem Handeln führen müssen. Tapferkeit, Weisheit und andere Tugenden können ausgenutzt oder gar missbraucht werden.

3.2   Der Utilitarismus

Der Begriff „Utilitarismus" ist vom lateinischen Begriff „utilis" („nützlich") abgeleitet. Die utilitaristische Ethik geht wie die Tugendethik davon aus, dass das Erreichen von Glück das höchste Ziel menschlichen Handelns ist. Das Kriterium für Moralität ist bei dieser Position das größte Glück für die größte Zahl (die Mehrheit der Betroffenen). Jeder Mensch realisiert danach sein Glück nur dann, wenn er auch das Glück der Allgemeinheit anstrebt.

Der englische Philosoph Jeremy Bentham (1748–1832) gilt als einer der Begründer des Utilitarismus. Er argumentiert, dass dem Einzelnen wie auch der Allgemeinheit nur das dient, was nützlich ist. Eine Handlung ist demnach moralisch, wenn sie für alle

Betroffenen nützlich ist. Die Folgen einer moralischen Handlung sollen das Glück maximieren und das Leid minimieren.

„Unter Nützlichkeit ist jene Eigenschaft an einem Objekt zu verstehen, durch die es dazu neigt, Gewinn, Vorteil, Freude oder Glück hervorzubringen. ... Man kann also von einer Handlung sagen, sie entspreche dem Prinzip der Nützlichkeit ..., wenn die ihr innewohnende Tendenz, das Glück der Gemeinschaft zu vermehren, größer ist als irgendeine andere ihr innewohnende Tendenz, es zu mindern."
(Bentham, 2008, S. 56)

Jeremy Bentham

Zur Bestimmung von Glück dient das sogenannte „hedonistische Kalkül", das folgende Kriterien umfasst:

- die Intensität des Glücks
- die Dauer des Glücks
- die Gewissheit des Eintreffens
- die Nähe des Eintreffens
- weitere Folgen

Intensität (Stärke) → Dauer
Gewissheit ← **Glück** → Nähe
↓
Folgen

Weiterhin gilt, dass alle Interessen gleichwertig sind (egalitäres Prinzip).

Daraus ergeben sich folgende ungelöste Probleme:

- Wie sollen Freude und Leid verrechnet werden?
- Was ist, wenn die Interessen der Betroffenen nicht bekannt sind?
- Sind alle Formen der Lust als gleichwertig zu betrachten?

Der englische Philosoph und Ökonom John Stuart Mill (1806–1873) gilt als Mitbegründer des Utilitarismus. Er modifiziert den Ansatz von Bentham, indem er über das Merkmal der Quantifizierung von Lust- und Unlustgefühlen hinaus die freie Entfaltung der Persönlichkeit für das wahre, nicht exakt zu quantifizierende Glück des Menschen erklärt. Im Unterschied zu Bentham begründet Mill einen qualitativ orientierten Utilitarismus. Er unterscheidet zwischen höherrangigen geistig-seelischen und niederen körperlich-sinnlichen Freuden.

John Stuart Mill

Teilprinzipien des Utilitarismus

Das Moralprinzip der Nützlichkeit beinhaltet vier Teilprinzipien:

1. **Das Konsequenzen- oder Folgenprinzip**
   Handlungen sind nach ihren Folgen und nicht nach ihren Handlungsabsichten zu beurteilen.

2. **Das Nutzens- oder Utilitätsprinzip**
Der Maßstab für die Beurteilung von Handlungsfolgen ist der Nutzen, also eine Mehrung von Freude und eine Minderung von Leid.

3. **Das Glücks- oder hedonistische Prinzip**
Die Erfüllung menschlicher Bedürfnisse sowie das menschliche Glück gelten als höchster Wert.

4. **Das Sozial- oder Universalitätsprinzip**
Für die moralische Beurteilung einer Handlung ist nicht nur das Glück des Einzelnen, sondern das Glück der Gemeinschaft entscheidend.

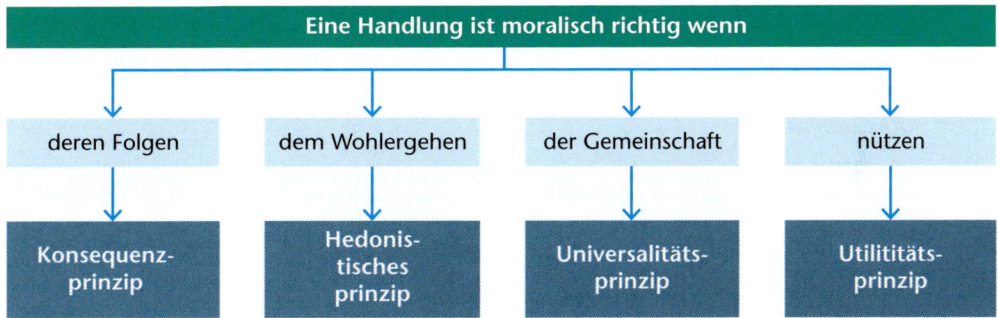

Aufgaben

Fallbeispiel
Terroristen entführen ein Passagierflugzeug mit 170 Passagieren. Sie fordern die Freilassung von zwölf Gesinnungsgenossen sowie Lösegeld in Höhe von 50 Millionen €. Wenn die Forderungen nicht erfüllt werden, soll das Flugzeug gesprengt werden. Die Regierung muss sich innerhalb von 12 Stunden entscheiden.

1. *Sie sollen die Regierung nach dem Moralprinzip des Utilitarismus bei ihrer Entscheidung beraten. Einigen Sie sich in der Kleingruppe auf der Grundlage der vier Teilprinzipien des Utilitarismus für eine Handlungsalternative, die Sie der Regierung empfehlen würden.*

2. *Welche Schwierigkeiten und Probleme ergeben sich bei der Entscheidung nach dem Moralprinzip des Utilitarismus?*

Formen des Utilitarismus

Seit seiner Entstehung wurde der Utilitarismus weiterentwickelt, es entstanden im Rahmen dieses Ansatzes verschiedene Varianten. Die beiden folgenden gelten als die grundlegenden Formen des Utilitarismus.

1. Handlungsutilitarismus

Ursprünglich bezog der Utilitarismus das Nützlichkeitsprinzip auf einzelne Handlungen. Nach dem Handlungsutilitarismus sollen jedoch in jeder Einzelsituation die Folgen der Handlung in Bezug auf das größte Glück der größten Zahl bedacht werden. Daraus ergibt sich die logische Konsequenz, dass auch Handlungen, die gegen Moralnormen verstoßen, nützlich sein können.

> *Beispiel:*
> *Uwe hat seinen Job verloren und gerät dadurch in Mietschulden. Sein Vermieter droht mit Kündigung der Wohnung. Deshalb bittet Uwe eine Freundin, ihm Geld zu leihen. Angelika leiht ihm das Geld gern, sie verfügt über entsprechende Ersparnisse. Da Uwe über längere Zeit keine Arbeit findet, kann er das Geld nicht zurückgeben. Angelika hat inzwischen vergessen, dass sie ihm das Geld geliehen hat. Nach dem Nutzenskalkül des Handlungsutilitarismus wäre es demnach moralisch gerechtfertigt, das Geld nicht zurückzuzahlen.*

Aufgabe

Suchen Sie weitere Beispiele für Situationen, in denen der Verstoß gegen bestimmte Moralnormen nützlich sein kann.

2. Regelutilitarismus

Der Regelutilitarismus löst das Problem des Handlungsutilitarismus, indem das Prinzip des Nutzens nicht auf die einzelne Handlung bezogen wird, sondern indem Handlungsregeln aufgestellt werden, die allgemeingültig sind. Der Regelutilitarismus fragt nach Handlungsregeln, die das größte Glück für die größte Zahl bewirken. In diesem Fall wird die Regel auch dann befolgt, wenn sie im konkreten Fall nicht zu den besten Folgen führt.

In oben genanntem Beispiel müsste Uwe das Geld zurückzahlen, da es keine nützliche Regel ist, Vereinbarungen nicht einzuhalten bzw. nicht aufrichtig zu sein.

Stärken des Utilitarismus

Als eine ethische Hauptposition hat der Utilitarismus seine Berechtigung und kann bei ethischen Entscheidungsprozessen durchaus hilfreich sein. Die Stärken des Ansatzes liegen unter anderem in folgenden Aspekten:

- Das Streben des Menschen nach einem gelingenden, glücklichen Leben findet große Beachtung.
- Es wird ein klarer, quantifizierbarer Wertmaßstab zur Lösung von moralischen Konflikten vorgegeben.
- Die Komplexität von Handlungssituationen wird beachtet und in den Entscheidungsprozess einbezogen.
- Die Folgen von Handlungen werden maßgeblich bedacht.

Probleme des Utilitarismus

Die Kritik am Utilitarismus hat zu weiteren Varianten dieser ethischen Richtung geführt, dennoch wirft die Umsetzung des Nützlichkeitsprinzips ethisch ungeklärte Fragen auf:

- Kann Glück überhaupt definiert werden?
- Wie unterscheiden sich die Begriffe „Nutzen", „Glück" und „Lust"?
- Ist Glück eine quantifizierbare, objektive Größe?
- Wie ist der Vorrang des Gemeinwohls vor dem Einzelwohl zu begründen?
- Warum wird die gute Absicht moralisch geringer gewertet als die Folgen der Handlung?
- Wie lassen sich die Kriterien „größte Zahl" und „größtes Glück" abwägen?

3.3 Die Pflichtethik nach Kant

Der deutsche Philosoph Immanuel Kant (1724–1804) ist der Begründer der Pflichtethik. Kants Ethik besteht im Wesentlichen aus drei Grundannahmen:

1. Annahme des sittlich Guten,
2. Annahme der Freiheit und
3. Annahme eines allgemeinen Moralprinzips.

Immanuel Kant

Das sittlich Gute als Moralprinzip ist gebunden an:

- den Willen des Menschen, das Gute zu tun und
- die Freiheit des Menschen, aus mehreren Handlungsoptionen die moralisch beste Alternative zu wählen.

Nach Kant ist eine Handlung dann moralisch gut, wenn der Wille oder die Absicht der Handlung gut ist. Wenn eine Person beispielsweise für einen guten Zweck Geld spendet, ist diese Handlung nach Kant nur dann moralisch, wenn die Absicht des Spendens ausschließlich dem Zweck dient, den Adressaten der Spende, den Bedürftigen also, zu helfen. Wenn jemand nur deshalb spendet, weil er z. B. von einer Autorität (Chef, Pfarrer) dazu aufgefordert wird, gilt dieses Handeln nicht als gutes Handeln. Im Unterschied zum Utilitarismus sind bei der Pflichtethik nicht die Folgen einer Handlung Maßstab für deren Moralität, sondern ausschließlich die Maxime des Handelns, also der gute Wille.

Dieser gute Wille ist bei Kant mit dem Begriff der Pflicht beschrieben:

„Eine Handlung aus Pflicht hat ihren moralischen Wert nicht in der Absicht, welche dadurch erreicht werden soll, sondern in der Maxime, nach der sie beschlossen wird ..."
(Kant, 2007, S. 26)

Kant unterscheidet drei Motive der Pflicht:

1. die Pflicht aus Selbstinteresse,
2. die Pflicht aus Neigung und
3. die Pflicht als vernünftiges Motiv.

Nur die Pflicht als vernünftiges Motiv entspricht nach Kant der Moralität.

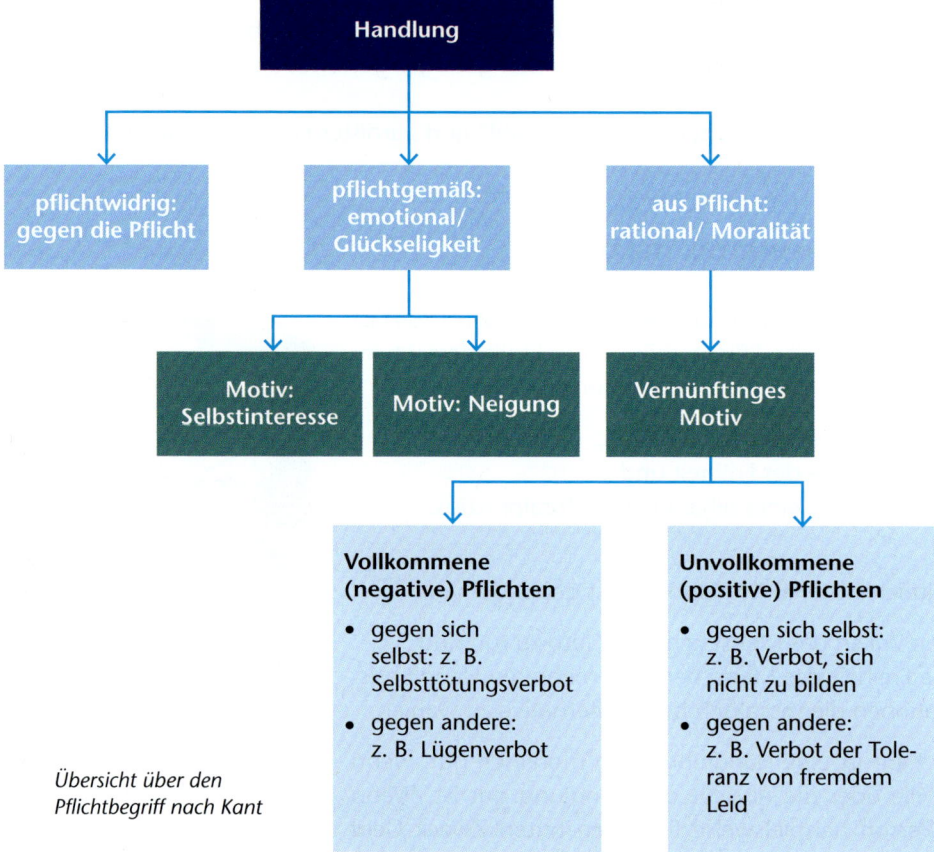

*Übersicht über den
Pflichtbegriff nach Kant*

Beispiel:
*Einer jungen Frau fällt eine prall gefüllte Einkaufstüte aus der Hand und die Lebensmittel
liegen nun verstreut auf der Straße. Ein junger Mann kommt sofort zu Hilfe und sammelt
die verstreuten Lebensmittel gemeinsam mit der Frau auf. Seiner Handlung können die drei
Motive der Pflichten zugrunde liegen.*

*1. Selbstinteresse
Der junge Mann ist mit seiner neuen Freundin unterwegs. Damit diese einen
positiven Eindruck von ihm erhält, zeigt er sofort seine Hilfsbereitschaft.*

*2. Neigung
Der Mann hatte die junge Frau schon im Supermarkt gesehen und findet sie sehr
sympathisch. Deshalb hilft er ihr.*

3. Vernünftiges Motiv
Wenn jemandem ein Missgeschick passiert, soll man helfen. Das ist die Maxime
des jungen Mannes.

Widersprüche zwischen Pflicht und Neigung kommen Kant zufolge häufig vor. Widersprüche zwischen den Pflichten als vernünftiges Motiv hält er jedoch für ausgeschlossen. Wenn eine Person einem Bedürftigen aus innerer Verpflichtung heraus, also aus vernünftigem Motiv hilft, gibt es nach Kant keinen moralischen Widerspruch, also kein vernünftiges Motiv, das gegen dieses Handeln spräche.

Diese Ansicht begründet Kant mit der Annahme, dass es vollkommene (negative) und unvollkommene (positive) Pflichten gibt (siehe Abbildung oben). Bei Entscheidungssituationen haben die vollkommenen Pflichten immer den Vorrang.

Hypothetischer und kategorischer Imperativ

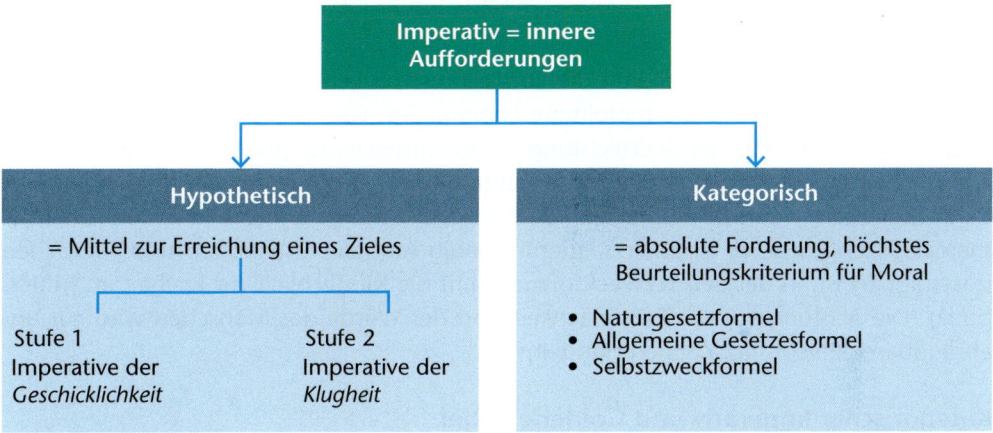

Der Begriff „Imperativ" bedeutet so viel wie innere Aufforderung oder innerer Befehl. Kant unterscheidet zwei Arten von Imperativen, den hypothetischen Imperativ und den kategorischen Imperativ. Der hypothetische Imperativ stellt eine Verbindung von Mittel und Zweck dar. Kant unterteilt diese Form des Imperativs wiederum in zwei Stufen: Auf der ersten Stufe befinden sich die Imperative der Geschicklichkeit, d. h. Fähigkeiten und Fertigkeiten zur Erreichung eines bestimmten Ziels. Will beispielsweise eine übergewichtige Person ihr Körpergewicht reduzieren, muss sie Möglichkeiten und Verfahren kennen, dieses Ziel zu erreichen. So schließt sie sich vielleicht einer Abnehmgruppe an oder probiert eine bestimmte Diät aus. Auf der zweiten Stufe befinden sich die Imperative der Klugheit, also das Wissen und die Einsicht, dass das angestrebte Ziel vernünftig ist. Die Einsicht, dass Übergewicht die Gesundheit und das Wohlbefinden beeinträchtigt, ist hier der Imperativ der Klugheit. Der kategorische Imperativ ist nach Kant das höchste Beurteilungskriterium für die gesamte Moral. Das Attribut „kategorisch" bedeutet, dass es sich um eine unbedingte Forderung handelt, die keine Ausnahmen zulässt. Das heißt, dass der kategorische Imperativ absolut und überall gilt. Der kategorische Imperativ ist nach Kant keine inhaltliche Norm, sondern das einzige Handlungs- und Normenprüfkriterium überhaupt.

Im Rahmen des kategorischen Imperativs werden drei Handlungsformeln unterschieden:

1. Die Naturgesetzformel:

   „Handle so, als ob die Maxime deiner Handlung durch deinen Willen zum allgemeinen Naturgesetze werden sollte."
   (Kant, 2007, S. 53)

2. Die allgemeine Gesetzesformel:

   „Handle so, dass die Maxime deines Willens jederzeit zugleich als Prinzip einer allgemeinen Gesetzgebung gelten könnte."
   (Kant, 2007, S. 52)

3. Selbstzweckformel:

   „Handle so, dass du die Menschheit sowohl in deiner Person, als in der Person eines jeden anderen, jederzeit zugleich als Zweck, niemals bloß als Mittel brauchest."
   (Kant, 2007, S. 62)

Die **Naturgesetzformel** beinhaltet die Vorstellung von Leben, Wachstum und Entwicklung. So lehnt Kant z. B. die moralische Legitimation von Suizid entschieden ab, weil nach seiner Auffassung Selbstvernichtung dieser Formel widerspricht und deshalb moralisch nicht zu rechtfertigen ist. Nach der **allgemeinen Gesetzesformel** ist Handeln nur dann moralisch, wenn der subjektive Grundsatz, die Maxime, tauglich ist für ein allgemeines Sittengesetz, d. h. universalisierungsfähig (auf alle Situationen und Menschen übertragbar) ist. In der **Selbstzweckformel** steht die Möglichkeit zur Freiheit im Mittelpunkt. Die Achtung vor der Persönlichkeit und der Würde des Menschen wird zur unabdingbaren Pflicht moralischen Handelns.

Kategorischer Imperativ und Goldene Regel

Der kategorische Imperativ wird häufig mit der sogenannten Goldenen Regel („Was Du nicht willst, das man dir tu', das füg auch keinem anderen zu!" oder „Behandle andere so, wie du selbst behandelt werden willst.") gleichgesetzt. Im Unterschied zum kategorischen Imperativ ist die Goldene Regel jedoch nicht universalisierbar. Das Kriterium der Verallgemeinerung trifft hier nur auf die Handlungen zu, nicht aber auf die Maximen (Absichten). Im Unterschied dazu müssen beim kategorischen Imperativ die Absichten der Handlung allgemeingültig sein.

Probleme der Pflichtethik

Die von Kant postulierte unbedingte Verbindlichkeit der vollkommenen Pflichten ist vielfach kritisiert worden. Weder die Folgen einer Handlung noch die Umstände der Situation werden bei der ethischen Bewertung beachtet. Nach Kant müsste man z. B. einem Gewalttäter, dessen potenzielles Opfer man versteckt hält, den Aufenthaltsort des potenziellen Opfers preisgeben, weil die Regel gilt: „Du sollst nicht lügen". Die Pflicht, das Opfer zu schützen, würde nach Kant als unvollkommene Pflicht als nachrangig bewertet werden.

Aufgaben

1. Welche Stärken hat nach Ihrer Meinung die Pflichtethik und welche Schlussfolgerungen ergeben sich daraus für Ihr berufliches Handeln?
2. Lesen Sie das Fallbeispiel und beantworten Sie die Fragen.

Fallbeispiel

Die Erzieherin Fanny ist Leiterin einer integrativen Kindertagestätte, in der die beiden künftigen Heilerziehungspflegerinnen Tina und Angie ein Ausbildungspraktikum absolvieren. Angie ist die Nichte von Fanny. Eine der beiden Praktikantinnen kann nach der Ausbildung eingestellt werden. Am Ende des Praktikums stellt das Erzieherteam eindeutig fest, dass Tina alle Voraussetzungen für den Beruf erfüllt. Ihre Umsicht, ihr Einfühlungsvermögen und ihre Teamfähigkeit werden gelobt. Die Arbeit von Angie wird von allen Seiten eher kritisch gesehen. Fanny hat aber ihrer Schwester versprochen, sich für Angie einzusetzen.

- *Wie würde Fannys Entscheidung ausfallen, wenn sie nach Kant ihre Pflicht entweder aus Selbstinteresse oder aus Neigung oder aus gutem Willen beurteilen würde?*
- *Welche Entscheidung wäre nach der Argumentation des kategorischen Imperativs geboten? Begründen Sie Ihre Meinung mit der allgemeinen Gesetzesformel und mit der Selbstzweckformel.*

3.4 Diskursethik

Das Wort Diskurs bedeutet Gespräch oder Diskussion. Bei diesem Ansatz wird der Diskurs als Prinzip begründet, durch das ein grundsätzlicher Konsens über normative Fragen (Sollensforderungen) hergestellt werden kann. Hauptvertreter der Diskursethik sind die deutschen Philosophen Karl-Otto Apel (geb. 1922) und Jürgen Habermas (geb. 1929).

Karl-Otto Apel

Die Diskursethik ist keine Spezialethik für Diskurse, sondern stellt eine Konzeption der allgemeinen Ethik dar, indem sie Maßstäbe für moralisches Handeln entwickelt. Die Diskursethik kann auch als eine Möglichkeit verstanden werden, die Gesinnungsethik (z. B. Kant) und die Verantwortungsethik (z. B. Utilitarismus) sinnvoll zu integrieren. In der Moralbegründung wird in zweifacher Hinsicht auf Diskurse Bezug genommen:

1. Argumentative Diskurse unter Einbeziehung aller Betroffenen stellen die Methode der Prüfung moralischer Maximen dar. Nicht die Einzelperson mit ihren Maximen ist ausschlaggebend, sondern die Gemeinschaft verständigt sich über Regeln und Normen, die gelten sollen. In einem ersten

Jürgen Habermas

Schritt werden anerkannte Normen hinsichtlich ihrer allgemeinen Verbindlichkeit überprüft. Im zweiten Schritt soll ein Konsens erzielt werden. Das diskursethische Moralprinzip besagt, dass diejenige Handlungsweise moralisch richtig ist, der alle Betroffenen in einem argumentativen Diskurs zustimmen könnten.

2. Die Diskursethik begründet das Moralprinzip durch eine Reflexion des geführten Diskurses. Durch die Diskursreflexion soll nachgewiesen werden, dass das Moralprinzip von allen Beteiligten als sinnvoll anerkannt wird.

„Jede gültige Norm muss der Bedingung genügen, dass die Folgen und Nebenfolgen, die sich aus der allgemeinen Befolgung der strittigen Norm für die Befriedigung der Interessen eines jeden Einzelnen voraussichtlich ergeben, von allen zwanglos akzeptiert und den Auswirkungen der benannten alternativen Regelungsmöglichkeit vorgezogen werden können."
(Habermas, 1996, S. 75 f.)

Die Diskursethik hat prinzipienethischen Charakter. Sie kann als Weiterentwicklung der Pflichtethik verstanden werden. Wie bei Kant orientiert sich moralisches Handeln an einer allgemeinen Maxime im Sinne der Selbstgesetzgebung (Autonomie). Ebenso gilt hier der Grundsatz der Verallgemeinerung. Der Unterschied zur Pflichtethik besteht darin, dass sich das Moralprinzip der Diskursethik nur durch einen gleichberechtigten Diskurs aller Betroffenen finden und begründen lässt.

„Nur solche Normen sind letztlich rechtfertigbar, deren allgemeine Befolgung aller Voraussicht nach Konsequenzen hat, die in einem argumentativen Diskurs … von allen Betroffenen zwanglos akzeptiert werden können.
(Apel, 1992, S. 219)

Als ethisch problematisch erweist sich jedoch die Tatsache, dass die Motive der Zustimmung von den Beteiligten nicht hinterfragt werden und dass mögliche Macht- und Abhängigkeitsverhältnisse, die in einem Diskurs auftreten können, unberücksichtigt bleiben.

3.5 Vertragsethik

John Rawls gilt als ein wesentlicher Vertreter der liberalen politischen Philosophie. In seinem Hauptwerk „A Theory of Justice" entwarf er 1971 in der Tradition der Vertragstheorie von Thomas Hobbes und Jean-Jacques Rousseau sowie in kritischer Auseinandersetzung mit dem Utilitarismus eine Theorie der Gerechtigkeit. Im Mittelpunkt seiner Theorie steht der Begriff der vertraglichen Übereinkunft, durch die ein möglichst gutes Leben für den Einzelnen gewährleistet werden soll. Das utilitaristische Prinzip – das größte Glück für die größte Zahl – hält er insofern für ungerecht, weil dabei die Interessen der Minderheit geopfert werden.

John Rawls

Rawls knüpft an den Begriff Gerechtigkeit im Sinne von Fairness folgende Bedingungen:

- die Freiheit der Personen (keine übt Herrschaft über die andere aus)
- die Beteiligung der Personen an einer gemeinschaftlichen Tätigkeit
- die Einigung auf gemeinsame Regeln im Rahmen dieser Tätigkeit
- die Akzeptanz der Regeln, die diese Tätigkeit definiert

(vgl. Rawls, 2006, S. 44)

Rawls konstruiert dazu eine Art Urzustand:

„Im Urzustand dürfen die Beteiligten weder die soziale Stellung noch die besonderen Global-theorien der von ihnen repräsentierten Personen kennen. Ebenso wenig kennen sie die rassische und ethnische Gruppenzugehörigkeit der Personen, ihr Geschlecht oder ihre diversen angebo-renen Fähigkeiten wie Stärke und Intelligenz ... Diese Informationsbeschränkung kennzeichnen wir metaphorisch und sagen, die Beteiligten befänden sich hinter dem Schleier des Nichtwissens."
(Rawls, 2006, S. 40)

Urzustand bedeutet bei Rawls also eine gerechte Ausgangssituation für alle Beteiligten. Die Einigung auf verbindliche Handlungsregeln erfolgt durch einen Vertrag. Dieser Ver-trag ist als gedankliche Übereinkunft zu verstehen.

Zwei Gerechtigkeitsgrundsätze stehen dabei im Mittelpunkt:

1. Grundsatz der Gleichheit

„Jede Person hat den gleichen unabdingbaren Anspruch auf ein völlig adäquates System glei-cher Grundfreiheiten, das mit demselben System von Freiheiten für alle vereinbar ist."
(Rawls, 2006, S. 78)

2. Grundsatz der Differenz

„Soziale und ökonomische Ungleichheiten müssen zwei Bedingungen erfüllen: erstens müs-sen sie mit Ämtern und Positionen verbunden sein, die unter Bedingungen fairer Chancen-gleichheit allen offen stehen; und zweitens müssen sie den am wenigsten begünstigten Angehörigen der Gesellschaft den größten Vorteil bringen."
(Rawls, 2006, S. 78)

Der erste Grundsatz hat Vorrang vor dem zweiten. Es ist nicht erlaubt, die Chancen-gleichheit zu beschneiden, um dem Differenzprinzip mehr Geltung zu verschaffen. In Abgrenzung zum Utilitarismus soll diese Vorrangregel verhindern, dass zugunsten der Güterverteilung auf Freiheiten verzichtet werden darf. Das Vertragsmodell wird sowohl bei Gruppenentscheidungen als auch bei Einzelentscheidungen zugrunde gelegt und soll als moralisches Prinzip eine faire Entscheidung ermöglichen.

Würdigung der Vertragstheorie

Der Fairnessansatz ist im engen Zusammenhang mit dem Prinzip der Menschenwürde und Autonomie zu sehen. Menschen werden grundsätzlich als kompetent, selbstbe-stimmt und gleichwertig betrachtet.

Kritik an der Vertragstheorie

Die durch den gedanklichen Vertrag gewonnenen Gerechtigkeitsgrundsätze sind in der Praxis nicht unmittelbar anwendbar. Zunächst müssen Bedingungen der Entscheidungssituation sowie mögliche Folgen von Handlungsoptionen geprüft werden. Das findet bei der Vertragstheorie kaum eine Beachtung. Unklar ist auch, welche gleichen Freiheiten umgesetzt oder geschützt werden sollen. Weiterhin setzt die Vertragstheorie einen hohen moralischen Anspruch voraus, der so kaum realisierbar ist. Insgesamt wirkt das Konzept sehr abstrakt.

3.6 Fürsorgeethik

Der Fairnessansatz wird häufig als männlicher Ansatz bezeichnet, weil hier ausschließlich rationale Übereinkünfte das Moralprinzip bestimmen. Der Fürsorgeansatz entstand im Rahmen der Herausbildung einer sogenannten feministischen Ethik und gilt als weibliche Antwort auf die (einseitige) Gerechtigkeitsperspektive in der Vertragstheorie unter besonderer Berücksichtigung der emotionalen Ebene von Moralbegründung.

Carol Gilligan

In ihrem Buch „Die andere Stimme" (1982) setzt sich die Amerikanerin Carol Gilligan (geb. 1936) mit dem traditionellen Moralverständnis auseinander, das ihrer Meinung nach Frauen diskriminiert. Sie setzt der männlichen Gerechtigkeitsperspektive eine weibliche Fürsorgeperspektive entgegen. Ihr geht es nicht darum, die Bedeutung der Gerechtigkeitsperspektive zu leugnen oder herabzusetzen, sondern darum, die Fähigkeit zu Mitgefühl, Anteilnahme und Übernahme persönlicher Verantwortung für andere als ebenso wichtige Perspektive für Moral zu begründen.

> „Zusammenfassend wird deutlich, warum die Berücksichtigung des moralischen Denkens von Frauen zur Identifizierung einer ‚anderen Stimme' führte und Fragen zum Gewicht von Gerechtigkeit und Fürsorge in einer umfassenden Moraltheorie aufwarf."
> *(Gilligan, 2007, S. 421)*

Die Perspektive des anderen in Entscheidungssituationen zu beachten und sich für den anderen verantwortlich zu fühlen, ist gerade im sozialpädagogischen Arbeitsfeld wichtige Voraussetzung für gelingende Begleitung. Gilligan führt den Begriff „Care" als Moralbegriff ein. Care ethics (Fürsorgeethik) versteht sich nicht als Alternativmodell zum Gerechtigkeitskonzept, sondern sieht sich als dessen notwendige und sinnvolle Ergänzung.

Die Fürsorgeethik geht von folgenden Grundannahmen aus:

- Moralische Entscheidungen sind von den konkreten Bedingungen, vom Kontext der Entscheidungssituation abhängig.
- Ein moralischer Standpunkt ist immer parteilich interessenbezogen.
- Personen sind wechselseitig miteinander verbunden (was man anderen antut, tut man sich selbst an).

Damit begründet die Fürsorgeethik eine beziehungsorientierte Form von Moralität als wichtige Ergänzung zu den moralischen Prinzipien der Selbstbestimmung und der Gerechtigkeit.

Kritik

Beim Fürsorgeansatz bleiben zwei Fragestellungen offen:

1. Wie ist Mitgefühl zu bestimmen und wo wären moralische Grenzen denkbar?
2. Welchen Stellenwert haben Selbstbestimmung, Gerechtigkeit und Fürsorge? Gelten diese Prinzipien als gleichrangig oder gibt es eine Hierarchie? Wie werden Gleichrangigkeit oder Vor- und Nachrangigkeit begründet?

Aufgaben

1. Arbeiten Sie die Stärken der Fürsorgeethik insbesondere für das Berufsfeld des Sozialpädagogen heraus.
2. Elternarbeit nimmt in der Sozialpädagogik einen hohen Stellenwert ein. Die Rolle der Eltern kann unterschiedlich bestimmt werden. Welche der unten genannten Bestimmungen könnten sich aus der Vertragsethik und welche könnten sich aus der Fürsorgeethik ableiten?

   Eltern als:

   - Kunden
   - Partner
   - Laien
   - Klienten

3. Welche Bestimmung halten Sie für zutreffend? Begründen Sie Ihre Meinung.

4 Ethische Entscheidungsfindung in der Sozialpädagogik

Die Grundfrage der Ethik bzw. der Berufsethik ist die Frage nach den Kriterien oder nach dem Maßstab für richtiges Handeln in Alltag und Beruf. Gleichzeitig geht es dabei um die Begründung moralisch legitimierten Handelns. Je nach ethischer Hauptposition (siehe Kapitel 3) gibt es unterschiedliche Begründungsansätze für ethisch gebotenes Handeln. Trotz unterschiedlicher ethischer Hauptpositionen sowie pluralistischer Wert- und Normvorstellungen gibt es heute einen weitgehenden Konsens darüber, dass sich eine berufliche Ethik der Sozialpädagogik am Wert der Menschenwürde orientieren muss.

4.1 Fundamental-, Lebens- und Einzelentscheidung

Hermann Lübbe: Über Entscheidung

„Eine Entscheidung ist fällig, wenn es angesichts alternativer Möglichkeiten zu handeln gilt, ohne dass ‚entscheidende' Gründe für die eine Möglichkeit gegen die andere oder umgekehrt vorhanden sind oder zu beschaffen wären. Man spricht von ‚entscheidenden Gründen'. Liegen sie vor, sind sie gefunden, so heißt es eben, dass nunmehr die Lage geklärt ist, die Zweifel behoben sind: jene Gründe haben einem die Entscheidung gleichsam abgenommen. Umgekehrt lässt sich von hier aus als der Fall einer eigentlichen Entscheidung der genannte erkennen, in der weder auf Gründe noch auf Instanzen und Autoritäten ein Rekurs möglich ist und sich dennoch der Entschluss zum Handeln nicht mehr umgehen lässt. Die Entscheidung ist dann der Akt, dem unvermeidlichen Handeln seine Regel und Richtung zu geben. Der Entschluss verhält sich dabei zur Entscheidung als die Kraft, die zu ihr fähig macht, während die Entscheidung ihrerseits im inhaltlichen Sinne jene Regel und Richtung bestimmt. Der klassische Fall, an dem überlieferterweise die ethische Theorie die Logik einer solchen Entscheidung durchspielt, ist der Fall des Verirrten. Dieser Fall hat viele Aspekte. Hier kommt es auf den einen an, dass unter mehreren Möglichkeiten sich der Verirrte für eine entscheiden muss, ohne wissen zu können, ob sie die günstigste oder auch nur die rettende ist. Die anderen, interessanteren Aspekte betreffen den extremen Ausnahmecharakter der Situation des Verirrten, in der das Selbsterhaltungsinteresse eine Entscheidung erzwingt, von der niemand sagen kann, ob sie ihm dienen wird.

Gewöhnlich sind die Entscheidungssituationen, in die man gerät, nicht von dieser extremen Art. In Analogie mit der extremsten haben sie aber alle ihre formale Einheit in der Struktur der Aufgabe, angesichts alternativer Möglichkeiten, deren Für und Wider man nicht auf eine die Entscheidung erübrigende Weise durchschaut, gleichwohl handeln zu müssen. Liegt ein solcher Fall wirklich vor, das heißt, ist zugleich keine Instanz vorgesehen oder da, vor die man den Fall bringen könnte, damit sie ihn aus ihrer besseren Einsicht kläre und einem so die Entscheidung abnehme, so ist man mit sich allein. Das heißt: die Entscheidungssituation ist auch in den harmlosen Fällen stets eine Ausnahmesituation insofern, als die Regeln, Gesetze, Meinungen, Traditionen, an denen man sich normalerweise orientieren kann, nicht mehr weiterhelfen: man ist auf sich selbst verwiesen. Die Regeln und Meinungen, die geltende Sittlichkeit haben eine Grenze, jenseits derer sie weder praktikabel sind noch ihren Geltungsanspruch durchsetzen könnten. Das schlechthin Subjektive bleibt ausgegrenzt. Es gibt die Fälle, in denen es heißt: das kannst du nur selbst entscheiden. Es sind Fälle, in denen es niemanden gibt, der die Verantwortung der Entscheidung oder auch nur eines bestimmenden Ratschlags für einen anderen übernehmen könnte und dürfte, weil niemand Einblick in die privaten Verhältnisse oder in die subjektive Innerlichkeit hat, in welche die fällige Entscheidung eingreifen wird. [...]

‚Entscheidung' heißt nicht ohne weiteres der Akt, sich auf eine unter sich ausschließenden Möglichkeiten, deren Vorzüge und Nachteile nicht völlig durchschaubar sind, festzulegen; ein solcher Akt hieße eher eine „Wahl". Zur Entscheidung wird die Wahl erst unter den Wirkungen eines Zwanges, der sie unumgänglich macht. Die Entscheidungssituation hat die Schärfe darin, dass in ihr die Entscheidung selbst nur für eine gewisse Zeit hinausgeschoben werden kann: Die Entscheidungssituation ist befristet. Es ist leichter, eine Entscheidung zu treffen, wenn faktisch gar keine Aussicht besteht, sich die Möglichkeiten, zwischen denen sie fallen muss, in ihrem Für und Wider völlig durchsichtig zu machen. In dem Fall verschafft der Rekurs auf die allgemeine Beschränktheit der menschlichen Einsicht Entlastung."
(Lübbe, 2007, S. 395 f.)

> ### Aufgaben
>
> 1. Lesen Sie den Text von Hermann Lübbe und fertigen Sie zum Begriff der Entscheidung eine Mindmap an.
>
> 2. Suchen Sie sich einen Gesprächspartner und tauschen Sie sich über Ihre Ergebnisse sowie über Ihre eigenen Erfahrungen mit Entscheidungssituationen aus.

Definition
Der Begriff Entscheidung beinhaltet das Abwägen von mindestens zwei Optionen. Diese Optionen können Handlungen oder Objekte sein. Entscheidungen bezeichnen sowohl die Auswahlsituation als auch das Ergebnis der Auswahl.
Bei einer ethischen Entscheidung werden mindestens zwei Handlungsoptionen unter Einbeziehung ethischer Werte, Normen und Prinzipien sowie unter Beachtung der Folgen der jeweiligen Handlungsoption gegenübergestellt.

Ethische Entscheidungen werden in der Regel rational getroffen. Rational zu entscheiden bedeutet, dass bei der Entscheidung alle Gesichtspunkte, die mit dem Entscheidungsprozess in Zusammenhang stehen, beachtet werden und dass die Entscheidung Ergebnis einer bewussten und durchdachten Abwägung ist. Entscheidungen können aber auch intuitiv getroffen werden, man spricht hier von „Bauchentscheidungen". Bei dieser Entscheidungsform wird kein längerer Entscheidungsprozess in Gang gesetzt, sondern die Entscheidung wird eher unbewusst, aus dem Gefühl heraus getroffen. Auch intuitive Entscheidungen haben einen rationalen Kern, sie werden auf der Grundlage vielfältiger Erfahrungen getroffen, was im konkreten Fall dem Entscheidungsträger jedoch nicht bewusst sein muss.

Einflussfaktoren

Entscheidungen können von verschiedenen Einflussfaktoren abhängig sein, zu denen vor allem die folgenden gehören:

- Wissen
  Wissen kann als wichtige Voraussetzung für eine effektive Entscheidung angesehen werden, d. h., Wissen ist notwendig, um das Problem zu erfassen und Strategien zu dessen Lösung zu entwickeln.

- Erfahrung/Intuition
  Je mehr ein Entscheidungsträger mit einer Situation vertraut ist, desto besser kann er die Situation einschätzen und auf bewährte Bewältigungsstrategien zurückgreifen.

- Motivation
  Entscheidungen können auch von der Bereitschaft des Entscheidungsträgers abhängen, sich auf die Entscheidungssituation einzulassen, sie auszuhalten und sie effektiv lösen zu wollen.

- Zeitliche Rahmenbedingungen
  Eine effektive Entscheidung braucht oftmals Zeit. Unter Zeitdruck bzw. Stressbelastung ist es schwierig, einen reflektierten Entscheidungsprozess zu führen.

- Konsequenzen
  Je unabsehbarer und schwerer die Folgen einer Entscheidung sind, desto schwieriger gestaltet sich der Entscheidungsprozess.

Aufgaben

Lesen Sie das Fallbeispiel und bearbeiten Sie die Aufgaben in Partnerarbeit.

Fallbeispiel Sarah
Sarah arbeitet als Erzieherin in einem Kinder- und Jugendheim der Diakonie. Beim Frühstück fällt Kevin ein, dass er heute in der Schule eine Mathe-Arbeit schreibt, auf die er sich nicht vorbereitet hat. Das Ergebnis dieser Arbeit entscheidet darüber, ob Kevin in die Klasse 7 versetzt wird oder ob er das Schuljahr wiederholen muss. Er bittet Sarah deshalb, ihm eine Entschuldigung für diesen Schultag zu schreiben, damit er für die Arbeit noch üben kann. Was soll Sarah tun?

1. *Welche Handlungsoptionen ergeben sich für Sarah aus dem folgenden Fallbeispiel?*

2. *Welche Einflussfaktoren könnten auf die Entscheidung von Sarah einwirken?*

3. *Inwiefern handelt es sich um eine ethische Entscheidung?*

4. *Gestalten Sie die Fallsequenz als Rollenspiel, indem Sie sich für eine Option entscheiden. Diskutieren Sie mit der Klasse über die Begründung Ihrer Wahl.*

An der Situation wird deutlich, dass eine Entscheidungssituation zum **Sich-Verhalten** herausfordert. Insbesondere im Bereich der Sozialpädagogik stehen Fachkräfte häufig vor schwierigen Entscheidungssituationen. Der ethische Entscheidungsbegriff steht in engem Zusammenhang mit den Begriffen „Freiheit" und „Verantwortung". Freiheit zeigt sich in diesem Zusammenhang in der Fähigkeit des Menschen, sich Ziele zu setzen, sich selbst zu bestimmen und verantwortungsbewusst zu handeln.

Definition
Entscheidungsfindung kann als Freiheit verstanden werden, etwas zu wollen und bewusst anstreben zu können. Dabei ist die entscheidende Person als moralisches Subjekt zu verstehen, das für die Entscheidung und deren Folgen die Verantwortung trägt.

Ebenen der Entscheidung

In der Ethik werden drei Ebenen der individuellen Entscheidung unterschieden, die sich wechselseitig bedingen und beeinflussen. Auch in einer beruflichen Ethik spielen unterschiedliche Entscheidungsebenen eine Rolle, da in beruflichen Entscheidungssituationen grundlegende Wertvorstellungen der Beteiligten über den Lebenssinn und die Lebensgestaltung Berücksichtigung finden müssen. Die Ebene der Fundamentalentscheidung bildet die Basis für die individuelle Lebensgestaltung. Je nach Weltanschauung, religiöser Bindung und grundsätzlichen Wertvorstellungen bezieht sich diese Ebene der Entscheidung auf grundlegende Auffassungen zum Leben und zum Lebenssinn. Die zweite Ebene der Lebensentscheidung basiert auf Kriterien und Prinzipien, die Anforderungen für die Lebensgestaltung formulieren. Auf dieser Ebene werden Entscheidungen über Partnerschaft, Familie und Beruf getroffen. Auf der dritten Ebene werden Einzelentscheidungen auf der Grundlage individueller Wertvorstellungen, Normen und Gewohnheiten im privaten und im beruflichen Alltag getroffen. Einzelentscheidungen stellen die Konkretisierung der Fundamentalentscheidung und der Lebensentscheidung dar, wobei nicht immer ein direkter Zusammenhang besteht.

Aufgabe

Versuchen Sie anhand Ihrer Einzelentscheidung beim Beispiel Sarah einen Zusammenhang zu den Ebenen Lebensentscheidung und Fundamentalentscheidung herzustellen, indem Sie die folgende Tabelle (S. 57/58) ergänzen. Übertragen Sie die Tabelle dazu auf ein Blatt Papier. Diskutieren Sie Ihre Ergebnisse in der Gruppe.

Ebene	Erklärung	Möglichkeiten aus dem Entscheidungsbeispiel Sarah
Einzelentscheidung	Konkrete Entscheidungen des Alltags und im Rahmen des Berufes	Mögliche Einzelentscheidung für Sarah: Ethische Prinzipien:

Ebene	Erklärung	Möglichkeiten aus dem Entscheidungsbeispiel Sarah
Lebensent-scheidung	Grundlegende Entscheidungen über Lebensgestaltung, Partnerschaft und Beruf	Mögliche Lebensentscheidung von Sarah: Ethische Prinzipien:
Fundamental-entscheidung	Grundlegende Anschauung über Lebenssinn, Grundwerte usw.	Mögliche Fundamentalent-scheidung von Sarah: Ethische Prinzipien:

Moralischer Konflikt oder moralisches Dilemma

Bei moralischen Konflikt- und Dilemmasituationen ist eine ethische Reflexion in besonderem Maße notwendig, um die Handlungsentscheidung hinsichtlich ihrer Kriterien zu erfassen und eine Orientierung für die nachfolgende Entscheidung zu erhalten bzw. vollzogene Entscheidungen überprüfbar zu machen. Ethische Urteile werden in der Regel im Spannungsfeld unterschiedlicher Wertesysteme ausgelotet, geprüft und begründet.

Definition
Bei einem moralischen Konflikt bestehen mindestens zwei Handlungstendenzen gleichzeitig. Ein moralisches Dilemma stellt einen Konflikt dar, für dessen Lösung sich keine ethische Begründung für die richtige oder falsche Entscheidung finden lässt, d. h., es werden bei jeder Entscheidung ethische Prinzipien verletzt bzw. aufgegeben, um andere Prinzipien zu bewahren bzw. umzusetzen.

Aufgabe

Folgende Beispiele verdeutlichen Konflikt- und Dilemma-Situationen in Beruf und Alltag.

Fallbeispiel 1
Andreas bekommt von seiner Tante ein Skateboard geschenkt, das er sich immer schon gewünscht hat. Er sucht Anschluss an eine Gruppe von Skateboard-Fahrern, die eine Mutprobe von ihm fordert. Er soll ein Zeichen geben, wenn sich ein LKW nähert, damit sich die anderen auf ihren Skateboards daran anhängen können. Einer der Jugendlichen verunglückt dabei und wird in das Krankenhaus eingeliefert, in dem der Vater von

Andreas als Arzt tätig ist. Der Anführer der Gruppe nimmt Andreas das Versprechen ab, über den Vorfall zu schweigen. Am Abend erfährt Andreas von seinem Vater, dass der Jugendliche durch den Unfall querschnittsgelähmt ist. Andreas weiß nicht, was er tun soll.

Fallbeispiel 2
Robert ist Schüler im zweiten Ausbildungsjahr als Sozialassistent und möchte für ein Jahr in die USA, um dort an einem Jugendprojekt mitzuwirken. Hierzu benötigt er eine Beurteilung des Klassenlehrers. Herr A. bescheinigt ihm (wahrheitsgemäß), dass seine Leistungen befriedigend sind und er im Unterricht wenig Interesse zeige. Daraufhin erhält er von der Organisation, die das Projekt betreut, die Antwort, dass er die Bestätigung nicht bekommt, weil nur sehr aktive und leistungsstarke Schüler vermittelt werden können. Er solle sich ein anderes Gutachten einholen. Lehrer A. ist nicht zu einem vorteilhafteren Gutachten bereit, da das nicht der Wahrheit entspräche. Daraufhin geht Robert zu Lehrerin B. Wie soll diese sich verhalten?

1. Bilden Sie zwei Gruppen (Gruppe Beispiel 1 und Gruppe Beispiel 2) und bearbeiten Sie pro Gruppe das jeweilige Entscheidungsbeispiel. Lösen Sie zunächst in Kleingruppen- oder Partnerarbeit folgende Aufgaben:

   – Begründen Sie, warum es sich bei der Entscheidungssituation um eine Konflikt- bzw. Dilemmasituation handelt.

   – Tragen Sie Entscheidungsmöglichkeiten zusammen und stellen Sie eine Liste mit Pro- und Kontra-Argumenten für die möglichen Handlungsalternativen zusammen.

   – Entscheiden Sie sich für die nach Ihrer Meinung ethisch günstigste Handlungsweise und begründen Sie Ihre Wahl.

2. Stellen Sie die Ergebnisse Ihrer ethischen Reflexion der Klasse vor. Diskutieren Sie über die Entscheidungsmöglichkeiten.

4.2 Schritte ethischer Entscheidungsfindung

Entscheidungen werden unter unterschiedlichen Rahmenbedingungen getroffen. Um ethisch reflektiert zu entscheiden, ist es notwendig, Zeit und Raum für das Abwägen der Handlungsalternativen und der Folgen der jeweiligen Handlung zu haben. In einer Gefahrensituation, in der es vielleicht darum geht, Menschenleben zu retten, gibt es diesen Zeitrahmen für eine Entscheidungsfindung oft nicht. Bestimmte Situationen erfordern intuitives Handeln. Bei ethisch reflektierten Entscheidungen können und sollen Gefühle nicht völlig ausgeklammert werden. So kann die Beachtung der emotionalen Betroffenheit der Beteiligten für bestimmte Entscheidungssituationen sinnvoll und förderlich sein, wenn die Folgen der Entscheidung starke Auswirkungen auf die emotionale Lage und das emotionale Gleichgewicht der Entscheidungsträger bzw. der von der Entscheidung Betroffenen haben. Das kann beispielsweise bei ethischen Problemen der Fall sein, bei denen es um die Platzierung von Kindern geht (z. B. Adoption) oder bei ethischen Fragen zum Thema Schwangerschaft. Jedoch sollten auch diese Entscheidungsprozesse hauptsächlich rational geführt werden, damit eine verantwortbare und moralisch gerechtfertigte Lösung herbeigeführt werden kann.

Dialog mit der Jugend | Hüsch

„Wer einen Dialog
Herbeiführen will
Muss sich herablassen
Herabneigen
Von sich absehen
Sich zuwenden und zuneigen
Muss nicht besitzen wollen
Darf nicht besitzergreifend sein
Nur wenig Vorschriften machen
Besser keine
Gelegentlich vorsichtig Empfehlungen
 anbieten
Unsichtbar die Hand darüber halten
Unhörbar anders denken
Sich nicht als Erwachsener aufspielen
(Hüsch, 2005, S. 144 ff.)

Fehler nicht gleich als Schande empfinden
Irrtümer gestatten
Dennoch das Recht haben
Sich Sorgen Machen zu dürfen
Kummer aufspüren und teilen
Sich wechselseitig erziehen
Sich gegenseitig ernst nehmen
Zusammen essen und trinken
Die Fantasie fördern
Ungeduld creativieren
Aufbegehren durchhalten
Zusammen traurig sein
Nicht immer alles besser wissen
Am besten nichts besser wissen ...“

Eine Einzelfallanalyse zur ethischen Entscheidungsfindung kann in folgenden Schritten bearbeitet werden:

1. **Analyse der Konfliktsituation**
   - Beschreibung des Konfliktes
   - Darstellung der Konfliktparteien
   - Ermittlung des Entscheidungsgegenstandes
   - Ermittlung der/des Entscheidungsträger/s
2. **Analyse der Interessen der Konfliktparteien**
   - Darstellung der jeweiligen Interessen der Konfliktparteien
   - Darstellung von Handlungsoptionen (Handlungsmöglichkeiten)
3. **Analyse ethischer Normen und Prinzipien**
   - Moralische Rechte und Pflichten der Konfliktparteien
   - Moralische Normen und Prinzipien, die sich aus den Rechten und Pflichten ergeben
4. **Ethisches Urteil (z. B. nach der Pflichtethik)**
   - Abwägen von Rechten und Pflichten
   - Beurteilung von Handlungsmotiven und Handlungsfolgen der jeweiligen Optionen
   - Gewichtung von Normen und Prinzipien, Verallgemeinerung in den Hauptpositionen der Ethik
   - Entscheidung entsprechend der Abwägung

An folgendem Beispiel werden mögliche Schritte einer Einzelentscheidung exemplarisch dargestellt:

Beispiel: Kate

Kate ist sieben Jahre alt und schwer herzkrank. Sie benötigt dringend ein Spenderorgan. Sie steht ganz oben auf der europäischen Transplantationsliste. Endlich wird ein Spenderorgan gefunden, und das Mädchen wird auf die OP vorbereitet. Die Eltern warten bangend vor dem OP-Saal. Schon nach kurzer Zeit erscheint der behandelnde Arzt und teilt den Eltern mit, dass das Spenderherz unbrauchbar geworden ist. Die OP kann also nicht durchgeführt werden. Die Überlebenschancen des Kindes reduzieren sich weiter. Ein Freund der Familie eröffnet den Eltern eine Perspektive: Es gibt Organe auf dem Schwarzmarkt, über das Internet könnte man sehr zeitnah ein entsprechendes Spenderherz aus Afrika bekommen. Auf die Frage, wer die Spender sind, gibt der Freund die Auskunft, dass es sich dabei um Straßenkinder handelt. Der Vater von Kate ist entsetzt und lehnt dieses Vorgehen kategorisch ab. Der Freund rät den Eltern, von diesem Angebot Gebrauch zu machen, um Kate das Weiterleben zu ermöglichen. Die Mutter will das Angebot nach kurzer Überlegung annehmen, um ihr Kind zu retten. Der Vater bleibt skeptisch. Die Zeit drängt, wie sollen die Eltern entscheiden?

1. **Analyse der Konfliktsituation**
   Die Eltern des kranken Mädchens müssen entscheiden, ob sie für ihr Kind ein Spenderorgan auf dem Schwarzmarkt besorgen und damit den Tod eines Kindes in Afrika in Kauf nehmen. Als Konfliktparteien können hier sowohl Mutter und Vater angesehen werden, die stellvertretend für das eigene und das fremde Kind stehen.

2. **Analyse der Interessen**
   - Interesse von Mutter/Vater: Leben und Gesundheit ihres Kindes
   - Interesse von Kate: Leben und Gesundheit
   - Interesse des unbekannten Kindes: Leben

3. **Analyse der ethischen Normen und Prinzipien**

Beteiligte	Rechte	Pflichten
Eltern	• alles für die Gesundheit von Kate tun • im Interesse des Kindes entscheiden	• menschliches Leben achten • im Rahmen der Gesetze handeln
Ethische Prinzipien	• Fürsorge • Autonomie	• Menschenwürde • Verantwortung • austeilende Gerechtigkeit
Kate	• Leben und Gesundheit • effektive Therapie	

Beteiligte	Rechte	Pflichten
Ethische Prinzipien	• Fürsorge • ausgleichende Gerechtigkeit • Menschenwürde	
Afrikanisches Kind	• Leben	
Ethische Prinzipien	• Menschenwürde • austeilende Gerechtigkeit	

4. Urteil z. B. nach Kants Pflichtethik

a) Kategorischer Imperativ (Universalisierungsformel):
Das gezielte Töten eines Menschen ist nicht mit dem universellen Sittengesetz vereinbar.

b) Zweckformel:
Das Töten eines Menschen zur Rettung eines anderen Menschen bedeutet Missachtung der Menschenwürde und Instrumentalisierung.

Urteil:
Da nach Kant die Pflicht, Leben zu achten und im Rahmen der Gesetze zu handeln, moralisch verbindlich ist, ist das Recht der Familie, alles für die Gesundheit des eigenen Kindes zu tun, nachrangig. Die Rechte der Kinder auf Leben sind gleichwertig entsprechend der austeilenden Gerechtigkeit. Die Eltern sollen das Spenderherz nicht beanspruchen, da der Grundsatz gilt: Ein menschliches Leben darf nicht für den Preis eines anderen Lebens gerettet werden.

Je nach ethischer Position können die ethischen Urteile unterschiedlich bzw. gegensätzlich sein. Wie bereits in Kapitel 3 dargelegt, unterscheiden sich die Begründungen bei der Frage nach dem guten oder richtigen Handeln. In jedem Fall sind die Begründungen für das ethische Urteil je nach Hauptposition unterschiedlich, auch wenn das Urteil dasselbe sein kann. Die Position der Pflichtethik ist in diesem Fall eindeutig. Universelle Prinzipien wie Menschenwürde und Gerechtigkeit lassen die Inkaufnahme des gezielten Tötens einer dritten Person nicht zu. Kein Mensch soll nach Kant bloß als Mittel betrachtet werden, sondern immer auch als Ziel. Dasselbe Urteil käme auch bei anderen ethischen Positionen zustande, wie z. B. bei der christlichen Ethik, bei der Fürsorgeethik oder der Diskursethik. In den Begründungen würden sich die Positionen jedoch teilweise unterscheiden. Interessant bei der beschriebenen Entscheidungssituation ist die utilitaristische Position, die unter Umständen die moralische Legitimität der Inanspruchnahme eines Organs einräumen könnte, wenn der „Organspender" z. B. in großer Not, Armut und ohne Angehörige lebt, eine geringe Lebenserwartung hat usw. Das ist jedoch eine rein hypothetische Erwägung und heißt nicht, dass nach utilitaristischem Standpunkt kriminelle und menschenverachtende Handlungen moralisch gerechtfertigt sind. Die Haltung der Mutter, die ihr Kind retten will, könnte insofern als utilitaristisch interpretiert werden, da die Folgen der Handlung der Mehrheit nützen. Kate wird gerettet, die Familie ist glücklich und mit hoher Wahrscheinlichkeit würde das afrikanische Kind sowieso Opfer der Organmafia, unabhängig davon, ob Kate die Organspende erhält. Der Mutter kann auch Egoismus und sogar Unmenschlichkeit vorgeworfen werden, nimmt sie doch den Tod eines Kindes billigend in Kauf. Andererseits ist bei aller Dramatik verständlich, dass die Mutter das Leben ihres Kindes retten will. In existenziellen Bedrohungssituationen können Abwehrreaktionen wie Verdrängung und Vermeidung einsetzen. Eine objektive Beurteilung der Situation ist dann nicht möglich. An diesem Fall wird deutlich, dass bei schwerwiegenden Einzelentscheidungen emotionale Faktoren beteiligt sind. Und damit ist auch eine weitere Problematik angesprochen, nämlich die der „Was wäre, wenn"-Entscheidungen. Rein theoretisch besteht ein großer Konsens darüber, was in unserem Kulturkreis als moralisch gut bzw. vertretbar angesehen wird und was nicht. Aber kommt ein Mensch in eine schwerwiegende Dilemmasituation und muss entscheiden, ist die Sicht aus der persönlichen Betroffenheit heraus eine ganz andere. Das sollte beachtet werden, wenn von außen über schwerwiegende persönliche Entscheidungen geurteilt wird.

Aufgabe

Tragen Sie in Kleingruppen Beispiele für Konfliktsituationen aus Ihrer Alltags- und Berufserfahrung zusammen. Wählen Sie ein geeignetes Beispiel aus und besprechen Sie mögliche Problemlösungen. Führen Sie dazu nach vorgegebenem Schema eine ethische Entscheidungsfindung durch. Präsentieren Sie Ihre Ergebnisse in geeigneter Form.

Im Berufsfeld der Sozialpädagogik sind die Folgen einer moralischen Entscheidung nicht so einschneidend wie in oben beschriebener Fallsequenz. Dennoch spielen auch hier ethische Entscheidungs- und Dilemmasituationen eine große Rolle.

An dieser Stelle soll auf die Methode der moralischen Dilemmadiskussion verwiesen werden, die von Georg Lind weiterentwickelt und unter anderem in dem Buch: „Moral ist lehrbar" ausführlich beschrieben und diskutiert wird. Für eine Berufsethik der Sozialpädagogik ist diese Methode sehr hilfreich.

Die folgende Aufgabenstellung ist an die Dilemmamethode angelehnt (vgl. Lind, 2003, S. 122–126).

Bilden Sie Kleingruppen, wählen Sie eines der beiden Beispiele aus und lösen Sie die unten stehenden Aufgaben. Präsentieren Sie Ihre Ergebnisse der Klasse.

Fallbeispiel 1
Angenommen, Sie arbeiten als Erzieher in einem Kinderheim.
Montag: Sie parken den Dienstwagen der Institution nach dem Einkauf für das Heim auf dem Hof der Einrichtung.
Dienstag: Sie bemerken am Wagen eine Beule. Sie finden heraus, dass der 17-jährige Kevin mit dem Auto heimlich eine Spritztour gemacht und so die Beule verursacht hat. Da Kevin momentan keine Fahrerlaubnis besitzt und eine Bewährungsstrafe verbüßt, entschließen Sie sich, die Verursachung des Schadens auf sich zu nehmen, um dem Jungen eine Gefängnisstrafe zu ersparen.
Mittwoch: Die Polizei kommt in die Einrichtung und ermittelt wegen Fahrerflucht. Der Dienstwagen wird als Unfallfahrzeug erkannt. Bei dem Unfall mit Fahrerflucht wurde ein Mann so schwer verletzt, dass er im Krankenhaus operiert werden musste. Was sollen Sie tun?

Fallbeispiel 2
Angenommen, Sie arbeiten als Erzieherin in einer Kindertagesstätte.
Mittwoch: Sie erfahren, dass in der Kindertagesstätte Stellen abgebaut werden sollen. Sie bangen um Ihre Arbeitsstelle, da Ihr Freund noch in der Ausbildung ist und Sie gerade eine gemeinsame Wohnung bezogen haben, die Sie nun einrichten wollen.
Donnerstag: Sie haben Streit mit Ihrer Chefin und ärgern sich, dass Sie sich auf diesen Streit eingelassen haben. Schließlich bestimmt die Chefin, wer seinen Arbeitsplatz behalten wird und wer nicht. Zufällig sehen Sie, wie Ihre befreundete Kollegin Anja Geld aus der Kasse für das Essensgeld nimmt. Sie denken sich nichts dabei, sicher wollte Anja Geld wechseln.
Freitag: Die Chefin entdeckt, dass in der Kasse für das Essensgeld 100 € fehlen, es herrscht große Aufregung. Keiner will das Geld genommen haben. So fällt der Verdacht auf eine Praktikantin, die wegen eines Verkehrsdeliktes bereits vorbestraft ist und die ihren beruflichen Aufgaben als Praktikantin nicht immer gerecht wird. Was sollen Sie tun?

1. Erzählen Sie, wie die Geschichte weitergeht.

2. Welche Rechte und Pflichten haben die Personen in dem Fall?

3. Welche ethischen Prinzipien werden angesprochen?

4. Immanuel Kant und Jeremy Bentham sind Ihre Freunde, die Sie um Rat fragen. Entwerfen Sie eine Diskussion zwischen Ihnen.

5. Wie würden Sie entscheiden? Begründen Sie Ihre Wahl.

4.3 Entscheidungsfindungsmodelle

Entscheidungsfindungsmodelle wurden ursprünglich für den medizinisch-pflegerischen Bereich entwickelt, da dort in den letzten Jahrzehnten durch den enormen Fortschritt in Diagnostik und Therapie neue ethische Fragen und Probleme aufgeworfen wurden, z. B.: Darf die Medizin alles, was sie kann? Wie sind knappe Ressourcen gerecht zu verteilen?

Ethische Probleme der Intensivmedizin, der Reproduktionsmedizin und der Palliativtherapie machen eine Auseinandersetzung mit ethischen Entscheidungsprozessen immer wieder notwendig. Ein beruflicher Bereich, der sich im weiteren oder engeren Sinn mit

Erziehung beschäftigt, steht ebenfalls vor ethischen Fragen, auch wenn diese Probleme vielleicht weniger existenziell sind als die im medizinisch-pflegerischen Bereich. So liegen Sozialpädagogen nicht selten in einem Loyalitätskonflikt unterschiedlicher Interessen, da die Rollenerwartungen an Fachkräfte von verschiedenen sozialen Gruppen (Kindern, Eltern, Institution usw.) unterschiedlich, teilweise sogar widersprüchlich sein können. Auch im Bereich der Sozialpädagogik geht es darum, Güter gerecht zu verteilen. Bei Entscheidungskonflikten sind die Folgen der Entscheidung nicht immer abschätzbar und die Konsequenzen von Entscheidungen sind zum Teil schwerwiegend. Aus diesen Gründen hat die ethische Reflexion in der Sozialpädagogik schon längst einen hohen Stellenwert. Zur Kompetenz von Sozialpädagogen gehört auch die Fähigkeit, moralische Entscheidungsprozesse innerhalb des Berufsfeldes zu gestalten, zu vollziehen und zu verantworten. Dabei ist es wichtig, das eigene Verständnis der Berufsrolle, das eigene Wertesystem und das eigene Handeln kritisch zu hinterfragen und ethisch reflektiert in die Entscheidungsprozesse einzubringen. Ethische Entscheidungsfindung in der Sozialpädagogik basiert in erster Linie auf dem Würde- und Autonomieanspruch eines jeden Menschen, unabhängig von seinen aktuellen Fähigkeiten, seiner besonderen Situation, seinem Alter usw. Da die Klientel der Sozialpädagogik oftmals aus Kindern und Jugendlichen sowie deren Familien besteht, gibt es Entscheidungssituationen, in denen advokatorisch, also stellvertretend, gehandelt werden muss. Im Entscheidungsprozess sollte sowohl der grundsätzliche Autonomieanspruch (auch in Bezug auf die Erziehungsberechtigten) als auch die eingeschränkte Autonomiefähigkeit miteinander in Beziehung gesetzt werden, um effektive und ethisch gebotene Lösungen zu erarbeiten.

Die Verfahrensregeln für die ethische Urteilsbildung sind so beschrieben, dass das Problem nicht auf ein Dilemma reduziert wird, das ein einzelnes Subjekt zu entscheiden und zu verantworten hat; vielmehr muss das Problem unter Einbeziehung aller Beteiligten differenziert betrachtet werden.

Modelle zur Entscheidungsfindung sollen in erster Linie professionellen Teams, aber auch einzelnen Fachkräften eine allgemeine Handlungsorientierung geben.

Das Ziel besteht darin:

- die Problemstellung sorgfältig zu erfassen,
- diese strukturiert und effizient zu bearbeiten,
- nach gründlicher Analyse zu entscheiden und
- die Verantwortung für die Entscheidung und deren Konsequenzen zu übernehmen.

Nachfolgend werden stellvertretend für eine Vielzahl von Modellen zur ethischen Entscheidungsfindung drei vorgestellt.

4.3.1 Schema der Sach- und Verlaufsstruktur sittlicher Urteile nach Hans Eduard Tödt

Das Schema umfasst sechs Sachmomente:

1. **Wahrnehmung, Annahme und Bestimmung des anfallenden Problems als ein sittliches**
   Sittliche bzw. moralische Probleme weisen einen hohen Grad an Komplexität auf und sind mit ethischen Wert- und Normvorstellungen verbunden. Nach Tödt geht es bei der sittlichen Wahrnehmung um die Ganzheitlichkeit des Problems.

2. **Analyse der Situation, in welcher das Problem die Betroffenen herausfordert**
   Hier geht es darum, das Problem in seinem Kontext zu erfassen und hinsichtlich verschiedener/widersprüchlicher Interessen zu durchleuchten.

3. **Erwägen der Verhaltensoption, die sittlich geboten scheint**
   Nach der Analyse des Kontextes werden verschiedene Optionen hinsichtlich ihrer Effizienz für die Lösung des Problems analysiert.

4. **Auswahl und Prüfung von Normen, Gütern und Perspektiven, die für die Wahl relevant sind**
   Die Auswahl der ethisch günstigsten Option setzt eine kritische Selektion unter Beachtung und Gewichtung ethischer Normen und Prinzipien voraus.

5. **Prüfung der sittlich-kommunikativen Verbindlichkeit wählbarer Verhaltensoptionen**
   Der Urteilsentscheid soll zu einem allgemeinen Konsens führen und in einem fairen Prozess ausgehandelt werden.

6. **Urteilsentscheid**
   Obwohl der Urteilsentscheid wegen der nicht kalkulierbaren Folgen ein Wagnis darstellt, soll er die Bereitschaft des/der Urteilenden beinhalten, die Verantwortung für die Folgen des Urteils zu übernehmen. Das bedeutet, dass das Urteil mit der Identität und dem Gewissen des/der Urteilenden in Übereinstimmung steht.

(vgl. Tödt, 1988, S. 29–42)

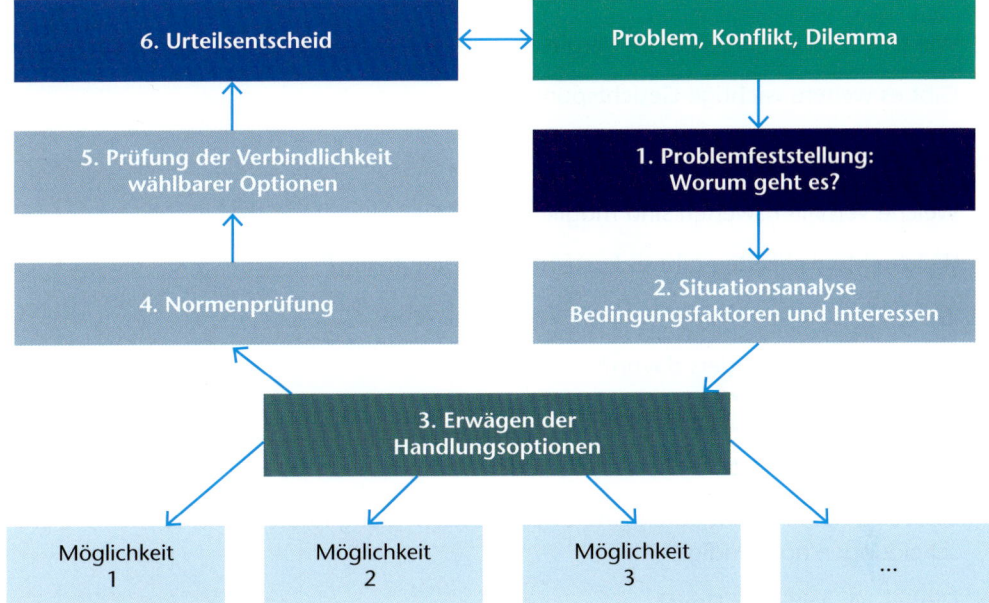

Entscheidungsmodell nach Tödt

4.3.2 Modell von Verena Tschudin

Phase 1: Die Situation beschreiben

- Geht es um ein faktisches oder um ein akutes Problem?

- Wie ist das Problem entstanden?

- Warum lässt sich das Problem nicht auf einfache Weise lösen?

- Welche Tatsachen sind wichtig, welche unwichtig?

- Um welche Werte geht es?

- Gibt es Aspekte, die einen Beteiligten in Gewissensnot bringen?

- Was meint der Patient und was wünscht er?

- Wer ist unmittelbar von dem Problem betroffen?

- Welche Rolle spielt jeder Betroffene?

- Was meint jeder Betroffene zu dem Problem?

- Welche Erwartungen hegt jeder Betroffene in Bezug auf das Ergebnis?

- Was sind die Schlüsselqualifikationen?

- Welche pflegerische, medizinische und gesellschaftliche Position haben die Schlüssel-qualifikationen?

- Gibt es Aspekte, die sich beeinflussen oder nicht beeinflussen lassen?

- Wie stellt sich das Problem im Vergleich zu anderen oder ähnlichen Fällen dar?

- Gibt es weitere wichtige Gesichtspunkte?

Phase 2: Planung

- Welche Verhaltensweisen sind möglich?

- Welche Möglichkeiten gibt es kurzfristig und langfristig?

- Welche möglichen Folgen hat jede Verhaltensweise?

- Wer profitiert besonders davon?

- Wie wahrscheinlich ist jede mögliche Folge?

- Wird jemand durch eine dieser Folgen geschädigt? Wenn ja, wie?

- Lässt sich das Problem durch eine einzige Entscheidung lösen oder sind mehrere Entscheidungen notwendig?

- Gibt es ein zeitliches Limit?

- Welches ist unser größtes Anliegen?

- Machen wir uns über ein Persönlichkeitsrecht Gedanken oder über die Handlung selbst?

- Machen wir uns Gedanken über den Respekt vor den Wünschen des Patienten?

- Machen wir uns Gedanken über die berufliche Verantwortung?

- Welche ethischen Grundsätze stehen zur Diskussion (Beispiele: der Wert des Lebens, Gerechtigkeit, Billigkeit, Ehrlichkeit, individuelle Freiheit)?

- Überschneiden sich diese Grundsätze oder widersprechen sie sich?

- Welcher Grundsatz ist der wichtigste?

- Machen wir uns vor allem über die Folgen eines Handelns Sorgen?

- Machen wir uns Sorgen, weil eine weitere Behandlung sinnlos wäre?

- Machen wir uns Sorgen, weil Werte sich gegenüberstehen?

- Welche Werte sind am wichtigsten und warum?

- Machen wir uns Sorgen über das berufliche oder kollegiale Verhalten?

- Sind Regeln des Berufskodex anwendbar?

- Verändern oder beeinflussen sie die Situation?

- Ist ein Kompromiss möglich, oder muss das Problem durch eine bestimmte Handlung bereinigt werden?

Phase 3: Durchführung

- Welche Handlung muss erfolgen?
- Wer führt welche Handlung aus? Wann? Wie?

Phase 4: Evaluation

- Löste die Entscheidung das Problem? Wenn nicht, warum nicht?
- Inwieweit beeinflusste die Lösung eines Teilproblems das eigentliche Problem?
- Waren die Erwartungen in Bezug auf die Ergebnisse realistisch?
- Wenn nicht, warum nicht?
- Waren nur bestimmte Aspekte realistisch? Welche?
- Warum waren andere Aspekte unrealistisch?
- Würden wir die gleiche Entscheidung noch einmal treffen? Wenn nicht, warum nicht?
- Haben wir einem vorrangigen Wert Geltung verschafft?
- Haben auch andere Personen von der ursprünglichen Entscheidung profitiert?
- Hat diese Entscheidung spätere Entscheidungen erleichtert?
- Hat ein Aspekt dieser Entscheidung jetzt allgemeine Gültigkeit?

(vgl. Tschudin, 1988, S. 108–112)

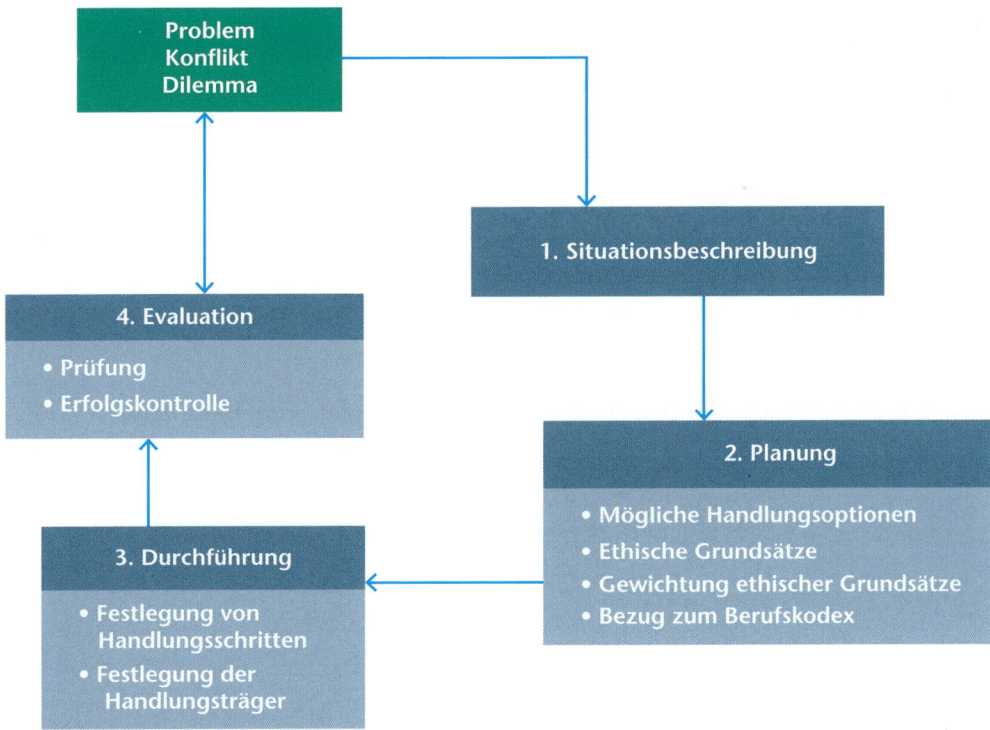

Entscheidungsmodell nach Tschudin

4.3.3 Handlungsmatrix nach Georg E. Becker

Schritt 1: Konflikt beschreiben

- Wie stellt sich der Konflikt dar, worin liegt das Problem?
- Welches sind die Bedingungen, die den Konflikt fördern?
- Spielen Rahmenbedingungen eine Rolle (Elternhaus, Entwicklungsgeschichte)?
- Welche Probleme bestehen in den sozialen Beziehungen zwischen den Beteiligten?

Schritt 2: Betroffenheit einschätzen

- Liegt überhaupt ein ernsthafter Konflikt vor?
- Wie bedeutend ist der Konflikt?
- Wie stark ist die Beeinträchtigung?

Schritt 3: Erstverhalten festlegen

- Was ist notwendig, um die Lösung des Konfliktes anzubahnen?
- Wer sollte was tun?

Schritt 4: Methode festlegen

- Welche Methode/Strategie ist geeignet, um die Konfliktlösung anzubahnen (z. B. Gespräch, Rollenspiel, Mediation)?

Schritt 5: Befragung durchführen

- Was ist Auslöser für den Streit/Konflikt?
- Welche Gefühle/Bedürfnisse haben die Konfliktparteien?
- Was stört oder ärgert die Konfliktparteien?
- Was könnte man anders machen? Wie sollen sich die Beteiligten in bestimmten Situationen verhalten?

Schritt 6 und 7: Nach den Ursachen fragen und Informationen beschaffen

Schritt 8: Perspektiven wechseln

- Einfühlen in die Situation und mögliche Verhaltensweise der Gesprächspartner

Schritt 9: Zielsetzungen abklären

- Was soll erreicht werden?

Schritt 10: Handlungsmöglichkeiten suchen

- Wie kann das Ziel erreicht werden?

Schritt 11: Handlungsmöglichkeiten prüfen

- Welche Vor- und Nachteile ergeben sich aus den Handlungsmöglichkeiten?
- Welche ethischen Prinzipien werden angesprochen?

Schritt 12: Handlungsfolge konzipieren

- Auswahl der besten Möglichkeit und Festlegung der Umsetzung

(vgl. Becker, 2006, S. 66–83)

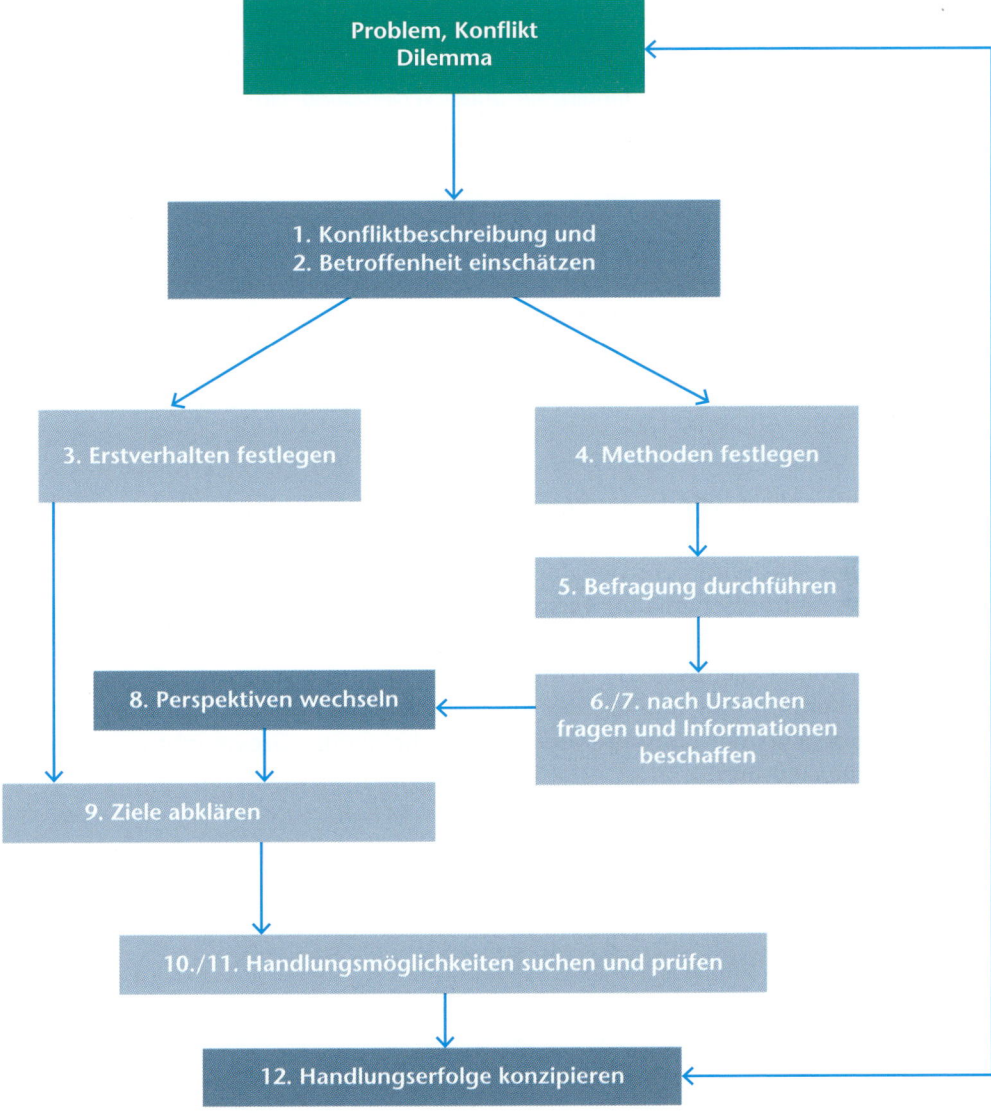

Entscheidungsmodell nach Becker

1. Vergleichen Sie die drei Entscheidungsmodelle nach folgenden Kriterien:

   • Strukturiertheit/Klarheit/Logik des Schrittfolge

   • Einsetzbarkeit in der Arbeit mit Kindern, Jugendlichen, Erwachsenen, Menschen mit Behinderung, alten Menschen

   • Effektivität in Bezug auf eine ethische Entscheidungsfindung

   • Zeitfaktor

   • Grenzen/Nachteile

2. Bilden Sie Gruppen und führen Sie unter Verwendung eines selbst gewählten Modells eine ethische Entscheidungsfindung zu folgender Fallsequenz durch:

   Fallbeispiel
   Der geistig behinderte Herr F. kauft sich mit Zustimmung seines Betreuers einen Fernseher. Herr F. bewohnt ein Einzelzimmer im Wohnheim der Werkstatt für Menschen mit Behinderung, in der er arbeitet. Nach kurzer Zeit beschwert sich der Gruppenleiter der Werkstatt darüber, dass Herr F. oft müde zur Arbeit kommt und dadurch seinen Arbeitsaufgaben nicht immer gerecht wird. Er fordert ein Fernsehverbot ab 21:30 Uhr. Die Mitarbeiter des Wohnheimes diskutieren den Fall kontrovers. Wie soll entschieden werden?

Entscheidungsmodelle sind in der Regel handlungs- und lösungsorientiert. Ob sie als wertvolle Orientierung taugen, hängt wesentlich davon ab, wie es gelingt, die Modelle im Sinne eines Hilfsmittels zur dynamischen und flexiblen Problemlösung zu nutzen und nicht als starres Schema zu verstehen, das nacheinander abgearbeitet werden kann. Es geht vielmehr um einen Vorgang tiefgründiger und sorgfältiger Reflexion unter Einbeziehung aller Beteiligten. Modelle sind dann sinnvoll, wenn sie zu einer reflexionsorientierten Problemdiskussion in einer sinnvollen Reihenfolge bzw. Struktur anregen. Angesichts der Komplexität vieler Entscheidungsprozesse gibt es selten nur die eine richtige Lösung.

5 Berufliche Motivation und Identifikation

Eine tragfähige berufliche Motivation und Identität wirken sich positiv auf die Qualität beruflichen Handelns aus. Nach welchen Kriterien kann berufliche Motivation und Identifikation in der Sozialpädagogik beurteilt werden? Braucht die Sozialpädagogik eine besondere Motivation? Diese und ähnliche Fragen sollen in diesem Kapitel diskutiert werden.

5.1 Berufliche Motivation

Der Begriff „Motivation" ist vom psychologischen Begriff „Motiv" abgeleitet.

> **Definition**
> *Motiv ist die Bezeichnung für den von außen nicht erkennbaren Beweggrund menschlichen Handelns.*
> *Motivation ist der von Motiven gesteuerte Prozess der Aktivierung bzw. der Zustand des Motiviert-Seins.*

Jeder Motivation liegen bestimmte Bedürfnisse, Interessen oder Neigungen zugrunde. Diese Bedürfnisse lassen sich unterschiedlichen Ebenen zuordnen. Der amerikanische Psychologe Abraham H. Maslow (1908-1970) versuchte, menschliche Bedürfnisse nach Prioritäten zu ordnen. Er ging von der Annahme aus, dass menschliche Bedürfnisse eine Rangordnung (Hierarchie) besitzen und stellte diese in Form einer Pyramide dar.

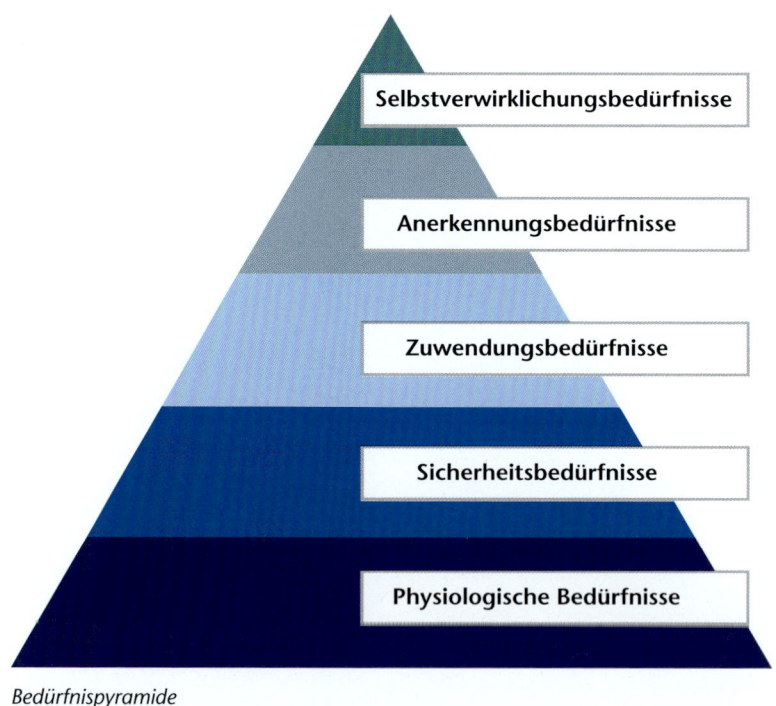

Bedürfnispyramide

- **Physiologische Bedürfnisse** sind grundlegende Bedürfnisse wie essen, trinken und schlafen.

- **Sicherheitsbedürfnisse** sind Bedürfnisse nach Schutz vor Gefahren, nach Ordnung und Struktur, nach Verlässlichkeit usw.

- **Zuwendungsbedürfnisse** zeigen sich in den Bedürfnissen nach Liebe, nach Geborgenheit, nach Kontakt usw.

- **Anerkennungsbedürfnisse** bestehen z. B. im Streben nach Ansehen, Erfolg, Prestige und Macht.

- **Selbstverwirklichungsbedürfnisse** zeigen sich im Bestreben des Menschen, sich optimal zu entwickeln und seine Fähigkeiten und Eigenschaften in sämtlichen Persönlichkeitsbereichen zu entfalten.

Maslow geht davon aus, dass sich die höheren Bedürfnisebenen erst dann entwickeln, wenn die Bedürfnisse der jeweils unteren Ebenen befriedigt sind. Wenn ein Mensch also Hunger hat und friert, dann müssen erst diese Bedürfnisse durch Nahrung und Heizung befriedigt sein, bevor sich z. B. Zuwendungs- oder Anerkennungsbedürfnisse entwickeln können.

In Bezug auf die berufliche Motivation allgemein kann die untere Ebene der Bedürfnispyramide indirekt eine Rolle spielen. Erwerbstätigkeit dient u. a. dazu, Grundbedürfnisse über das Einkommen zu sichern. Die höheren Ebenen haben einen direkteren Einfluss auf die allgemeine berufliche Motivation. Eine Erwerbstätigkeit gibt Sicherheit, bringt in der Regel soziale Kontakte und Anerkennung und kann schließlich in besonderem Maße zur Selbstverwirklichung beitragen.

Klassifizierung von beruflichen Motiven

Da die Motivation für menschliches Handeln sehr komplex ist, ist es schwierig, berufliche Motive klar zu klassifizieren. Die Motivation für einen konkreten Beruf oder für eine Berufsgruppe kann aus der Bedürfnishierarchie von Maslow nicht direkt abgeleitet werden.

Folgende Aspekte des Motivationsbegriffes können bei der Frage nach der Berufswahl im sozialen Bereich herangezogen werden:

Das Motiv der Bedürfnisbefriedigung allgemein

Hier ist in erster Linie das Bedürfnis nach materieller Absicherung durch Versorgung und Einkommen angesprochen, das bei jeder beruflichen Tätigkeit eine Rolle spielt. Erwerbstätigkeit ist eine wichtige Grundlage zur Befriedigung unterschiedlichster Bedürfnisse.

Das Motiv, kreativ zu sein: Innovation und Engagement

Soziale Arbeit ermöglicht es in hohem Maße, eigene Ideen zu entwickeln und sich einzubringen. Die professionelle Arbeit mit Menschen bringt nahezu täglich neue Erfahrungen im Umgang mit anderen Menschen und über sich selbst. Die berufliche Interaktion ist zwar immer zielgerichtet, aber trotzdem nicht immer planbar oder voraussehbar. Kinder und Jugendliche fordern immer wieder zu neuen Sicht- und Verhaltensweisen heraus, das Bedürfnis nach Kreativität wird damit in der Sozialpädagogik besonders befriedigt.

Das Motiv, sich anzupassen: Anpassung an ständig wechselnde Situationen und an vorhandene Arbeitsweisen

Die Besonderheit in der Arbeit mit Menschen besteht darin, dass die täglich neuen Begegnungen eine Anpassung an die unterschiedlichsten Einzelsituationen erfordern. Das Verhalten von Kindern, Jugendlichen, Familien oder von Menschen in bestimmten Problemlagen ist individuell verschieden und die Situationen, in denen die Begegnungen stattfinden, können sehr vielfältig sein. Damit sind Sozialpädagogen immer wieder vor neue Herausforderungen gestellt, die eine dynamische Anpassung an die Klienten und an die konkrete Situation unumgänglich machen.

Ordnungsstreben: Erreichen beruflicher Identität im konkreten Berufsfeld

Jeder Mensch braucht für seine berufliche Tätigkeit ein gewisses Maß an Struktur. In den verschiedenen Einsatzbereichen des Sozialpädagogen gibt es unterschiedliche Strukturen. So ist z. B. in einer Kindertagesstätte ein fester Rahmen vorgegeben, während in der Jugendarbeit die Struktur in der Regel offener ist, da in diesem Bereich meistens keine festen Gruppen existieren.

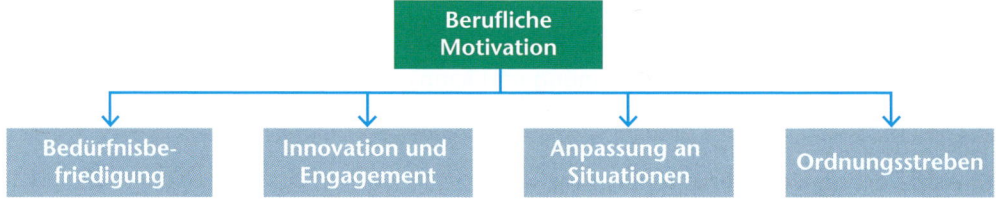

Grundaspekte der beruflichen Motivation

Traditionell spielen in der Sozialen Arbeit hauptsächlich humanitäre und religiöse Motive eine Rolle. Beide Aspekte sind auch heute noch von großer Bedeutung. Sie werden ergänzt durch ökonomische und soziale Motive bei der Berufswahl im sozialen Bereich.

Berufswahlmotive

Aufgaben

1. *Lesen Sie zunächst die angegebenen Motive für die Berufswahl aufmerksam durch und stellen Sie fest, welche Beweggründe auf Sie zutreffen.*
   Ich möchte in diesem Beruf arbeiten, weil ich …
   - *kontaktfreudig bin und mit Menschen gut klar komme.*
   - *gebraucht werde.*
   - *Anerkennung und Dankbarkeit erfahre.*
   - *meine eigenen Erziehungserfahrungen einbringen möchte.*
   - *von Eltern/Lehrern eine Empfehlung für diesen Beruf bekam.*
   - *etwas verbessern/ändern möchte.*

- *Soziale Arbeit sehr wichtig finde.*
- *hier zeigen kann, wie kreativ ich bin.*
- *neugierig bin und Abwechslung brauche.*
- *andere Menschen beraten und anleiten kann.*
- *von anderen Menschen viel lernen kann.*
- *ganz gut verdiene.*
- *weiß, dass der Beruf in der Gesellschaft anerkannt ist.*
- *in diesem Beruf gute Arbeitsmarktchancen/Aufstiegschancen habe.*
- *keinen anderen Ausbildungsplatz bekommen habe.*

2. *Wählen Sie aus den oben genannten Motiven die fünf wichtigsten aus und bringen Sie diese in eine Rangfolge.*

3. *Vergleichen Sie Ihre Ergebnisse mit einem Partner. Welche Gemeinsamkeiten und welche Abweichungen stellen Sie fest?*

4. *Diskutieren Sie in der Klasse darüber, welche der genannten Motive für Ihren Beruf wichtig sind und welche Sie für unwichtig oder problematisch halten.*

Verschiedene Untersuchungen zur Berufsmotivation in sozialen bzw. sozialpädagogischen Berufen weisen hauptsächlich auf folgende Kriterien für die berufliche Orientierung hin:

- der Kontakt mit Menschen
- die Abwechslung in der beruflichen Tätigkeit
- die Möglichkeit zur Übernahme von Verantwortung für Menschen
- die hohe Selbstständigkeit in der beruflichen Tätigkeit
- die Tatsache, anderen helfen können bzw. gebraucht zu werden
- bestimmte Vorbilder in der Familie („Berufsvererbung")
- das allgemeine Ansehen des Berufes in der Bevölkerung
- ein angemessenes Einkommen

Die letzten beiden Kriterien sind in der Regel bei sozialen Berufen eher nachrangig. Für soziale Berufe ist solidarisches (am Gemeinwohl orientiertes) Verhalten eine ethisch gebotene Grundhaltung, die für die sogenannte Helfer-Klienten-Beziehung von großer Bedeutung ist (siehe Kapitel 6). Diesem moralischen oder solidarischen Verhalten können drei Motive zugrunde liegen:

1. **Erlangung von sozialer Anerkennung**
   Hilfe wird deshalb geleistet, weil das gesellschaftlich erwünscht ist. Helfen bedeutet also soziale Anerkennung, Nichthelfen bedeutet soziale Ablehnung.

2. **Erlangung von innerer Zufriedenheit (ein gutes Gewissen) und Selbstwert**
   Hier wird die Hilfe aus innerer Überzeugung und ohne äußere Verpflichtung geleistet. Nichthelfen würde das Selbstwertgefühl beeinträchtigen und Unzufriedenheit mit sich selbst hervorrufen.

3. **Mitfühlen mit dem Hilfebedürftigen**
   Die Hilfe erfolgt aus Mitgefühl oder Mitleid.

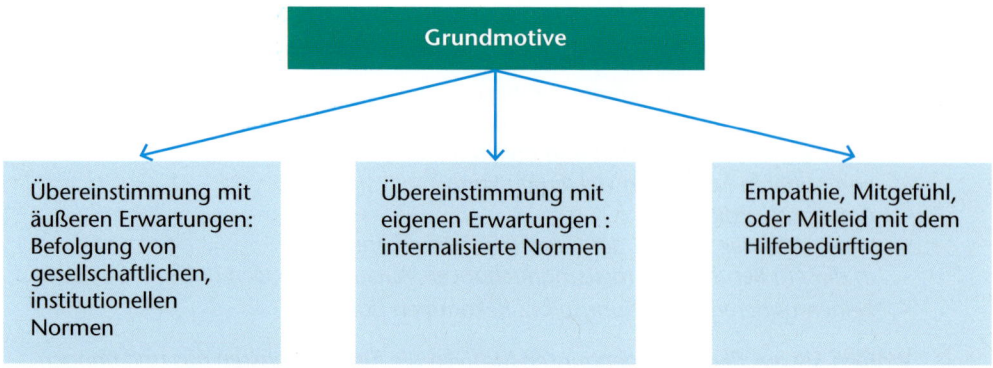

Grundmotive		
Übereinstimmung mit äußeren Erwartungen: Befolgung von gesellschaftlichen, institutionellen Normen	Übereinstimmung mit eigenen Erwartungen : internalisierte Normen	Empathie, Mitgefühl, oder Mitleid mit dem Hilfebedürftigen

Grundmotive für solidarisches Verhalten in sozialen Berufen

Aufgaben

1. *Vergleichen Sie die drei Motive des Helfens mit den drei Motiven (Selbstinteresse, Neigung und vernünftiges Motiv) nach Kant.*

2. *Welche/s der drei oben genannten Motive des Helfens halten Sie im Rahmen des beruflichen Handelns für ethisch geboten? Begründen Sie Ihre Auffassung.*

5.2 Berufliche Identifikation

Merksatz
Berufliche Identität kann als das Ergebnis des Prozesses der beruflichen Identifikation beschrieben werden. Dieser Prozess beinhaltet die Ausbalancierung von beruflichem Selbstkonzept (eigene berufliche Ziele, Einstellungen und Erwartungen) und der sozialen Anerkennung (Erwartungen von Kollegen, Klienten, Vorgesetzten usw.). Berufliche Identität ist damit der Zustand eines dynamischen Gleichgewichtes zwischen inneren und äußeren Erwartungen an berufliches Handeln.

Einflussfaktoren

Die Entwicklung der beruflichen Identität wird von bestimmten Faktoren beeinflusst. Dazu gehören vor allem folgende:

1. Identifikationsdisposition

Der Identifikationsprozess wird von den individuellen Werthaltungen, Einstellungen und beruflichen Motiven beeinflusst. Übt

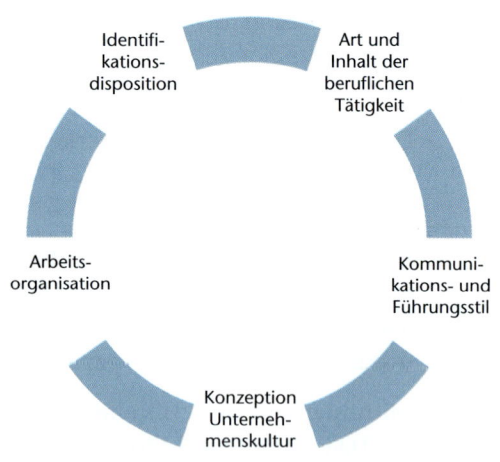

Einflussfaktoren auf die Entwicklung beruflicher Identität

z. B. jemand seinen Beruf hauptsächlich als Job im Sinne des Geldverdienens aus, hat er eine andere Motivationsdisposition als jemand, dessen Hauptmotive fachliches Interesse oder soziales Engagement sind.

Beispiel:

Jenny lebt mit ihren Eltern in einem Haus, das an das Grundstück eines Wohnheimes für behinderte Menschen angrenzt. In ihrer Kindheit hat sie viel Kontakt zu den Bewohnern, sie spielt mit ihnen im Garten des Wohnheimes und wird auch zu kleinen Feiern eingeladen. Manchmal nimmt Jenny zum Spielen ihre Freundin mit zu den lustigen Bewohnern und alle haben viel Spaß. Sie merkt aber auch, dass andere Kinder und deren Eltern nicht verstehen, dass Jenny „solche" Freunde hat. Jennys Mutter ist Krankenschwester und bestärkt sie in ihrem Bestreben, Kontakt zu den Heimbewohnern zu pflegen.

2. Art und Inhalt der beruflichen Tätigkeit

Stimmen Art und Inhalt der beruflichen Tätigkeit mit den persönlichen Erwartungen und Interessen überein, so wirkt sich das positiv auf die berufliche Identifikation aus. Interessante, abwechslungsreiche, persönlichkeitsfördernde, verantwortungsvolle und gesellschaftlich anerkannte Tätigkeiten fördern die berufliche Identität.

Beispiel:

Nach dem Realschulabschluss absolviert Jenny ein soziales Jahr in dem Wohnheim, in dem sie schon als Kind ein- und ausging. Der Kontakt mit den behinderten Menschen hat sie dazu motiviert. Während des sozialen Jahres merkt Jenny, dass sie hier ihr musisches Talent sehr gut nutzen kann. Die Heimbewohner singen und tanzen gern. Sie lernt viele Bereiche der Arbeit kennen und empfindet die Arbeit als spannend und herausfordernd. Jenny lernt aber auch die Schattenseiten kennen. So gibt es Bewohner, die bettlägerig sind und oft traurig wirken. Manche weinen oder schreien, manchmal fühlt sie sich hilflos.

3. Kommunikations- und Führungsstil

Partnerschaftliche Zusammenarbeit im Team, eine offene Atmosphäre, grundlegende Übereinstimmung zu gemeinsamen Zielen und Methoden der Arbeit, gegenseitige Anerkennung und Akzeptanz sowie ein demokratischer Führungsstil sind sehr wichtige Einflussfaktoren auf Arbeitszufriedenheit und berufliche Identifikation.

Beispiel:

Im Team des Wohnheimes arbeiten viele junge Leute, die sehr liebevoll mit den Bewohnern umgehen. Jenny wird in alle Belange einbezogen und fühlt sich so als vollwertige Mitarbeiterin. Die Chefin gibt ihr Tipps und Hinweise und reflektiert Jennys Arbeit. Jenny freut sich, dass sie fast immer ein sehr positives Feedback erhält. So wird sie in ihrem Berufswunsch, Heilerziehungspflegerin oder Erzieherin zu werden, bestärkt und bestätigt.

Mit einer Kollegin kommt Jenny nicht so gut klar. Sie lässt Jenny nur die Hilfsarbeiten machen und scheint ihr nicht viel zuzutrauen. So nimmt sich Jenny vor, die Kollegin durch engagiertes und fleißiges Arbeiten doch noch zu überzeugen.

4. Konzeption/Unternehmenskultur

Konzeptionen und Leitbilder geben Auskunft über allgemeine Ziele der Arbeit, über Wege und Methoden zu deren Realisierung sowie über grundsätzliche Werte und Normen der beruflichen Tätigkeit. Damit sind sie zugleich Ausdruck beruflicher Identität der Mitarbeiter der jeweiligen Institution.

> *Beispiel:*
>
> *Das Konzept der Einrichtung folgt dem Leitbild der Institution und hat die Integration behinderter Menschen zum Hauptziel gemacht. In ihrem Berufsalltag merkt Jenny, dass die Mitarbeiter diesen Leitgedanken verinnerlicht haben. Die Heimbewohner werden nicht nur respektvoll und liebevoll begleitet, sondern es gibt zahlreiche Aktivitäten außerhalb des Wohnheimes mit Kindertagesstätten, Schulen und anderen Institutionen. An Veranstaltungen im Wohngebiet, in der Stadt und auch in anderen Orten nehmen die Bewohner rege teil.*
>
> *Manchmal stoßen die Heimbewohner jedoch auf Vorurteile und Ablehnung. In diesen Situationen kommt Jenny an ihre Grenzen, weil sie solche Haltungen nicht akzeptieren kann.*

5. Arbeitsorganisation

Informationswege, Arbeitszeitregelungen, Arbeitsorte usw. üben in der Regel einen hohen Einfluss auf die Arbeitszufriedenheit und die berufliche Identifikation aus.

> *Beispiel:*
>
> *Der Schichtdienst im Wohnheim stört Jenny nicht, ganz im Gegenteil. So kann sie auch mal wochentags nach der Spätschicht zur Disco gehen. Auch Behördengänge sind jetzt besser zu tätigen. Jenny findet es gut, gleich nebenan und in einem stabilen Team zu arbeiten.*
>
> *Alles spricht also dafür, ihren Berufswunsch durch eine entsprechende Ausbildung zu realisieren.*

Aufgaben

1. *Notieren Sie sich Faktoren, die für Sie bei der Ausübung Ihrer künftigen beruflichen Tätigkeit wichtig wären. Erstellen Sie dazu eine Prioritätenliste über die wichtigsten Faktoren für eine hohe berufliche Motivation und Identifikation.*

2. *Prüfen Sie in Kleingruppen die unten genannten Ansätze der Motivation für einen sozialpädagogischen Beruf und diskutieren Sie Ihre Ergebnisse in der Klasse:*

   - *Beruf als Erwerbstätigkeit*
   - *Beruf als Grundlage für Ansehen und Karriere*
   - *Beruf als soziales Engagement*
   - *Beruf als Dienst am Nächsten*
   - *Beruf als Dienstleistung*

Vier Typen beruflicher Identifikation

Caroline Bühler untersucht in dem Buch „Vom Verblassen beruflicher Identität" die berufliche Identität junger Erwerbstätiger im Zusammenhang mit dem sich ständig ändernden Arbeitsmarkt. Auf der Grundlage ihrer Analyse nennt sie vier Typen beruflicher Identität:

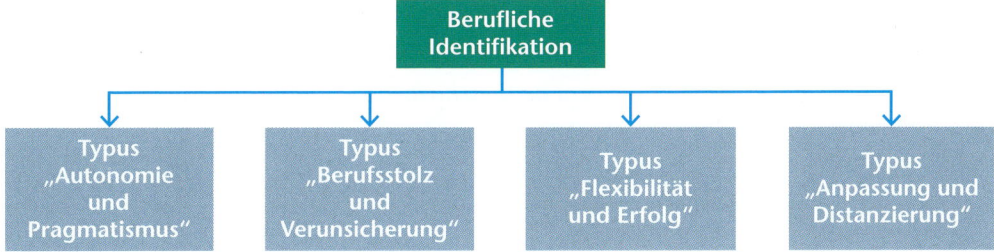

Typen beruflicher Identifikation nach Bühler

1. Typus „Autonomie und Pragmatismus"

Die persönliche Berufswahl ist bei diesem Typ Ausdruck der persönlichen Qualifikation. Auf Veränderungen im Berufsfeld reagiert er offensiv und lässt sich ohne Probleme auf Neuerungen ein. Der gewählte Beruf ist zwar subjektiv bedeutsam, dient aber nicht nur der Selbstverwirklichung, sondern auch der Einkommenssicherung.

2. Typus „Berufsstolz und Verunsicherung"

Veränderungen oder Umbrüche im Berufsfeld werden bei diesem Typ als Krise erlebt, die das berufliche Handeln beeinträchtigt. Veränderungen führen zu einer Verunsicherung, weil berufliche Grundprinzipien in frage gestellt werden. Die starke Identifikation mit dem Beruf und dem Unternehmen begünstigen eine unflexible und starre Haltung gegenüber Veränderungen im Arbeitsumfeld. Ein Funktions- oder Stellenwechsel wird bei diesem Typ möglichst vermieden.

3. Typus „Flexibilität und Erfolg"

Dieser Typ zeichnet sich durch eine flexible und spielerische Anpassung an die Veränderungen auf dem Arbeitsmarkt aus. Er identifiziert sich nicht mit einer bestimmten beruflichen Tätigkeit und deren ethischen Grundsätzen. Ihm geht es in erster Linie darum, seine Kompetenzen optimal einzusetzen. Er interessiert sich eher für zeitlich begrenzte Projekte, weniger für eine dauerhafte Tätigkeit mit gleichem Inhalt. Er strebt nach dem Erreichen kurzfristiger Ziele. Nur bei diesem Typ wurde ein Streben nach Selbstverwirklichung in der Arbeit, unabhängig von beruflichen Leitbildern und betrieblichen Bindungen, festgestellt.

4. Typus „Anpassung und Distanzierung"

Dieser Typ reagiert mit Gelassenheit bzw. Gleichgültigkeit auf berufliche Veränderungen. Die Identifikation mit dem Beruf ist eher schwach ausgeprägt. Außerberufliche Bereiche, wie Familie oder Hobby, sind ihm wichtiger. Das Verhältnis zur Institution und zum Team wird als labil beschrieben.

(1. bis 4. Typus vgl. Bühler, 2005, S. 89-194)

Beantworten Sie die folgenden Fragen und tauschen Sie sich danach in der Kleingruppe aus.

1. *Welche Typen haben nach Ihrer Meinung die günstigsten Voraussetzungen für die Ausübung eines sozialpädagogischen Berufes? Begründen Sie Ihre Auffassung.*

2. *Welche Erfahrungen in Bezug auf berufliche Identifikation haben Sie bisher gemacht? Können Sie sich in einem der beschriebenen Identifikationstypen wiederfinden?*

5.3 Berufliche Überidentifikation

Beispiel: Jenny

Jenny hat inzwischen ihre Ausbildung zur Heilerziehungspflegerin mit besten Ergebnissen absolviert. Sie fand sofort eine Festeinstellung in dem Wohnheim, in dem sie ihr Freiwilliges Soziales Jahr absolviert hatte. Hoch motiviert ging sie an die Arbeit. Sie brachte neue Ideen ein, gründete mit den Bewohnern eine Theatergruppe und einen kleinen Chor. Wenn man sie brauchte, war sie zur Stelle. Ihr gefiel es, dass sie bei der Leitung und bei den Bewohnern so beliebt war. Das motivierte sie, sich noch mehr zu engagieren. Wenn sie sich mit Freunden traf, erzählte sie nur von ihrer Arbeit. Infolge der Schichtarbeit und der freiwilligen Überstunden sah Jenny ihren Freund nur noch selten, bis er die Beziehung ganz beendete. Jenny fand das bedauerlich, aber stürzte sich sofort in eine Fortbildung zum Thema „Autismus". Gleich im Anschluss organisierte sie eine Fortbildungsveranstaltung zu diesem Thema für ihre Kollegen. Den Termin dafür legte sie allerdings ohne Abstimmung mit den anderen fest. Einige Kollegen hatten private Termine und konnten so an der Veranstaltung nicht teilnehmen. Jenny äußerte darüber ihren Unmut und konnte nicht begreifen, dass bei den Kollegen die privaten Interessen Vorrang haben. Der Übereifer von Jenny stieß beim Team allmählich auf Widerstand. Ständig wusste Jenny etwas besser, korrigierte die Arbeit ihrer Kollegen. Als Jenny begann, den Bewohnern Geschenke zu machen und ihnen Tätigkeiten abzunehmen, die sie eigentlich selbst erledigen konnten und sollten, häuften sich die Beschwerden der Kollegen. Mit Jenny sprach jedoch niemand. Man begann, sie zu meiden und über sie zu tuscheln. Jenny merkte das, sah aber keinen Grund, ihr Verhalten zu ändern, schließlich machte sie alles richtig. Inzwischen fühlt sich Jenny erschöpft und wirkt niedergeschlagen. Ihre Einstellung gegenüber den Bewohnern hat sich auch verändert. Oft empfindet sie die Bewohner als undankbar. Sie gibt alles, um Chor und Theatergruppe zu organisieren, und immer weniger nehmen an den Proben teil. Besonders eifersüchtig ist sie auf eine Praktikantin, die mit einem neuen Projekt alle begeistert. Jenny überlegt, ob es sich überhaupt noch lohnt, in dieser Einrichtung zu arbeiten, wo man so undankbar ist ...

Was ist mit Jenny passiert? Welche Möglichkeiten und Strategien gibt es, eine tragfähige Motivation und Identifikation zu entwickeln und zu erhalten?

Berufliche Überidentifizierung hat verschiedene, oft in Wechselwirkung stehende Ursachen und Auslöser. Sie führt zu unterschiedlichen Verhaltensweisen und kann sich auf verschiedene Lebensbereiche auswirken. Fehleinstellungen entwickeln sich oftmals unbemerkt über einen längeren Zeitraum oder können schon vorab als Disposition vorhanden sein. Ein Beispiel für diese Disposition ist das sogenannte „Helfersyndrom".

5.3.1 Das Helfersyndrom

In seinem Buch „Die hilflosen Helfer" beschreibt der Psychoanalytiker Schmidbauer das Helfersyndrom, das oft in direktem Zusammenhang mit der Ergreifung eines sozialen Berufes stehen kann. Schmidbauer geht davon aus, dass eine Person mit Helfersyndrom – ausgehend von einem frühkindlichen Mangelerlebnis (das Kind wird nicht bedingungslos geliebt, sondern nur für bestimmte Leistungen oder Eigenschaften) – eigene Schwächen und Hilfebedürftigkeit verleugnet und mit der Haltung des aufopferungsvollen Helfers zu kompensieren versucht. Das eigentliche Motiv des Helfens ist nicht auf das Wohlergehen des Hilfeempfängers ausgerichtet, sondern vielmehr auf das eigene Wohl, d. h., der Helfer braucht das Gefühl, gebraucht zu werden (vgl. Schmidbauer, 1992, S. 22–26).

Aufgaben

Diskutieren Sie die folgenden Fragen:

1. Wie kann sich das Verhalten einer Helfersyndrom-Persönlichkeit auswirken auf:

- *die Klientel (Kinder, Jugendliche, hilfebedürftige Erwachsene) und*
- *die Teamarbeit?*

2. Lesen Sie das auf S. 82 aufgeführte Beispiel und überlegen Sie, ob Jenny Merkmale einer Helfersyndrom-Persönlichkeit aufweist.

5.3.2 Das Nähe-Distanz-Problem

Sozialpädagogische Berufe sind durch den permanenten Kontakt zu Kindern, Jugendlichen, Eltern, Familien oder hilfebedürftigen Erwachsenen gekennzeichnet. Befragungen von Erzieher/-innen aus Kindertagesstätten ergaben, dass sie sich beim Kontakt mit den Kindern nur in seltenen Fällen (zum Beispiel, wenn ein Kind nicht auffindbar oder weggelaufen ist) psychisch stark belastet fühlen. Häufiger wird dagegen von Konflikten mit Eltern berichtet. Im Bereich der stationären

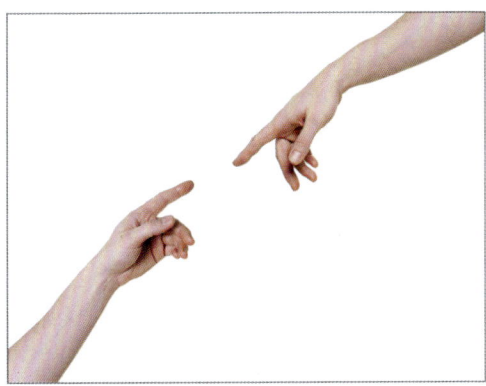

Kinder- und Jugendhilfe häufen sich Konflikte mit denjenigen Kindern und Jugendlichen, die aufgrund ihrer bisherigen Biografie und häufiger Beziehungsabbrüche zu problematischem bzw. originellem Verhalten neigen. Im Bereich der Behindertenhilfe sind Fachkräfte häufig mit Leid und Krankheit oder Unverständnis der sozialen Umwelt konfrontiert.

In der Sozialpädagogik schließt Professionalität die Fähigkeit ein, Nähe und Distanz in der pädagogischen Beziehungsgestaltung auszubalancieren. Jede Fachkraft verfügt diesbezüglich über eigene biografische und soziale Erfahrungen. Kinder, Jugendliche, Familien usw. stellen an sozialpädagogische Fachkräfte sehr unterschiedliche Erwartungen. Deshalb kann es für die konkrete Ausgestaltung der pädagogischen Beziehung auch keine verbindlichen Richtlinien oder Handlungsregeln geben. Die richtige „Dosis" von emotionaler Nähe und professioneller Distanz muss vom Sozialpädagogen immer wieder neu bestimmt und reflektiert werden.

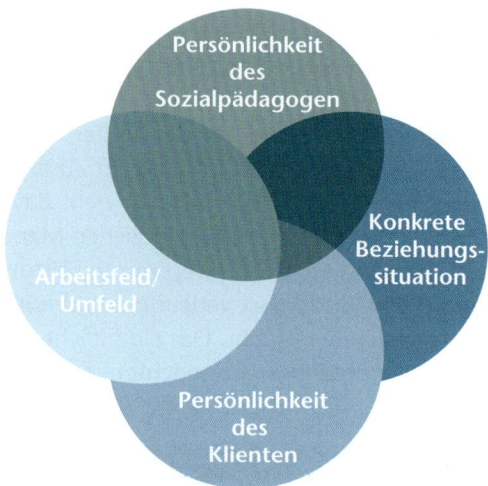

Einflussfaktoren auf die Ausbalancierung von emotionaler Nähe und professioneller Distanz

Folgende Einflussfaktoren sind dabei von Bedeutung:

Die Persönlichkeit des Sozialpädagogen

Wie das Verhältnis von Nähe und Distanz bestimmt wird, ist abhängig von der Einstellung und Erfahrung der pädagogischen Fachkraft. Um eine gelingende und vertrauensvolle Beziehung zu gestalten und eine berufliche Überforderung zu vermeiden, ist es wichtig, sich in der pädagogischen Beziehung kongruent zu verhalten. Damit werden Rahmen und Grenzen für das Verhältnis von Distanz und Nähe bestimmt. Die Faustregel: „So viel Nähe wie möglich und soviel Distanz wie notwendig" lässt sehr viel individuellen Spielraum zu.

Die Persönlichkeit des Kindes, Jugendlichen oder Erwachsenen

Aufgrund unterschiedlicher Voraussetzungen und Beziehungserfahrungen sind die emotionalen und sozialen Bedürfnisse von Kindern und Jugendlichen sowie deren Erwartungen an die pädagogische Beziehung unterschiedlich. Auch das Alter hat auf die Gestaltung der Beziehung großen Einfluss. So nimmt das Bedürfnis nach unmittelbarer Nähe in der Regel mit dem Alter des Kindes ab.

Das Arbeitsfeld

Im stationären Tätigkeitsfeld hat das Verhältnis von Nähe und Distanz beispielsweise einen anderen Stellenwert als im familienunterstützenden Bereich. Im Heimbereich haben die Kinder und Jugendlichen wenig oder gar keinen Kontakt zu ihrer Herkunftsfamilie.

Emotionale Bedürfnisse spielen hier eine größere Rolle als in anderen sozialpädagogischen Tätigkeitsfeldern. In allen Einsatzgebieten ist es wichtig, dass sich Fachkräfte generell nicht als Familienersatz verstehen bzw. dass Kinder sie nicht als Elternersatz ansehen. Besonders im Heimbereich kommt es vor, dass sich Kinder von den Erziehern nicht distanzieren können. Diese Distanz zu schaffen ist eine Aufgabe des Sozialpädagogen. Es geht nicht darum, Gefühle wie Zärtlichkeit oder Geborgenheit zu verweigern, sondern darum, dem Kind begreiflich zu machen, dass Sozialpädagogen nicht der Ersatz für Eltern sein können. Dadurch lernt das Kind, die Grenzen anderer zu akzeptieren. Ebenso wichtig ist es, dass Kinder befähigt werden, ihre eigenen Grenzen deutlich zum Ausdruck zu bringen und für sich selbst Distanz und Nähe bestimmen zu können (siehe Kapitel 7.3).

Die konkrete Situation

Beziehung und Begleitung findet in ganz unterschiedlichen Situationen statt. Wenn ein Kind beispielsweise traurig ist, sollte in erster Linie Nähe durch Trost und Zuwendung gegeben werden. Stört ein Kind, um Aufmerksamkeit zu erlangen, kann eine gewisse Distanz angebracht sein, um das unerwünschte Verhalten des Kindes nicht zu verstärken.

Unabhängig von der konkreten Situation ist es in der professionellen Arbeit wichtig, die eigene Haltung und das berufliche Handeln hinsichtlich der Ausbalancierung von Distanz und Nähe kritisch zu prüfen und zu reflektieren. Emotionale Nähe im Sinn von Wertschätzung und Empathie sollte eine unbedingte sozialpädagogische Grundhaltung sein.

Sozialpädagogen haben viele Möglichkeiten, Nähe zu geben. Dazu gehören z. B.:

- Körperkontakt (streicheln, in den Arm nehmen),
- Zuhören und Feedback geben,
- Trösten,
- Bedürfnisse wahrnehmen und
- Sorgen ernst nehmen.

Die Überschreitung von professionellen Grenzen (Distanz) kann sich darin zeigen, dass Sozialpädagogen

- die Probleme der Klienten mit nach Hause nehmen,

- zu viel Aufmerksamkeit/Vereinnahmung und Abhängigkeit bei den Klienten schaffen und

- sich mit den Problemen der Klienten identifizieren.

Um Nähe professionell ausbalancieren zu können, ist es notwendig, berufliche Probleme und Konflikte rational distanziert zu betrachten und zu lösen. Die Wahrung von professioneller Distanz zeigt sich beispielsweise in den folgenden Einstellungen und Verhaltensweisen:

- klare Grenzen ziehen bzw. mit dem Kind/dem Klienten aushandeln,
- Autorität gewinnen und
- das Kind/den Klienten und seine Grenzen respektieren.

Zuviel Distanz in der pädagogischen Beziehung zeigt sich z. B. darin, dass Sozialpädagogen

- das Kind/den Klienten als Objekt beruflichen Handelns ansehen,
- das Kind/den Klienten als hilflose Wesen betrachten und
- dem Kind/Klienten gegenüber gleichgültig sind.

Aufgaben

1. Schätzen Sie das Verhältnis zwischen Distanz und Nähe beim Beispiel von „Jenny" ein.

2. Diskutieren Sie in Kleingruppen Situationen aus Ihrer persönlichen oder beruflichen Erfahrung, in denen das Verhältnis von Distanz und Nähe schwer auszubalancieren war.

5.3.3 Burnout

Sozialpädagogen sind zahlreichen Belastungsfaktoren ausgesetzt. Oftmals messen sie die Qualität ihres beruflichen Handelns am Ideal und stellen damit sehr hohe Erwartungen an sich selbst. Sie werden im Laufe ihrer beruflichen Tätigkeit mit unterschiedlichen Konzepten und Handlungsansätzen konfrontiert, die bisherige Einstellungen immer wieder in frage stellen. Von ihnen wird Akzeptanz, Empathie und Kongruenz erwartet. Diesen hohen Anforderungen zu entsprechen, ist nicht immer leicht. Oft weisen die Klienten von Sozial-

pädagogen problematische Verhaltensweisen oder Strukturen auf. Führt dies zu beruflichem Dauerstress, besteht die Gefahr auszubrennen (Burnout).

Definition
Ein Burnout („Ausgebrannt-Sein") ist eine physische und psychische Reaktion auf eine hohe und langandauernde Stressbelastung, die mit Überforderungs- und Versagensgefühlen einhergeht und sich negativ auf das Selbstbild und die berufliche Arbeit auswirkt.

Burnout kommt häufig dort vor, wo der direkte Umgang mit Menschen und die emotionale Zuwendung einen Großteil des Berufslebens ausmachen. Betroffene waren in den ersten Berufsjahren In der Regel überdurchschnittlich motiviert und wiesen eine hohe berufliche Identifikation auf. Hier beweist sich der Ausspruch: Nur wer einmal entflammt gewesen ist, kann ausbrennen. Gleichzeitig erwarten die meisten der Betroffenen eine hohe Anerkennung und Dankbarkeit für ihr Engagement. Werden diese Erwartungen nicht erfüllt, kommt es zu permanenten Enttäuschungen, die es der entsprechenden Person schwer machen, eine positive berufliche Motivation und Identifikation aufrechtzuerhalten. Oft gelingt es Betroffenen nicht, das Berufsleben vom Privatleben zu trennen. Für das Burnout-Syndrom werden ganz unterschiedliche und vielfach kombinierte Ursachen und Auslöser beschrieben. Verallgemeinert lassen sich insgesamt drei Leitsymptome unterscheiden.

Leitsymptome

- Eine **rasche Ermüdung** oder **Erschöpfung** kann ein wichtiges Warnsignal sein: Schon einfache Tätigkeiten strengen den Betroffenen an.

- Die **Wirksamkeit** der eigenen Tätigkeiten wird nicht mehr erlebt.

- Damit besteht die Gefahr, dass die Bedürfnisse der Klienten nicht wahrgenommen werden und sie nur noch als Objekt betrachtet und behandelt werden. Diese Gleichgültigkeit wird als **Depersonalisierung** bezeichnet.

Burnout-Symptome sind sehr individuell und können deshalb unterschiedlich wahrgenommen und bewertet werden. Die Symptome entwickeln sich in der Regel schleichend und werden vom Betroffenen oft erst spät bemerkt. Deshalb ist es für Menschen in sozialpädagogischen Berufen wichtig, auf erste Signale zu achten und ggf. Hilfe und Selbsthilfe zu aktivieren.

Burnout-Symptome

Burnout-Symptome sind äußerst vielschichtig. Sie zeigen sich im:

- physischen Bereich (körperliche Beschwerden),

- innerpsychischen Bereich (z. B. Gefühlsschwankungen),

- Verhalten (z. B. Aggressivität) und

- sozialen Bereich (z. B. Meidung von sozialen Kontakten).

Aufgabe

Ordnen Sie die folgenden Symptome den oben genannten vier Bereichen zu.

- *Muskelverspannungen*
- *andauernde Müdigkeit*
- *häufige Infekte*

- *Magen-Darm-Beschwerden*
- *Unfälle*
- *Konzentrationsstörungen*
- *hastige Liebschaften*
- *erhöhter Blutdruck*
- *negative Grundeinstellung (Schwarzmalen/Schwarzsehen)*
- *erhöhter Cholesterinspiegel*
- *zunehmender Genussmittelmissbrauch*
- *erhöhte Aggressivität*
- *Fluchtverhalten bis Suizid*
- *Gefühl des Versagens, Ärgerns, Widerwillens*
- *zunehmender Konsum/große Geldausgaben*
- *plötzliche Kündigungen*
- *Unfähigkeit, sich voll auf Klienten zu konzentrieren*
- *Isolierung und Rückzug*
- *Partner- und Familienprobleme*
- *Scheidung*
- *Zynismus, Sarkasmus*
- *Selbstbeschuldigung*
- *Dienst nach Vorschrift*

Phasen von Burnout

Bei der Entwicklung des Burnout-Syndroms ist ein Phasenverlauf zu beobachten, der in den folgenden Schritten dargestellt werden kann.

1. Beruflicher Idealismus und Überidentifikation

In dieser Phase können sich bei Betroffenen folgende Haltungen und Verhaltensweisen zeigen:

- freiwillige unbezahlte Mehrarbeit
- das Gefühl der Unentbehrlichkeit
- das Gefühl, nie Zeit zu haben
- die Verleugnung eigener Bedürfnisse
- die Verdrängung von Misserfolgen und Enttäuschungen
- die allmähliche Beschränkung sozialer Kontakte usw.

2. Erschöpfungszustände/Stillstand

Folgende Erscheinungsformen können in dieser Phase auftreten:

- chronische Müdigkeit
- Energiemangel
- erhöhte Unfallgefahr
- Aufmerksamkeitsstörungen
- Unlust usw.

3. Frustration/Rückzug

In der dritten Phase werden häufig folgende Verhaltensweisen beobachtet:

- emotionaler Rückzug
- Desillusionierung
- höhere Akzeptanz von Kontrollmitteln, wie Beruhigungstabletten oder Strafen

Im Verhalten gegenüber Klienten und Kollegen treten oftmals die folgenden Verhaltensweisen und Einstellungen auf:

- Benutzen von Fachbegriffen als Machtmittel
- Unfähigkeit, zu geben und zu nehmen
- Gefühlskälte
- Schuldzuweisungen
- Schwierigkeiten, anderen Menschen zuzuhören usw.

5.3.4 Strategien zum Aufbau und Erhalt einer tragfähigen beruflichen Identifikation

Um berufliche Identifikation dauerhaft aufrechtzuerhalten, müssen sich Fachkräfte förderliche Einstellungen zu ihrem Beruf, zu ihren Klienten und Kollegen erarbeiten sowie ihr Handeln reflektieren.

Folgende Einstellungen und Verhaltensweisen können präventiv gegenüber beruflichem Dauerstress und Burnout wirken:

- die Beachtung der eigenen Bedürfnisse
- realistische Erwartungen an den Beruf (an sich selbst und an andere)
- eine gewisse Flexibilität
- die eigene Reflexion der Arbeit sowie Teamgespräche
- Supervision, die in sozialen Einrichtungen oft schon standardmäßig angeboten wird

Berufliche Schutzfaktoren

In sozialpädagogischen Berufen gibt es neben den genannten Risikofaktoren auch eine ganze Reihe von Schutzfaktoren, die psychische Belastungen und berufliche Stressfaktoren ausgleichen können. Sozialpädagogen sind überdurchschnittlich häufig mit dem Inhalt, der Organisation und der Anerkennung ihrer Arbeit zufrieden und erleben ihren Beruf als wichtig und erfüllend. Die inhaltlichen Freiräume in der Gestaltung der Arbeit sind ein wirksamer Schutz gegen psychische Dauerbelastung und Stress. Gerade in sozialpädagogischen Berufsgruppen gibt es viel Raum für kreative Ideen und große Freiräume hinsichtlich der Inhalte, der Methoden, der Mittel und des organisatorischen Ablaufes. Auch ein gut funktionierendes Team kann durch gegenseitige soziale Unterstützung Belastungen mindern. Die überschaubare Größe des Teams und regelmäßige Besprechungen wirken sich hierbei positiv aus. Die psychischen Belastungen im Beruf werden von den meisten Fachkräften gut bewältigt. Die wichtigste Voraussetzung für eine dauerhafte berufliche Identifikation und Zufriedenheit ist die realistische Selbstein-schätzung in Bezug auf die eigene Leistungsfähigkeit und die eigenen Grenzen. Helfer müssen in der Lage sein, sich professionell abzugrenzen und eigene Bedürfnisse zu be-achten. Erst der achtsame Umgang mit sich selbst ermöglicht einen achtsamen Umgang mit den Klienten. Denn die eigene Befindlichkeit und das eigene Selbstbild spiegeln sich in der Beziehung zur Klientel. Dazu gehört auch, sich mit seiner eigenen Biografie aus-einanderzusetzen und eigene Schwächen zu erkennen und zu akzeptieren.

Es folgt ein Überblick über einfache Strategien bzw. Tipps, die zum Aufbau bzw. zur Auf-rechterhaltung einer tragfähigen beruflichen Motivation beitragen können:

- **Gesund leben**: Beachtung körperlicher Signale, ausgewogene Ernährung, ausrei-chend Schlaf usw.

- **Privatleben und Berufsleben trennen** und berufliche Auszeiten zur Erholung nutzen

- **Gefühle ausdrücken**: bei Kränkungen eigene Gefühle durch Ich-Botschaften mittei-len, um die negativen Erfahrungen zu verarbeiten

- **Erwartungshaltung** an sich und andere **prüfen** und ggf. korrigieren, Schwerpunkte setzen

- **Überidentifikation meiden**, in der Arbeit erreichbare Ziele setzen

- **Nein sagen lernen**: sich nicht überlasten lassen

- **Konflikten und Problemen im Beruf vorbeugen** durch gezielte Planung und klare Strukturierung

- **Beruflichen Veränderungen positiv und flexibel begegnen**: Veränderung als Chance sehen

- **Belastungen**, Überforderung im Team und in der Familie **kommunizieren**, Hilfsan-gebote nutzen

- **Besonnenheit in kritischen Situationen**, sich auf Problemsituationen innerlich vorbereiten

- **Reflexion** als konstruktive Nachbetrachtung: eigenes berufliches Handeln analysieren, ggf. mit Kollegen besprechen

- **Berufliche Herausforderungen suchen** in Form von Fortbildungen, Übernahme von mehr Verantwortung im Beruf usw.

6 Ethische Fragen der Helfer-Klienten-Beziehung

Kern sozialpädagogischen Handelns sind der Aufbau und die Gestaltung vertrauensvoller Beziehungen zu den Menschen, die in irgendeiner Form und auf bestimmte oder unbestimmte Zeit professionelle Unterstützung bzw. Begleitung benötigen. Im weitesten Sinn besteht das Ziel der sozialpädagogischen Arbeit darin, Hilfe zur Selbsthilfe zu leisten.

Die Auseinandersetzung mit der Helfer-Klienten-Beziehung wirft eine ganze Reihe von Fragen auf:

- In welcher Form soll geholfen werden?
- Worin liegt die Motivation zu helfen?
- Wodurch unterscheiden sich Laienhilfe und professionelles Helfen?
- Welche Empfindungen kann Hilfebedürftigkeit beim Klienten auslösen?
- Welche ethischen Prinzipien sollen beachtet werden und wie ist das zu begründen?

6.1 Helfen in der Sozialpädagogik

„Helfen" bedeutet allgemein, sich für andere einzusetzen und andere bei der Lösung bestimmter Probleme zu unterstützen. Helfen ist demnach eine Interaktionsform zwischen mindestens zwei Partnern, dem Helfenden und dem Hilfeempfänger.

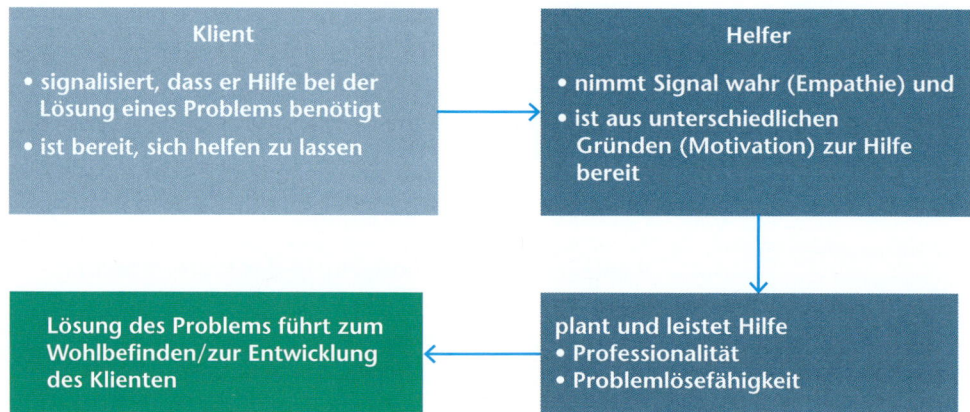

Formen der Hilfe

Sozialpädagogisches Handeln ist sehr vielschichtig und erfordert verschiedene Formen der Hilfe. Je nach Tätigkeitsbereich und Ziel des Hilfeprozesses lassen sich hauptsächlich folgende Formen unterscheiden:

- Anleitung
- Beratung
- Begleitung/Betreuung/Assistenz
- pädagogische Förderung

1. Aus welchen Gründen benötigen Klienten Ihres künftigen Berufsfeldes Hilfe?

2. Ordnen Sie den auf S. 92 unten genannten Hilfeformen die entsprechende Beschreibung zu: Dem Klienten wird geholfen,

   - seine Möglichkeiten zu nutzen,
   - sein Leiden zu begrenzen/zu beenden,
   - seine Lage zu ertragen,
   - seine Möglichkeiten zu erweitern.

3. In welchen beruflichen Situationen können Sie die verschiedenen Formen der Hilfe einsetzen?

Helfen kann unterschiedlich motiviert sein. Dabei sind zunächst zwei grundlegende (gegensätzliche) Ansätze des Helfens zu unterscheiden:

1. Das altruistische Helfen

Die grundlegende Motivation altruistisch motivierten Helfens ist es, das Wohl des Hilfeempfängers zu steigern, ohne dafür eine Gegenleistung (Belohnung, Anerkennung, Bezahlung) zu erwarten. Die Hilfeleistung ist freiwillig, d. h., sie wird nicht im Rahmen von beruflichen Aufgaben oder anderen Verpflichtungen geleistet.

2. Das egoistische Helfen

Die grundlegende Motivation egoistisch motivierten Helfens ist das eigene Wohl. Die Handlung des Helfers kann z. B. auf Anerkennung, auf das Gefühl der eigenen Nützlichkeit oder auf Belohnung zielen.

Welches Motiv ist ethisch geboten, welches Helfen kann als moralisches Handeln interpretiert werden? Auf den ersten Blick scheint es so, als ob altruistisches Handeln die Kriterien moralischen Handelns erfüllt. Bedenkt man jedoch die im vorangegangenen Kapitel aufgezeigten Ursachen für Burnout, muss eine rein altruistische Motivation kritisch hinterfragt werden, weil sie das Wohl des Helfers aus der Betrachtung ausklammert. Denn der professionelle Helfer trägt nicht nur Verantwortung für den Hilfeempfänger, sondern auch für sich selbst. Eine ethisch gebotene Motivation kann deshalb nur in der Vermittlung zwischen Egoismus und Altruismus liegen. Im beruflichen Handeln des Sozialpädagogen ist ein Ausgleich zwischen eigenem Wohl und fremden Wohl notwendig. Das allgemeine Wohl berücksichtigt das Wohl des Hilfeempfängers ebenso wie das Wohl des Helfers.

Professionelles Helfen ist deshalb kein altruistisches Handeln, weil sich das Helfen aus den beruflichen Anforderungen und Verpflichtungen ergibt und in diesem Sinne nicht als freiwilliges Handeln gewertet werden kann.

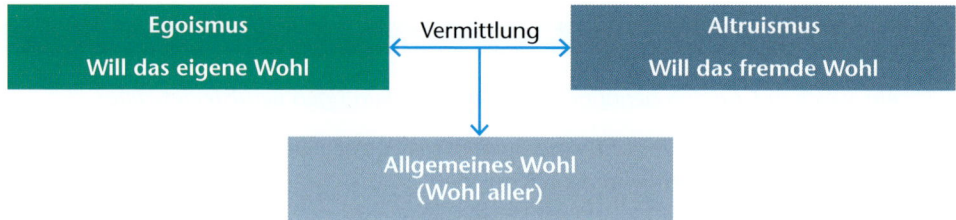

Professionelles Helfen weist folgende Elemente auf:

- Aufbau und Gestaltung einer zwischenmenschlichen Beziehung zu den Hilfeempfängern

- Kooperation mit Kollegen und der Institution bei der Hilfeleistung

- Leistung einer konkret definierten fachlichen Hilfe

Moralisch ist professionelles Helfen dann, wenn im Hilfeprozess jederzeit die Menschenwürde gewahrt wird, die Autonomie aller am Hilfeprozess beteiligten Personen weitgehend ermöglicht wird und das Wohl aller sowie Schadensvermeidung beabsichtigt ist bzw. erreicht wird.

Aufgabe

Erklären Sie am folgenden Beispiel die drei Elemente professionellen Helfens und verdeutlichen Sie, wie Therese den ethischen Anspruch des Helfens erfüllen kann.

Fallbeispiel Therese
Die Erzieherin Therese wird beauftragt, im Rahmen der sozialpädagogischen Familienhilfe die alleinerziehende Frau Kipping (24 Jahre alt, ohne Berufsabschluss, arbeitslos) bei der Erziehung ihrer achtjährigen Tochter Tamara für wöchentlich vier Stunden zu unterstützen.

Unterscheidung zwischen Laienhilfe und professionellem Helfen

In der folgenden Übersicht werden einige wesentliche Unterschiede zwischen professioneller Hilfe und Laienhilfe dargestellt:

Laienhilfe	Professionelles Helfen
Hilfeleistung durch Laiensystem (Freunde, Familie)	Hilfeleistung durch Institution
spontane, unreflektierte Hilfeleistung	geplante, fachliche und reflektierte Hilfe
teilweise zeitlich unbegrenzt	begrenzter Zeitraum

Laienhilfe	Professionelles Helfen
offener Rahmen der Beziehung	räumlicher Bezugsrahmen
zumeist emotionale Beziehung	funktionale Beziehung
Wertschätzung durch Identifikation und Sympathie	Wertschätzung aufgrund beruflicher Reflexion
Beziehung ist eigennützig (geben und nehmen)	Beziehung ist uneigennützig – Probleme des Klienten stehen im Mittelpunkt
Privatcharakter der Beziehung	Öffentlichkeit der Helfer-Klienten-Beziehung
teilweise symmetrische Beziehung (gleichberechtigt)	asymmetrische Beziehung (Helfer legt Hilfemaßnahmen fest und führt den Prozess)

Aufgabe

Erarbeiten Sie jeweils ein fiktives oder reales Beispiel für professionelles Helfen und für Laienhilfe. Demonstrieren Sie daran die in der Tabelle beschriebenen Merkmale.

6.2 Partizipation als Grundprinzip der Helfer-Klienten-Beziehung in der Sozialpädagogik

Sozialpädagogen haben Hilfeprozesse so zu gestalten, dass die Kinder, Jugendlichen oder Erwachsenen beim Erreichen und Erfüllen ihrer Ziele und Bedürfnisse durch Hilfe zur Selbsthilfe unterstützt werden. Dazu gehört vor allem bei Kindern und beeinträchtigten Menschen die gezielte Unterstützung beim Erwerb der Fähigkeit, selbstbestimmt zu handeln.

Definition
Partizipation kann als selbstbestimmter Erfahrungs- und Lernprozess verstanden werden, der in der Interaktion stattfindet. Partizipation bedeutet Teilhabe, d. h. Mitwirkung, Mitgestaltung und Mitentscheidung bei allen die Person betreffenden Angelegenheiten.

Asymmetrie in der Helfer-Klienten-Beziehung

Die Asymmetrie in der Helfer-Klienten-Beziehung ergibt sich aus der Fachkompetenz und der damit verbundenen fachlichen Autorität des Sozialpädagogen. Ihm obliegt einerseits die Verantwortung für die Klärung bzw. Definition der Beziehung und andererseits die Verantwortung für die Bestimmung von Art, Form und Umfang der Hilfe. Die Asymmetrie entsteht dadurch, dass:

- der Klient Hilfe benötigt und

- der Helfer diese Hilfe leisten kann, weil er über Wissen, Methoden der Hilfe und eine ethisch reflektierte Berufsauffassung verfügt.

Damit der Hilfeprozess gelingen kann, ist es notwendig, dass diese Asymmetrie durch Partnerschaftlichkeit, gegenseitige Anerkennung und geteilte Verantwortung ergänzt wird. Nur so kann der Hilfeempfänger gestärkt aus dem Hilfeprozess hervorgehen.

Für das Gelingen des Hilfeprozesses sind vor allem folgende Grundhaltungen und Aufgaben des Sozialpädagogen erforderlich:

- Ermittlung von Fähigkeiten und Ressourcen der Klienten und die Anerkennung seiner Kompetenzen

- Einbeziehung und Stärkung der Fähigkeiten und Ressourcen

- Akzeptanz der Werte und der Sichtweise des Klienten

- Gestaltung der Balance zwischen Nähe und Distanz, zwischen Annäherung und Abgrenzung

- Verzicht auf Ratschläge, dafür gemeinsames Suchen nach Lösungen

- Akzeptanz von Unsicherheit oder Abwehrverhalten des Klienten

Im Idealfall hat professionelles Helfen ausschließlich positive Folgen für den Klienten. Es führt zur Problemlösung, zur Kompetenzerweiterung und damit zum Wohlbefinden. Es können jedoch auch negative Reaktionen auftreten, die sich beispielsweise in den folgenden Einstellungen des Klienten zur Hilfeleistung äußern.

Der Hilfeempfänger empfindet die Hilfe als

- Einmischung in seine Privatangelegenheiten,
- Ausdruck seiner eigenen Schwäche,
- Bevormundung oder Manipulation,

- Beschränkung seiner Autonomie,
- Abstempelung,
- Kontrollverlust usw.

Diese negativen Empfindungen und problematischen Einstellungen des Klienten erschweren professionelle Hilfe und können im schlimmsten Fall bis zur generellen Ablehnung der Hilfe führen.

Aufgaben

Lesen Sie die Fortsetzung des Fallbeispiels und beantworten Sie dazu folgende Fragen:

1. *Wie lässt sich das Verhalten von Frau Kipping interpretieren?*

2. *Wie bewerten Sie das Helfen von Therese hinsichtlich der Wirkung der Hilfe?*

3. *Welche Handlungsalternativen sehen Sie und wie sind diese zu begründen?*

Fallbeispiel Therese, Fortsetzung
Therese meldet sich zunächst zu einem Gespräch bei Frau Kipping an. Ihr fällt gleich die Unordnung in der Wohnung auf. Auch das Zimmer von Tamara ist in einem chaotischen Zustand, ganz zu schweigen von der Ordnung in den Schränken. Sie erfährt von Frau Kipping, dass Tamara große Schwierigkeiten in der Schule hat. Als Therese am nächsten Tag ihre Arbeit aufnimmt, hat sie bereits einen exakten Plan erarbeitet, den sie Frau Kipping vorstellt. Sie hat festgelegt, an zwei Tagen jeweils für zwei Stunden Hilfe zu leisten. Jeweils eine Stunde davon hat sie für die Hausaufgabenbetreuung vorgesehen, die andere Stunde will sie mit Tamara aufräumen, Sachen neu ordnen und ggf. Anleitung für lebenspraktische Aufgaben geben. Als erstes möchte sie den Kleiderschrank von Tamara gründlich aufräumen und mit ihr das Zimmer umgestalten. Therese wundert sich, dass von Frau Kipping keine Reaktion auf ihren tollen Plan kommt. Tamara lässt sich an diesem Tag nur widerwillig auf die von Therese geplanten Aktivitäten ein. Als sich Therese nach gut zwei Stunden verabschiedet, kündigt sie für zwei Tage später ihren nächsten Besuchstermin an. Als sie nach zwei Tagen an der Wohnungstür klingelt, macht niemand auf. Sie hört Geräusche in der Wohnung und klingelt nochmals, aber nichts tut sich ...

Empowerment

Sozialpädagogische Hilfe ist in erster Linie als pädagogisches Begleiten zu verstehen. Im Unterschied zum Begriff des pädagogischen Führens liegt der Fokus beim Begleiten auf dem selbstbestimmten Handeln des Klienten, der sein Ziel und den Weg zu diesem Ziel weitgehend selbst bestimmt. Der Sozialpädagoge hat aufgrund seiner Fachkompetenz die Aufgabe, dem Klienten bei Schwierigkeiten auf diesem Weg beizustehen. Bei der Hilfeleistung sollten alle Faktoren und die zugrunde liegenden Werte beachtet werden, die zum Verstehen der Situation des Hilfebedürftigen führen und eine gemeinsame Suche nach Problemlösungen ermöglichen. Der Begriff „Empowerment" bedeutet Selbstbefähigung bzw. Selbstermächtigung. Das Konzept, das besonders bei der Begleitung beeinträchtigter Menschen einen hohen Stellenwert hat, stellt keine Methode dar, sondern ist vielmehr als eine Grundhaltung des Helfens zu verstehen (siehe Kapitel 7.4). Auch in der Sozialpädagogik hat dieses Konzept seine Berechtigung, insbesondere in der Elternarbeit und bei der Arbeit mit Familien. Folgende ethische Zielvorstellungen bzw. Prinzipien stehen im Mittelpunkt von Empowerment:

- Selbstbestimmung (Autonomie)
- Partizipation
- Wohlbefinden
- Normalisierung

Die Umsetzung des Prinzips der **Selbstbestimmung** im Hilfeprozess bedeutet für den Sozialpädagogen, die Bedürfnisse und Wünsche der Klienten zu erkennen und zu beachten (siehe Kapitel 2). Unter **Partizipation** ist, wie schon in der Definition am Anfang des Kapitels beschrieben, die Teilhabe an Entscheidungsprozessen zu verstehen, die wiederum wesentlicher Teil der Selbstbestimmung ist. Der Terminus wurde von der Weltgesundheitsorganisation (WHO) in der „Internationalen Klassifikation der Funktionsfähigkeit, Behinderung und Gesundheit" (abgekürzt: ICF) dargestellt (siehe Kapitel 7.4).

Die vielfältigen individuellen Lebenssituationen, auf die sich Partizipation bezieht, werden in der ICF wie folgt dargestellt:

1. Lernen und Wissensanwendung

2. Allgemeine Aufgaben und Anforderungen

3. Kommunikation

4. Mobilität

5. Selbstversorgung

6. Häusliches Leben

7. Interpersonale Interaktionen und Beziehungen

8. Bedeutende Lebensbereiche

    - Erziehung/Bildung
    - Arbeit und Beschäftigung
    - Wirtschaftliches Leben

9. Gemeinschafts-, soziales und staatsbürgerliches Leben

Aufgabe

*Überlegen Sie, welche Beteiligungs-, Gestaltungs-, Mitbestimmungs- und Entschei-
dungsmöglichkeiten Sie Kindern, Jugendlichen oder erwachsenen Klienten in den
folgenden Tätigkeitsbereichen einräumen können:*

- *Kindertagesstätte*
- *Tagesgruppe*
- *Hort*
- *Kinder- und Jungendheim*
- *Wohnheim für Menschen mit Behinderung*
- *Werkstatt für Menschen mit Behinderung*
- *Sozialpädagogische Familienhilfe*

Ethische Grundsätze in der Helfer-Klienten-Beziehung

Sozialpädagogisches Helfen zielt im Sinne der Ganzheitlichkeit auf physisches, psychi-
sches und soziales Wohlbefinden der Klienten. Professionelle Hilfe sollte in jedem Fall
auf die gesamte Persönlichkeit des Hilfeempfängers gerichtet sein, auch wenn konkrete
Hilfeleistungen nur bestimmte Bereiche des Lebensvollzugs betreffen. Um Hilfe erfolgreich zu leisten, sollten Sozialpädagogen in der Beziehungsgestaltung folgende ethische
Grundsätze beachten:

1. Die Achtung der Menschenwürde als allgemeiner Grundsatz

Der Helfer nimmt die Einzigartigkeit und Unverwechselbarkeit des Anderen wahr und
betrachtet ihn nicht ausschließlich als Hilfebedürftigen. Alltägliche Routine versperrt oft
diesen Blick. Die Achtung des Klienten zeigt sich in der Einstellung zu ihm und im Umgang mit ihm.

2. Prinzipien erster Ordnung

Prinzipien erster Ordnung sind in jedem Hilfeprozess als moralische Grundsätze relevant.
Ihre Beachtung bzw. Umsetzung konkretisiert die Wahrung der Menschenwürde im beruflichen Handeln. Dazu gehören:

- das Fürsorgeprinzip,
- das Autonomieprinzip und
- das Gerechtigkeitsprinzip (siehe Kapitel 2).

3. Prinzipien zweiter Ordnung

Prinzipien zweiter Ordnung stellen eine weitere Konkretisierung des allgemeinen Grund-
satzes und der Prinzipien der ersten Ordnung dar. Dazu gehören unter anderem:

- eine ganzheitliche Sicht des Klienten

  Der Klient verfügt über eine Vielzahl von Ressourcen und Kompetenzen. Der Hilfe-prozess muss so gestaltet werden, dass er die Persönlichkeitsentwicklung des Klienten insgesamt fördert und nicht nur einzelne Symptome behandelt. Hilfemaßnahmen sollten darauf gerichtet sein, dass sie dem Klienten eine neue Ausgangsposition ver-schaffen, von der aus er sich selbst weiterhelfen kann.

- eine wertschätzende, ehrliche und partnerschaftliche Kommunikation
  Ehrlichkeit und Kongruenz schaffen Vertrauen. Wenn Vertrauen fehlt, ist die Basis für eine Helfer-Klienten-Beziehung nicht gegeben und das professionelle Helfen kann nicht gelingen.

- professionelle Beziehungsgestaltung in der Balance zwischen Nähe und Distanz (siehe Kapitel 5)

- eine kritische Selbstreflexion

Prinzipien zweiter Ordnung
- ganzheitliche Sicht des Klienten
- wertschätzende, ehrliche und partnerschaftliche Kommunikation
- professionelle Beziehungsgestaltung in der Balance zwischen Nähe und Distanz
- kritische Selbstreflexion

Prinzipien erster Ordnung
- Fürsorgeprinzip
- Autonomieprinzip
- Gerechtigkeitsprinzip

Achtung der Menschenwürde als allgemeiner Grundsatz

Ethische Prinzipien in der Helfer-Klienten-Beziehung

Pädagogische Arbeit setzt voraus, dass sich der Helfer seiner Gefühle und Motive bewusst ist. Ethisch reflektiertes Handeln im Beruf bedeutet einerseits, dass Sozialpädagogen das eigene Handeln an moralischen und fachlichen Maßstäben messen. Andererseits sollten sich Fachkräfte der eigenen Wertvorstellungen und deren Wurzeln bewusst sein und Wi-dersprüche zwischen beiden Seiten aushalten oder ausgleichen können. Menschen in Helferberufen sind nicht moralischer als andere. Fachwissen ist keine Garantie für mora-lisches Handeln im Beruf. Erst die ehrliche und selbstkritische Reflexion beruflichen Han-delns ermöglicht eine weitere Entwicklung beruflicher und moralischer Kompetenz.

In Anlehnung an den antiken **Eid des Hippokrates**, den Ärzte in früheren Jahren bei ihrer Berufszulassung leisten mussten, hat Hartmut von Hentig den **Eid des Sokrates** für Päd-agogen entworfen.

Sokratischer Eid

„Als Lehrer/-in und Erzieher/-in verpflichte ich mich,

die Eigenheiten eines jeden Kindes zu achten und gegen jedermann zu verteidigen; für seine körperliche und seelische Unversehrtheit einzustehen;

auf seine Regung zu achten, ihm zuzuhören, es ernst zu nehmen;

zu allem, was ich seiner Person antue, seine Zustimmung zu suchen, wie ich es bei einem Erwachsenen täte;

das Gesetz seiner Entwicklung, soweit es erkennbar ist, zum Guten auszulegen und dem Kind zu ermöglichen, dieses Gesetz anzunehmen;

seine Anlagen herauszufordern und zu fördern;

seine Schwächen zu schützen, ihm bei der Überwindung von Angst und Schuld, Bosheit und Lüge, Zweifel und Misstrauen, Wehleidigkeit und Selbstsucht beizustehen, wo es das braucht;

seinen Willen nicht zu brechen – auch nicht, wo er unsinnig erscheint; ihm vielmehr dabei zu helfen, seinen Willen in die Herrschaft seiner Vernunft zu nehmen;

es also den mündigen Verstandsgebrauch zu lehren und die Kunst der Verständigung und des Verstehens;

es bereit zu machen, Verantwortung in der Gemeinschaft und für diese zu übernehmen;

es auf die Welt einzulassen, wie sie ist, ohne es der Welt zu unterwerfen, wie sie ist;

es erfahren zu lassen, was und wie das gemeinte gute Leben ist;

ihm eine Vision von der besseren Welt zu geben und Zuversicht, dass sie erreichbar ist;

es Wahrhaftigkeit zu lehren, nicht die Wahrheit, denn die ist bei Gott allein.

Damit verpflichte ich mich,

so gut ich kann, selbst vorzuleben, wie man mit den Schwierigkeiten, den Anfechtungen und Chancen unserer Welt und mit den eigenen immer begrenzten Gaben, mit der eigenen immer gegebenen Schuld zurechtkommt;

nach meinen Kräften dafür zu sorgen, dass die kommende Generation eine Welt vorfindet, in der es sich zu leben lohnt und in der die ererbten Lasten und Schwierigkeiten nicht deren Ideen, Hoffnungen und Kräfte erdrücken;

meine Überzeugungen und Taten öffentlich zu begründen, mich der Kritik – insbesondere der Betroffenen und Sachkundigen – auszusetzen, meine Urteile gewissenhaft zu prüfen;

mich dann jedoch allen Personen und Verhältnissen zu widersetzen – dem Druck der öffentlichen Meinung, dem Verbandsinteresse, dem Beamtenstatus, der Dienstvorschrift – wenn sie meine hier bekundeten Vorsätze behindern.

Ich bekräftige diese Verpflichtung durch die Bereitschaft, mich jederzeit an den in ihr enthaltenen Maßstäben messen zu lassen."

(Hentig, 2003, S. 258 f.)

Lesen Sie den Sokratischen Eid und diskutieren Sie dazu folgende Fragen in Kleingruppen:

1. Worin sehen Sie die Bedeutung und die Grenzen von Berufseiden allgemein?

2. Sollte der Sokratische Eid von Lehrern geleistet werden? Begründen Sie Ihre Meinung.

3. Sind Sie der Meinung, dass Ihre Lehrer diesen Verpflichtungen im Allgemeinen gerecht werden?

4. Welche dieser Verpflichtungen sind auf Ihren künftigen Beruf voll übertragbar? Welche Verpflichtungen halten Sie für überflüssig?

5. Denken Sie, dass Sie im Praktikum diese umsetzen können?

6. Wählen Sie in Einzelarbeit aus den Verpflichtungen fünf aus, die Ihnen am wichtigsten erscheinen. Vergleichen Sie Ihre Auswahl in der Kleingruppe.

7 Ethische Fragen in der Sozialpädagogik

Die Ethik dient als moralische Orientierungshilfe für berufliches Handeln. Bei der Berufsethik handelt es sich nicht um eine Sonderethik, sondern um eine situationsbezogene Anwendung allgemeiner ethischer Grundsätze auf das Erziehungsgeschehen bzw. auf die jeweiligen Hilfe- und Unterstützungsprozesse.

7.1 Ethische Fragen der Erziehung

Vor dem Hintergrund des zunehmenden Wertepluralismus in der Gesellschaft ist eine ethische Reflexion des Erziehungsgeschehens zwingend erforderlich.

Ethische Fragen der Erziehung lassen sich nach den folgenden Kriterien systematisieren:

- Ort der Erziehung (Familie, Institution)
- Objekt/Subjekt der Erziehung (Kind, Jugendlicher, behinderter Mensch usw.)
- Handlungs- und Beziehungsstruktur

Insbesondere die Handlungs- und Beziehungsstruktur weist eine Reihe ethisch relevanter Erziehungsfragen auf. Sie lässt sich in folgende Ebenen unterteilen:

1. **Bezlehung zwischen Kindern/Jugendlichen und Erzieher**
   Gegenstand der Betrachtung ist hier beispielsweise die ethische Reflexion von Zielen, Prinzipien und Maßnahmen der Erziehung.

2. **Beziehung zwischen Kindern/Jugendlichen, Erzieher und Eltern**
   Diese Ebene ist dadurch gekennzeichnet, dass Erzieher und Eltern jeweils eigene, zum Teil unterschiedliche oder gar widersprüchliche Auffassungen über Werte, Normen und Prinzipien der Erziehung sowie über die Stellung der Erziehungsträger im Erziehungsprozess haben. In ethische Entscheidungssituationen kommen Erzieher z. B. bei schwerwiegendem Fehlverhalten der Eltern wie Kindesmisshandlung oder Vernachlässigung (vgl. Kapitel 7.2).

3. **Beziehung zwischen Kindern/Jugendlichen untereinander und Erzieher**
   Hier spielt die Frage nach dem gerechten Handeln des Erziehers, z. B. bei Streit oder bei der Verteilung von Gütern, ebenso eine Rolle wie das Problem der Differenzierung, Integration und Inklusion in der Erziehung (vgl. Kapitel 7.4).

4. **Beziehung zwischen Erziehern untereinander**
   Erzieher können zu grundlegenden Fragen der Erziehung und zum Umgang mit Fehlverhaltensweisen im Team (Fehlerkultur) unterschiedliche Einstellungen haben. In solchen Situationen ist ethische Reflexion dringend geboten.

Diese vier Beziehungsebenen werden von der **Institutionsebene** beeinflusst. Auf der Ebene der Institution werden beispielsweise Entscheidungen über die Konzeption, das Leitbild der Erziehung und Qualitätsstandards getroffen. Die **gesellschaftliche Ebene** bildet auf der Grundlage des jeweiligen Bildungs- und Erziehungsauftrages den Rahmen für die beschriebenen Beziehungsebenen.

7.1.1 Der Zusammenhang von Ethik und Erziehung

Bei der ethischen Betrachtung von Erziehung kann folgender Erziehungsbegriff zugrunde gelegt werden:

Definition
Erziehung ist „jenes auf Vertrauen gründende, interpersonale Geschehen, bei dem verantwortliche Personen (noch) nicht verantwortlichen unter deren aktiver Mitwirkung kompetent helfen, gegenwärtig und zukünftig in Eigenständigkeit mit anderen zu leben und bestimmte soziokulturell und persönlich bedingte Ziele zu erreichen, was schließlich zu Mündigkeit, Verantwortlichkeit und Bildung führen soll." (Danner, 1985, S. 270 f.)

Der Zusammenhang von Ethik und Erziehung leitet sich hauptsächlich aus zwei Aspekten ab:

1. Das Erziehen stellt einen Interaktionsprozess dar, der auf ethischen Werten, Normen und Prinzipien beruht. Professionelles Erziehen setzt die ethische Reflexion des erzieherischen Handelns voraus.

2. Erziehung schließt Werte- und Moralerziehung inhaltlich mit ein. Sie besitzt einen normativen Charakter, der sich in angestrebten und begründeten Erziehungszielen zeigt.

Paternalismus und advokatorisches Handeln im Erziehungsprozess

„Behandle andere nicht, wie du möchtest, dass sie dich behandeln. Ihr Geschmack könnte ein anderer sein als deiner."
(George Bernhard Shaw)

Die in Kapitel 6 beschriebene Asymmetrie in der Helfer-Klienten-Beziehung zeigt sich im besonderen Maße in einer pädagogischen Beziehung. Die Ungleichheit zwischen Erwachsenem und Kind spiegelt sich in der Autorität des Erziehers (Wissen über Erziehungsziele und deren Umsetzung) sowie in der Abhängigkeit des Kindes wider.

Definition
„Paternalismus ist eine zwingende Einmischung in die Handlungsfreiheit eines anderen aus Gründen, die sich ausschließlich auf das Gute für einen anderen, auf das Wohl und das Glücklichsein, sowie auf die Bedürfnisse, Interessen oder Werte dieses anderen berufen." (Dworkin 1972, in: Husebø/Klaschik, 2009, S. 151)

Der Begriff „Paternalismus" ist vom lateinischen Wort „pater" (Vater) abgeleitet. Aus ethischer Sicht sind mit Paternalismus vor allem zwei Grundprobleme verbunden:

1. Paternalismus greift in Eigenverantwortung und Autonomie von Individuen ein und

2. paternalistische Interventionen sind widersprüchlich.

Die Ziele der Handlung sind zwar wohlwollend und auf die Bedürfnisbefriedigung der Kinder und Jugendlichen gerichtet. Die Mittel üben jedoch in der Regel Zwang auf die zu erziehende Person aus. Obwohl diese objektiv bedingte Ungleichheit in der pädagogischen Beziehung aufgrund unterschiedlicher Fähigkeiten von Erwachsenem und Kind normal und legitim ist, muss sie dennoch ethisch begründbar sein und begründet werden.

In der Literatur werden zwei Formen des Paternalismus unterschieden:

- der harte (starke) Paternalismus und
- der weiche (schwache oder beschützende) Paternalismus.

Der harte Paternalismus im Hilfeprozess kann ethisch nicht gerechtfertigt werden, weil er in **autonomes Handeln** eingreift (die Person ist fähig, selbstbestimmt zu handeln, wird aber daran gehindert). Zwangsmaßnahmen, Nötigung usw. sind Ausdruck dieser Form des Paternalismus.

Der weiche, beschützende Paternalismus hingegen greift in **nicht autonomes Handeln** ein (die Person ist in ihrer Selbstbestimmungsfähigkeit eingeschränkt) und ist deshalb ethisch begründbar. In den folgenden Ausführungen geht es ausschließlich um die Form des weichen Paternalismus.

Paternalistisches Handeln in der Erziehung zeigt sich also in Erziehungsmaßnahmen, die gegen den aktuellen Willen des Kindes, aber auf dessen Wohl gerichtet sind.

Für die ethische Rechtfertigung von Paternalismus in der Erziehung gibt es also vor allem zwei Begründungen:

1. Das Ziel des Handelns besteht in der Schadensvermeidung bzw. ist auf das Wohl des Kindes gerichtet.

2. Die Notwendigkeit paternalistischen Handelns ergibt sich aus der Einschränkung der Selbstbestimmungsfähigkeit des Kindes. Das Kind ist nicht oder nur bedingt in der Lage, Entscheidungen zu treffen.

Eltern und Sozialpädagogen handeln also in bestimmten Situationen stellvertretend im Interesse des Kindes. Dieses Handeln wird auch als **advokatorisches** Handeln bezeichnet. Paternalismus und advokatorisches Handeln in der Erziehung ergeben sich aus der Verantwortung des Erziehers für den Erziehungsprozess. Zudem schließen sich Paternalismus und Autonomie des Kindes nicht völlig aus. So ist nicht jedes erzieherische Handeln von vornherein paternalistisch. Kinder verfügen in jedem Alter über bestimmte Beteiligungs- und Gestaltungskompetenzen und brauchen Freiräume, um Selbstbestimmungs- und Entscheidungskompetenzen zu erwerben und zu erweitern. Paternalismus in der Erziehung muss sowohl die unbedingte Achtung der Menschenwürde des Kindes/Jugendlichen als auch die Partizipation von Kindern und Jugendlichen einschließen. Nur in dieser Form ist er ethisch gerechtfertigt.

Eine rechtliche Grundlage für Partizipation von Kindern bildet die UN-Kinderrechts-Konvention. Im Artikel 12 heißt es dazu:

„Die Vertragsstaaten sichern dem Kind, das fähig ist, sich eine Meinung zu bilden, das Recht zu, diese Meinung in allen das Kind berührenden Angelegenheiten frei zu äußern, und berücksichtigen die Meinung des Kindes angemessen und entsprechend seinem Alter und seiner Reife."
(BMFSFJ, 2007, S. 1)

Aufgaben

1. *Überlegen Sie, ob es sich bei den folgenden Situationen um Paternalismus handelt:*

   - *Eltern verbieten ihrem Kind, sich vorrangig von Süßigkeiten zu ernähren.*
   - *Ein Gastwirt hindert eine angetrunkene Person daran, Auto zu fahren.*
   - *Es ist gesetzlich vorgeschriebene Pflicht, beim Motorradfahren einen Schutzhelm zu tragen.*

2. *Welche Form des Paternalismus (weicher/harter) würden Sie mit den folgenden Erziehungsstilen verbinden? Begründen Sie Ihre Auffassung.*

   - *Autoritärer Erziehungsstil*
   - *Laissez-faire Erziehungsstil*
   - *Demokratischer/partnerschaftlicher Erziehungsstil.*

3. *Nennen Sie Beispiele für weichen Paternalismus bzw. für advokatorisches Handeln in der Erziehung und begründen Sie, warum diese Handlungen ethisch legitimierbar sind.*

4. *Lesen Sie das Fallbeispiel „Fernsehen im Wohnheim" in Kapitel 4 (S. 72). Diskutieren Sie in Kleingruppen darüber, ob oder inwiefern Paternalismus bei der Entscheidungsfindung eine Rolle spielen sollte und wie Paternalismus ggf. begründet werden kann.*

Paternalismus in der Erziehung zeigt sich nicht nur im advokatorischen Handeln, sondern auch darin, dem Kind Grenzen zu setzen. Erst durch das Erleben von Konsequenzen und Grenzen in der Erziehung können sich Kinder zu einer autonomen und mündigen Persönlichkeit entwickeln. Wenn ein Kind eigene Grenzen erfährt und die Grenzen anderer zu akzeptieren lernt, lernt es auch, für sich und für andere Verantwortung zu übernehmen. Kinder können sich an Grenzen

orientieren und erfahren durch sie Schutz und Verbindlichkeit in der Beziehung. Insofern trägt paternalistisches Handeln maßgeblich zum Erwerb von Autonomie bei.

Aufgaben

1. Interpretieren Sie folgende Antwort auf die Frage: „Was ist ein guter Erzieher?" „Ein guter Erzieher bevormundet nicht, bestraft nicht, lügt nicht, existiert nicht."

2. Entwerfen Sie in Kleingruppenarbeit ein Bild vom idealen Erzieher, indem Sie die wichtigsten Anforderungen an einen Erzieher formulieren. Präsentieren und diskutieren Sie Ihre Ergebnisse in der Klasse.

7.1.2 Moralentwicklung und moralische Erziehung

Soll Moralerziehung als Wertevermittlung erfolgreich sein, muss sie sich – wie Erziehung überhaupt – an den Bedürfnissen, Erfahrungen und Kompetenzen des Kindes orientieren.

Moralentwicklung

Ausgehend vom Modell der kognitiven Entwicklung nach Jean Piaget entwickelte der amerikanische Psychologe Lawrence Kohlberg (1927–1987) ein Stufenmodell der moralischen Argumentation. Kohlberg orientiert sich in seinem Modell am Prinzip der Gerechtigkeit, sodass der Übergang in die höhere Stufe jeweils eine Zunahme des Gerechtigkeitsempfindens darstellt. Kohlbergs Stufenmodell weist alle wesentlichen Elemente von Piaget über die Entwicklung kognitiver Strukturen auf. Er erweitert dessen Theorie jedoch in Bezug auf die Entwicklung des moralischen Urteils. Auf jeder Stufe urteilen Menschen unterschiedlich darüber, was im moralischen Sinn als richtig gilt.

In seiner Arbeit weist Kohlberg empirisch nach, dass

- die Entwicklung nicht auf die Kindheit beschränkt ist, sondern lebenslang stattfindet,
- sich Moralvorstellungen stufenförmig entwickeln und
- die Entwicklungsabfolge über drei Hauptebenen in insgesamt sechs Stufen als jeweils unterschiedliche Organisationsformen des Denkens und Argumentierens verläuft.

Eine notwendige Bedingung für Moralentwicklung ist die Fähigkeit zur Perspektivübernahme (Empathie) und die damit verbundene Überwindung des egozentrischen Denkens.

Ebene/Stufe	Erklärung der Auffassung von gerechtem Verhalten
I. Präkonventionelle Ebene (Autoritätsmoral)	
Stufe 1: Fremdbestimmung	• Gehorsam gegenüber Vorschriften und Autoritäten • Regeln werden befolgt, um Strafe zu vermeiden
Stufe 2: Austausch	• an instrumentellen Zwecken orientiert (gerecht ist, was den Interessen von jemandem unmittelbar entspricht) • am Austausch orientiert (Fairness)

II. Konventionelle Ebene (Gruppenmoral)	
Stufe 3: Interpersonelle Beziehungen	• Loyalität und Zuverlässigkeit gegenüber nahe stehenden Menschen • Bereitschaft, gegenseitige Erwartungen zu erfüllen
Stufe 4: Soziales System und Gewissen	• Erfüllung übernommener Pflichten • Handeln im Interesse der Gemeinschaft
III. Postkonventionelle Ebene (Grundsatzmoral)	
Stufe 5: Sozialvertrag – gesellschaftliche Nützlichkeit	• grundsätzliche Anerkennung von Rechten und Pflichten • Ausrichtung des Handelns auf das Wohl des Einzelnen und der Gemeinschaft (größter Nutzen für die meisten Gruppenmitglieder)
Stufe 6: Universelle ethische Prinzipien	• Handeln nach eigenen ethischen Grundüberzeugungen (Maximen) und Prinzipien • Ethische Prinzipien haben universelle Gültigkeit, z. B. das Prinzip der Menschenwürde.

(vgl. Kohlberg, 1996, S. 128-132)

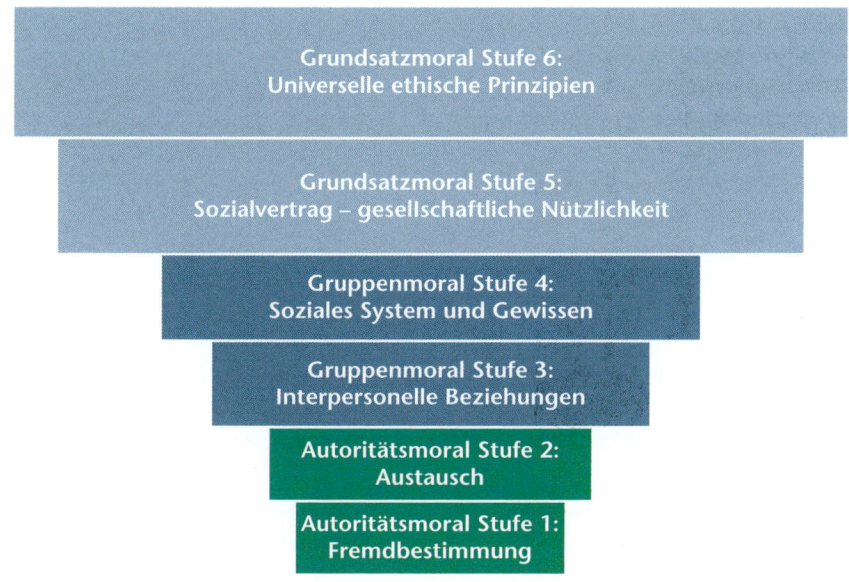

Stufen der Moralentwicklung nach Kohlberg

Weil das Modell der Moralentwicklung von Kohlberg an die kognitive Entwicklung anknüpft, werden den einzelnen Ebenen Altersgruppen zugeordnet. Die Zuordnung der Lebensaltersphasen ist jedoch wissenschaftlich umstritten. Die folgenden Altersangaben sollen nur als grobe Orientierung dienen und sind nicht als verbindliche oder feste Größe zu betrachten. Auf der **präkonventionellen Ebene** wird ein Kind in seinem moralischen Handeln noch nicht von Abmachungen (Konventionen) beeinflusst. Es befolgt Regeln, um Strafe zu vermeiden oder belohnt zu werden. Für die präkonventionelle Ebene wird ein Alter von ca. fünf bis zehn Jahren angegeben. Vor dem fünften Lebensjahr ist das Handeln des Kindes sehr stark an den eigenen Bedürfnissen und Wünschen orientiert (egozentrische Perspektive). Auf der **konventionellen Ebene** wird moralisches Verhalten an den Erwartungen anderer Personen oder Personengruppen orientiert. Auf dieser Ebene befinden sich Kinder/Jugendliche im Alter von ca. 10 bis 16 Jahren. Auf der **postkonventionellen Ebene** handeln Menschen auf der Grundlage eigener Wertvorstellungen und unter Beachtung der Interessen der Gemeinschaft. Dieses Niveau kann ab einem Alter von ca. 16 Jahren erreicht werden.

In Kohlbergs Modell geht es ausschließlich um die moralische Urteilsfähigkeit aus der Gerechtigkeitsperspektive. Das heißt jedoch nicht, dass sich Erwachsene grundsätzlich auf der postkonventionellen Ebene befinden. Moralische Urteile sind nicht nur vom Stand der kognitiven Entwicklung abhängig, sondern u. a. auch von der kulturellen Herkunft, von der jeweiligen Urteilssituation, von der persönlichen Betroffenheit usw.

Aufgaben

1. *Ordnen Sie nachfolgende Begründungen der jeweiligen Stufe der Moralentwicklung zu und begründen Sie Ihre Auffassung. Man soll nicht lügen, weil:*

   a) *es nicht gut ist,*
   b) *ich auch nicht belogen werden will,*
   c) *es in der Bibel steht,*
   d) *es zum Vertrauensverlust führt,*
   e) *es keine wünschenswerte Handlung ist,*
   f) *es dem anderen weh tut,*
   g) *es bestraft wird,*
   h) *es unhöflich ist.*

2. *Lesen Sie das folgende Dilemma und sammeln Sie Pro- und Kontra-Argumente für die Entscheidung der Bankangestellten. Ordnen Sie diese Argumente anschließend der jeweiligen Stufe der Moralentwicklung zu. Übertragen Sie dazu folgende Tabelle auf ein separates Blatt Papier.*

Pro-Argument	Stufe	Kontra-Argument	Stufe
1.		1.	
2. …		2. …	

Der Fall Robina Hood
Die Bankangestellte Robina Hood muss der Kundin Frau Hauschild mitteilen, dass sie ihr Konto überzogen hat, und dass die Bank ihr keinen Kredit gewähren kann. Die junge

> *Frau bricht in Tränen aus. Sie wollte ihrer zehnjährigen Tochter Andrea die Teilnahme an einer mehrtägigen Klassenfahrt ermöglichen. Frau Hauschild hatte vor einigen Jahren für ihren ehemaligen Lebenspartner eine Bürgschaft übernommen. Dieser hatte sie jedoch nach der Insolvenz seiner Firma verlassen und jetzt muss Frau Hauschild für die Schulden geradestehen. Ein erheblicher Teil ihres Lohnes wird gepfändet, sodass kaum genug Geld zum Leben bleibt. Robina Hood kommt auf eine Idee, wie sie Frau Hauschild helfen kann. Sie bucht den Betrag, den Andrea für die Klassenfahrt braucht, von dem Konto eines sehr wohlhabenden Mannes ab, der seine Auszüge immer erst am Ende des Monats abholt. Bis dahin will sie das Geld wieder zurückbuchen, da Frau Hauschild Mitte des Monats einen Teil ihres Lohnes erhält.*
>
> *Ist diese Handlung gerechtfertigt?*

Kritik am Stufenmodell von Kohlberg

Kohlberg stellt mit seinem Stufenmodell den Zusammenhang von moralischer Urteilsfähigkeit und kognitiver Entwicklung her und gibt damit Impulse für die Moralerziehung. Die Kritik am Stufenmodell lässt sich in drei Punkten zusammenfassen:

1. Die Einengung des moralischen Urteilens auf das Prinzip der Gerechtigkeit ist problematisch. Insbesondere der Ansatz von Carol Gilligan fordert eine Ergänzung durch das Fürsorgeprinzip (vgl. Kapitel 3). Eine Moral der Fürsorge, Anteilnahme und Verantwortung steht nach Gilligan über einer einseitigen Gerechtigkeitsperspektive. Dieses Argument wird dadurch verstärkt, dass Kohlberg in seinen wissenschaftlichen Studien ausschließlich männliche Probanden befragte.

2. Weiterhin wird kritisiert, dass der Einfluss der Kultur, der konkreten Situation und der jeweiligen Umstände, unter denen das Urteil gefällt wird, zu wenig oder gar keine Beachtung finden. Moral lässt sich nicht auf Meinungen oder Urteile beschränken, sondern zeigt sich im Handeln des Menschen. Dieser Aspekt wird von Kohlberg ursprünglich ignoriert, später jedoch in sein Konzept integriert. Moralerziehung verlangt mehr als die Förderung der ethischen Urteilsfähigkeit durch Dilemma-Diskussionen. Sie muss die Verbindung zwischen moralischer Urteilsfähigkeit und moralischer Handlungsfähigkeit in Alltagssituationen herstellen.

3. Der letzte Kritikpunkt bezieht sich auf die Stufe 6 der Moralentwicklung. Sie stellt nach Kohlberg den Gipfel der Moralentwicklung dar. Diese Stufe konnte bei wissenschaftlichen Erhebungen selten bzw. gar nicht nachgewiesen werden. Aus ethischer Sicht gibt es jedoch auch einen positiven Aspekt der Stufe 6. Im Sinne des kategorischen Imperativs von Kant (vgl. Kapitel 3) kann diese Stufe als Aufforderung verstanden werden, das eigene Handeln am Ideal zu orientieren. In diesem Sinn hat diese Stufe auch eine Bedeutung für die Moralerziehung.

Moralische Bildung

Trotz kritischer Einwände kann Kohlbergs Modell der Moralentwicklung als eine wesentliche Orientierung für moralische Bildung und Erziehung betrachtet werden.

Merksatz
Der Begriff „moralische Bildung" schließt den Begriff „moralische Erziehung" ein. Moralische Bildung umfasst die Gesamtheit von moralischen Bildungsgelegenheiten der Person in der Auseinandersetzung mit seiner sozialen Umwelt. Insbesondere informelle Bildungsgelegenheiten in Gruppen, in denen Kinder z. B. lernen, andere Kinder zu akzeptieren, sich in der Gruppe zu behaupten sowie Mitgefühl für Mensch und Tier zu entwickeln, fördern die Moralentwicklung. Unter Moralerziehung sind hauptsächlich die vom Pädagogen beabsichtigten und geplanten Ziele der Moralentwicklung zu verstehen.

Pädagogisches Arbeiten wird von ethischen Grundsätzen geleitet. Im Umgang mit Kindern, Jugendlichen und Erwachsenen repräsentieren Sozialpädagogen bewusst oder unbewusst moralische Werte und Normen und nehmen somit eine Vorbildfunktion bei der moralischen Erziehung ein. Sozialpädagogen haben im Rahmen der moralischen Bildung die Aufgabe, Kinder bei der Verinnerlichung moralischer Werte zu unterstützen. Sie bringen Kindern durch Erklärung, Übung und durch „gelebte" Moral (Vorbildwirkung) im Alltag moralische Werte und Normen nahe. Der flexible Umgang mit Regeln sowie das Aushandeln von Regeln in Einrichtungen und in der Familie sind wichtige Möglichkeiten der Moralerziehung.

Im Rahmen der moralischen Bildung erwirbt ein Kind wesentliche Kompetenzen, z. B.:

* Kooperationsfähigkeit
* Empathiefähigkeit
* Verantwortungsfähigkeit
* Hilfsbereitschaft
* Achtung und Toleranz anderen gegenüber
* Achtung vor dem Leben
* Ehrlichkeit
* Mut

Aufgabe

Wählen Sie eine der folgenden Situationen aus und sammeln Sie in Kleingruppen Ideen, wie Sie die Situation für die Moralerziehung nutzen können:

Fallbeispiele
* *Die fünfjährige Franzi kommt morgens ganz verweint in die Kindertagesstätte. Die Mutter erzählt der Erzieherin, dass das Zwergkaninchen von Franzi am Morgen tot in seinem Käfig lag.*
* *Jule und Toni, beide vier Jahre alt, streiten sich beim Malen um einen Stift. Als Jule Toni den Stift aus der Hand nimmt, zerreißt er Jules Bild.*
* *Beim Spazierengehen finden Kinder einen Vogel, dessen Flügel verletzt ist.*
* *Im Hort der Grundschule soll ein Gruppenspiel durchgeführt werden. Es werden vier Gruppenleiter benannt, die sich ihre Gruppenmitglieder selbst wählen dürfen. Erwin bleibt als einziger übrig. Keine Gruppe ist bereit, ihn aufzunehmen. Die Kinder mögen Erwin nicht. Als die Horterzieherin die Gründe wissen will, hört sie von den Kindern, dass Erwin unsaubere und unmoderne Klamotten trägt und überhaupt ein Außenseiter sei.*

- *Im Jugendclub kommt es zu Handgreiflichkeiten zwischen Andy und Erkan. Es geht um Anna, die ehemalige Freundin von Andy. Als Andy hört, dass Erkan Anna zu einem Eis einlädt, beschimpft er ihn und sagt, er solle aus Deutschland abhauen und die deutschen Frauen in Ruhe lassen.*
- *In einem Kinder- und Jugendheim lebt auch der spastisch gelähmte Johann. Beim Abendessen verschüttet Johann aus Versehen Tee auf die neue Bluse von Annemarie. Die springt auf und schimpft: „Du Spasti solltest alleine in deinem Zimmer essen!"*

Für Moralerziehung gibt es unterschiedliche Konzepte. Ziebertz unterscheidet vier Modelle (vgl. Ziebertz, 2003, S. 413):

	Werteübertragung	Werteerhellung	Wertentwicklung	Werte-kommunikation
Ziel	Lernende sollen ausgewählte Werte und Normen übernehmen	Lernende sollen erworbene moralische Einstellungen erkennen und sich ggf. davon emanzipieren	Lernende sollen ihre moralische Urteilskompetenz stufenweise erhöhen	Lernende sollen die Wünschbarkeit und Haltbarkeit von Werten und Normen aus einer ethischen Perspektive beurteilen
Methode/ Verfahren	Weitergabe von Werten und Normen auf direktem Weg durch kognitive, affektive und willentliche Lernprozesse	Bewusstmachung von und Konfrontation mit erworbenen Werten und Normen	Diskussion moralischer Konflikte anhand von Dilemma-Geschichten	Teilnahme an argumentativen Diskussionsprozessen mit Perspektivwechsel
Wertorientierung	liegt in den Inhalten („dem Wert") der Werte und Normen, die tradiert werden sollen	liegt in der Optimierung des subjektiven Denkens, Fühlens und Handelns	liegt im Aufbau eines prinzipiengeleiteten ethischen Urteils	liegt im Ziel der ethischen Mündigkeit des Lernenden, die Ziel und Methode ist
Wertepluralität	wird auf jene Werte reduziert, die von Lernenden übernommen werden sollen	wird auf die Werte reduziert, die individuell bedeutsam sind	kommt in ausgesuchten Dilemmata in funktionaler Absicht zur Sprache	ist Ausgangspunkt und Gegenstand der Kommunikation über Werte und Normen

Werteübertragung in der Erziehung bedeutet, dass Eltern und Erzieher wichtige Werte auswählen und diese dem Kind vermitteln.

Werteerhellung bezieht sich auf die Auseinandersetzung mit den eigenen Werten, die das Kind, der Jugendliche oder Erwachsene bereits verinnerlicht hat, aber in bestimmten Situationen kritisch prüft. Ergebnis der Werteerhellung ist entweder eine Bestätigung der bisherigen Haltung oder eine Korrektur.

Werteentwicklung orientiert sich am Stufenmodell von Kohlberg und kann vom Erzieher oder Lehrer durch die Arbeit mit Dilemmata und in Alltagssituationen gefördert werden.

Wertekommunikation ermöglicht den Austausch über moralische Überzeugungen und Urteile mit dem Ziel, die Position des anderen einzunehmen und die Situation aus dessen Sichtweise heraus zu beurteilen.

Aufgaben

1. Überlegen Sie, ob und in welcher Form in Ihrer Ausbildung Werteübertragung, Werteerhellung, Werteentwicklung und Wertekommunikation stattfindet.

2. Welche/s Modell/e halten Sie für die moralische Erziehung von Kindern besonders geeignet? Begründen Sie Ihre Meinung.

7.2 Ausgewählte ethische Handlungsfelder familienergänzender Erziehung

Familienergänzende Erziehung hat die Aufgabe, Eltern bei der Erziehung ihrer Kinder in vielfältiger Art und Weise zu unterstützen. Aus dieser Unterstützung können sich ethische Fragen und Probleme ergeben, weil die Erziehungsträger über Ziele und Aufgaben der Erziehung oder Erziehungsmaßnahmen unterschiedliche, teilweise sogar gegensätzliche Auffassungen haben können. Die berufsethische Forderung besteht darin, unterschiedliche Auffassungen zu akzeptieren und im Interesse des Kindes einen Grundkonsens zwischen Eltern und Fachkräften zu finden.

7.2.1 Interkulturelle Erziehung im Spannungsfeld zwischen Autonomie und Paternalismus

Sprache | Konfuzius

„Wenn die Sprache nicht stimmt,
dann ist das, was gesagt wird,
nicht das, was gemeint ist.
Ist das, was gesagt wird,
nicht das, was gemeint ist,
so kommen keine guten Werke zustande.
Kommen keine guten Werke zustande,
so gedeihen Kunst und Moral nicht.
Gedeihen Kunst und Moral nicht,
so trifft die Justiz nicht.
Trifft die Justiz nicht,
so weiß das Volk nicht,
wohin Hand und Fuß setzen.
Also dulde man keine Willkürlichkeit
in den Worten.
Das ist es, worauf es ankommt."

(Konfuzius, 551-479 v. Chr.)

Aufgaben

1. Welche Kernaussage entnehmen Sie dem Text?

2. Welchen Bezug zum Thema „Interkulturelle Erziehung" erkennen Sie?

3. Spiel Länderraten: Bilden Sie Kleingruppen und wählen Sie eine Nationalität/einen Kulturkreis, die/den Ihre Mitschüler erraten sollen. Stellen Sie sich dazu als Angehörige dieser Nationalität/dieses Kulturkreises vor, indem Sie folgende oder ähnliche Aussagen ergänzen:

   „Ich heiße ..."

   „Ich esse gern ..."

   „Mein Hobby ist ..."

   „Ich lerne an/arbeite als ..."

Die Zunahme kultureller Vielfalt in unserer Gesellschaft, das gleichberechtigte Zusammenleben von Menschen mit unterschiedlichem ethnischen und kulturellen Hintergrund fördert und erfordert bestimmte moralische und soziale Kompetenzen. Dazu gehören z. B. Empathiefähigkeit, Respekt vor anderen Sicht- und Lebensweisen sowie die Auseinandersetzung mit den eigenen Gefühlen und Überzeugungen.

Ein heiteres Beispiel für einen solchen Perspektivwechsel ist der Briefroman „Die Forschungsreise des Afrikaners Lukanga Mukara ins innerste Deutschland". In dem Roman geht es darum, dass der Afrikaner Mukara bei einem Besuch im ehemaligen Kaiserreich Deutschland seinem König zu Hause schriftlich von seinen Beobachtungen in dem merkwürdigen fremden Land berichtet:

„Wisse: das Land, in dem ich jetzt reise, heißt Deutschland. Die Eingeborenen des Landes bezahlen nicht mit Rindern und Ziegen, auch nicht mit Glasperlen oder Kaurimuscheln oder Baumwollstoff; kleine Metallstücke und buntes Papier ist ihre Münze, und das Papier ist wertvoller als das Metall. Es gibt ein braunes Papier, das ist mehr wert als eine ganze Zahl Deiner Rinder. Es ist etwa so, als wenn man am Sabinjoberge vier tragende Kühe für einen geflochtenen Grasring kaufen könnte. (Dabei weiß doch jeder Hutu [= Ackerbauer], dass man für zwanzig Grasringe noch nicht so viel Brennholz bekommt, wie eine Familie braucht, um sich in der Regenzeit eine warme Nacht zu gönnen!) Ich glaube, Dein Gesicht zu sehen, wie Du lachst über den Unsinn, den ich Dir aus Inner-Deutschland erzähle. Aber, großer König, eins muss ich Dir jetzt immer wieder sagen: Die Eingeborenen des Landes empfinden diesen und noch viel größeren Unsinn als etwas Selbstverständliches, und sie sind so sehr daran gewöhnt, dass sie erschrecken würden, wenn es anders wäre. Ja, wenn ich ihnen sage (ich spreche die Eingeborenensprache schon ganz gut), dass wir in Kitara mit anderer Münze zahlen, dann sagen sie, was sie hätten, sei besser, und fragen, ob sie kommen sollten und Dir das Bessere bringen. Sie nennen alles, was sie bringen wollen, mit einem Worte: »Kultur«. Da aber Niemand etwas Besseres bringen kann, als er hat, und da mir das, was diese ‚Menschen' (so nennen sie sich in vollem Ernst!) haben, nicht gefällt, so antworte ich jedes Mal, du ließest ‚bestens danken'. Das ist nämlich der Ausdruck, den sie anwenden, wenn sie sagen wollen, was in unserer Sprache heißt: ‚Nein, ich will nicht!'...

In Deutschland ist sehr viel Rauch. Aber das ist kein Rauch, der eines Wanderers Augen auf sich zieht, der die Schritte beschleunigt oder das Herz höher schlagen lässt. Es ist kein Rauch in frischer Luft; es ist Rauch im Dunst, ja Rauch im Rauch. In langen, steinernen Röhren wird er zum Himmel geleitet. Aber der Himmel will ihn nicht, und so liegt er wie ein Frühnebel über der Erde. Und wenn er, als eine dicke, atemraubende Masse überallhin fließt, wie soll man irgendwohin eilen, sich seines Ursprungs zu freuen! Im Gegenteil: wer sich die Lungen nicht mit Rauch füllen lassen will, flieht die Plätze, an denen die vielen Eingeborenen zusammenwohnen, flieht auf das Land hinaus, wo die Luft noch rein und frisch ist. Denn unerträglich ist die Luft, die die Wasungu (= Einheimischen) sich gewöhnen einzuatmen. Sie lieben es, zur Arbeit, zum Vergnügen, zum Unterricht, ja zum Gottesdienst in geschlossenen Räumen beisammen zu sein. Stundenlang. Jeder atmet Luft, die schon ein anderer geatmet hat. Dahinein mischt sich Rauch, Dunst und Essensgeruch. Es müssen viele von ihnen krank sein. Ich weiß das nicht; denn ich sehe nur gesunde Leute in den Straßen und glaube, dass sie die Kranken an einen anderen Platz schaffen. ... Was sie an Kleidern am Körper tragen sollen, schreiben die Handwerker vor, die die Kleider nähen, und besonders die reichen Eingeborenen folgen ihnen darin unbedingt. Wenn Du etwa meinst, ein kräftiger, schöner und geschmeidiger Körper komme in einem solchen Kleide zum Ausdruck, irrst Du. Die Kleider der Männer werden so gemacht, dass jeder Schwache ebenso aussieht wie ein sehniger Mann, und dass kein Mann den Wunsch hat, seinen Körper zu verbessern oder sich davor bewahrt, den Leib zu entstellen: die Kleider verdecken jede Schwäche. Selbst die Frauen sehen bei der Wahl der Männer nicht auf die Schönheit und Kraft des Körpers, sondern auf die Form und den Wert der Kleider und des Hutes. Die Frauen wissen gar nicht, wie ein schöner, gebildeter Körper aussieht. Sie heiraten dann einen Anzug und zugleich den Mann, der darin steckt. Die Unsitte der Kleider bringt es auch mit sich, dass die Männer und Frauen der Wasungu heiraten, ohne voneinander zu

wissen, wie sie nackt aussehen. Das würde in Kitara als Schande und niedrigste Gemeinheit angesehen werden, wenn es je vorkäme. Es wäre ein Verbrechen an der Zukunft des Volkes. In Deutschland gilt es als anständig."

(Paasche, 1975, S. 4 f.)

> *Definition*
> *Der Begriff „interkulturell" bezieht sich auf Austauschprozesse zwischen unterschiedlichen Kulturen und Interaktionen zwischen Einzelpersonen, Personengruppen oder Staaten mit unterschiedlichem kulturellen Hintergrund.*
>
> *Unter dem Begriff „interkulturelle Bildung" werden vor allem folgende Kompetenzen einer Persönlichkeit zusammengefasst:*
>
> * *eine dauerhafte und verfügbare Einsicht in die kulturelle Vielfalt der Gesellschaft*
> * *die Kenntnis und die Akzeptanz grundlegender kultureller Unterschiede*
> * *die Toleranz gegenüber gegensätzlichen Ansichten*
> * *die Fähigkeit, Unterschiede zu verkleinern, d. h. an grundlegende Gemeinsamkeiten anzuknüpfen*
>
> *Der Begriff „interkulturelle Erziehung" kann als bewusste Unterstützung und Begleitung beim Erwerb dieser Fähigkeiten verstanden werden.*

Die Fähigkeit, mit Vielfalt umzugehen und diese als eine Bereicherung des Lebens anzusehen, kann auf sehr unterschiedliche Weise durch Erziehung vermittelt werden. Sozialpädagogen und andere pädagogische Fachkräfte haben die Aufgabe, Kinder und Jugendliche beim Erwerb dieser Kompetenzen zu unterstützen. Wesentliche Grundlagen für die interkulturelle Bildung der Persönlichkeit werden im Elementarbereich, insbesondere im Vorschulalter, gelegt.

Allgemeine Ziele einer interkulturellen Erziehung sind unter anderem folgende:

* Kinder unterschiedlicher Herkunft und Kultur auf ein gelingendes Zusammenleben vorzubereiten
* den Gedanken der Inklusion, des Willkommenheißens von Verschiedenheit, erlebbar zu machen

- Neugier und Interesse an anderen Kulturen, Denk- und Verhaltensweisen zu entwickeln
- die eigene kulturelle Identität zu entwickeln und als wertvoll zu erleben
- die unbedingte Achtung vor der Würde eines jeden Menschen, unabhängig von Herkunft, äußeren Merkmalen, Fähigkeiten usw. zu entwickeln

Aufgaben

Lesen Sie das folgende Fallbeispiel und bearbeiten Sie die Aufgaben in Kleingruppen.

1. Sammeln Sie Pro- und Kontra-Argumente für die gegensätzlichen Auffassungen von Mandy und Katja.

2. Prüfen Sie die Argumente unter Einbeziehung der ethischen Prinzipien Autonomie und Gerechtigkeit.

3. Bereiten Sie ein kurzes Rollenspiel vor, in dem das Erzieherteam eine Entscheidung zum Konzept der interkulturellen Erziehung trifft.

Fallbeispiel

In der Kindertagesstätte „Völkerfreundschaft" treffen sich die Erzieherinnen zur Teamberatung, um über das Thema „Interkulturelle Erziehung" zu sprechen. In der Einrichtung werden viele Kinder ausländischer Herkunft betreut, der Anteil beträgt fast 20 %.

Zwischen zwei Erzieherinnen entwickelt sich ein Streitgespräch. Mandy meint, dass es besondere Ziele und Aufgaben interkultureller Erziehung geben muss, um die Kinder aus verschiedenen Kulturkreisen richtig integrieren zu können. Katja ist da anderer Meinung. Sie sagt, es widerspräche genau dem Prinzip der Integration und Inklusion, Sonderregeln aufzustellen. Die Regeln sollten so formuliert werden, dass die Zugehörigkeit zu einer Kultur oder Nationalität keine Rolle spielt. Sonderregeln bedeuten nach ihrer Meinung Ausgrenzung anstelle von Integration.

Interkulturelle Erziehung wendet sich allen Kindern zu. Sie fördert den Respekt vor dem jeweils Anderen sowie die Fähigkeit, Konflikte, die aus der Vielfalt entstehen, angemessen zu lösen.

Besonders im Elementarbereich befindet sich (interkulturelle) Erziehung im Spannungsfeld zwischen Autonomie und Paternalismus, da Kinder dieser Altersgruppe nur in Grenzen autonom handeln können (siehe Kapitel 7.1). In diesem Tätigkeitsfeld hat der Sozialpädagoge oftmals Bedürfnisse unterschiedlicher Bezugspersonen oder Bezugsgruppen (Kinder unterschiedlicher kultureller Herkunft, Eltern unterschiedlicher Herkunft, Institution) zu integrieren. In den Institutionen bzw. Einrichtungen, in denen Vielfalt willkommen und erwünscht ist, werden die gemeinsamen Bedürfnisse und Interessen Ausgangspunkt des ethisch reflektierten professionellen Handelns sein. Dabei werden die ethischen Prinzipien der Autonomie und der Gerechtigkeit beachtet.

Interkulturelle Erziehung stellt keine Sondererziehung dar. Sie soll in den Lebensalltag der Kinder integriert sein. Sie beinhaltet die Pflege der eigenen Kultur und Traditionen ebenso wie das Kennenlernen und das Verstehen anderer Kulturen. Für Kinder ist Kultur nichts Abstraktes, sondern sie wird durch konkretes Erleben im Alltag in Form von Gewohnheiten (z. B. bei der Ernährung oder Bekleidung, durch Rituale, Sprache oder Familiengeschichten) erlernt. Interkulturelle Erziehung ist wie Erziehung insgesamt auf die Bildung und Entwicklung der Persönlichkeit gerichtet.

Dabei sollten folgende Aufgaben und ethische Grundhaltungen beachtet bzw. umgesetzt werden:

1. **Die Reflexion der eigenen Werte, Einstellungen und Überzeugungen**
   Verbindende kulturübergreifende Grundwerte zu erkennen, wesentliche Unterschiede zu erfassen und zu akzeptieren, sind wichtige Voraussetzungen für den ehrlichen Umgang mit Kindern, Jugendlichen und Familien aus anderen Kulturkreisen. Soll Erziehung gelingen, müssen die zu vermittelnden Werte vom Sozialpädagogen vorgelebt werden. Das gute Vorbild des Pädagogen ist Grundvoraussetzung für das Erreichen der allgemeinen Ziele in der interkulturellen Erziehung.

2. **Die Förderung der Entwicklung der Ich-Identität und der Gruppenidentität eines jeden Kindes**
   Kinder sollten Möglichkeiten haben, vielfältige Erfahrungen mit sich selbst und der Gruppe zu machen, um Selbstvertrauen zu gewinnen. Die Förderung der Ich-Identität schließt Elternarbeit ein. Eine vertrauensvolle Beziehung zwischen Erzieher und Eltern gibt dem Kind Sicherheit, besonders dann, wenn es andere Sitten und Gewohnheiten hat. Die Wertschätzung und die Einbeziehung der Muttersprache des Kindes in den gesamten Tagesablauf sind ebenso wichtig wie die Förderung der deutschen Sprache. Mehrsprachigkeit sollte nicht als Problem angesehen werden, sondern als Chance für die Sprachentwicklung aller Kinder.

3. **Förderung des vorurteilsfreien Umgangs mit Verschiedenheit und der Achtung vor dem jeweils Anderen**
   Kinder brauchen die Einsicht, dass alle Menschen gleichwertig sind. Die unbedingte Achtung der Menschenwürde muss das Kind im Alltag durch

Vorbildwirkung und durch verschiedene Bildungsgelegenheiten erleben können. Dazu gehört beispielsweise, dass Erzieher in der Gruppenarbeit nicht zwischen Mehrheiten (z. B. einheimische Kinder/gesunde Kinder) und Minderheiten (z. B. ausländische Kinder/integrative Kinder) unterscheiden und dass alle Kinder gleiche Rechte und Pflichten haben. Auch das Recht, anders zu sein, sich z. B. in bestimmten Fähigkeiten, in der Kleidung, in der Sprache, in den Gewohnheiten von anderen zu unterscheiden gehört dazu. Im Gruppenalltag können Kinder Verschiedenheit als etwas Positives erleben, z. B. durch Projekte, Spiele usw.

4. Förderung der Empathiefähigkeit

Kinder sollen darin unterstützt werden, Verständnis und Mitgefühl für andere zu entwickeln. Dadurch erkennen sie, dass andere Kinder genauso wie sie selbst negative Gefühle wie Traurigkeit und Angst haben können. Ebenso wichtig ist die Vorbildwirkung der Erzieher, wenn sie Kindern und Erwachsenen unabhängig von ihrem Status Wertschätzung entgegenbringen.

5. Förderung von Durchsetzungsvermögen und Solidarität

Es gilt die Fähigkeit des Kindes zu entwickeln, einerseits seine eigenen Grenzen gegenüber anderen zu setzen, und andererseits die Grenzen der anderen zu akzeptieren. Der Gruppenalltag bietet dazu viele Möglichkeiten, die die Erzieher nutzen können. Mithilfe von Geschichten, Rollenspielen usw. können moralische Konflikte aufgezeigt und besprochen werden.

6. Zusammenarbeit mit allen Erziehungsträgern

Durch eine enge Zusammenarbeit mit den Eltern, mit Familien und ggf. mit weiteren Erziehungsträgern erfährt das Kind Sicherheit und Verbindlichkeit. Das setzt jedoch voraus, dass die Erziehungsziele von allen Erziehungsträgern befürwortet und getragen werden.

Wie können diese Aufgaben und Grundsätze im konkreten Fall umgesetzt werden? Inwiefern liegt das erzieherische Handeln im Spannungsfeld zwischen Autonomie und Paternalismus?

Eine allgemein verbindliche Antwort auf diese Fragen kann es nicht geben, da unterschiedliche ethische Ansätze zu unterschiedlichen Ergebnissen kommen können. Dennoch soll versucht werden, anhand der folgenden Fallsituation Impulse zum Nachdenken und zur Beantwortung dieser Fragen zu geben.

Beispiel:
Das türkische Mädchen Arzu möchte sich beim Duschen im Garten nicht ausskleiden und geht mit ihrem Kleid unter die Dusche. Die anderen Kinder lachen sie aus. Kein Kind will jetzt noch mit ihr spielen.

In der folgenden Tabelle werden die ethischen Grundsätze des beruflichen Handelns auf die Situation übertragen:

Grundsätze des beruflichen Handelns	Übertragung auf die Fallbetrachtung
1. Die Reflexion der eigenen Werte, Einstellungen und Überzeugungen	Der Erzieher reflektiert seine Haltung gegenüber der für unseren Kulturkreis außergewöhnlichen Verhaltensweise des Kindes unter Beachtung der ethischen Prinzipien. Akzeptanz oder Toleranz anderer Verhaltensweisen sollten immer echt (kongruent) sein. Wird ein Verhalten nicht wirklich akzeptiert oder toleriert, sollte das in angemessener Weise zum Ausdruck gebracht werden.
2. Die Förderung der Ich-Identität und der Gruppenidentität eines jeden Kindes	Die Förderung der Ich-Identität heißt einerseits, die Gründe des Verhaltens zu kennen, und andererseits, das Verhalten des Kindes nicht zu kritisieren. Bei der Förderung der Gruppenidentität ist es in diesem Fall wichtig, den anderen Kindern das Verhalten von Arzu auf kindgemäße Weise zu erklären. Gleichzeitig ist es hilfreich, die Gemeinsamkeiten der Kinder in den Mittelpunkt zu stellen, wie die Freude am Duschen.
3. Förderung des vorurteilsfreien Umgangs mit Verschiedenheit und der Achtung vor dem jeweils Anderen	Sowohl gegenüber den einheimischen Kindern als auch gegenüber Arzu sollte gegenseitige Akzeptanz in dem Sinne vermittelt werden, dass sowohl das Duschen ohne als auch mit Bekleidung richtig sein kann, je nachdem, wie es zu Hause praktiziert wird. Sinnvoll ist es, den Unterschied in den Duschgewohnheiten zu verkleinern, indem dieser Unterschied als unwesentlich behandelt wird.
4. Förderung der Empathiefähigkeit	Die Reaktion der Kinder, das Auslachen und Ausgrenzen, sollte in geeigneter Weise thematisiert werden. Mit der Gruppe kann beispielsweise darüber gesprochen werden, wie man sich fühlt, wenn man ausgelacht oder ausgegrenzt wird. Eine kreative Möglichkeit pädagogischen Handelns wäre, einmal alle Kinder mit Bekleidung duschen zu lassen. Dadurch wird vermutlich eine positive Erfahrung vermittelt. Gleichzeitig kann versucht werden, Arzu durch Sichtschutz oder Ähnliches das Duschen ohne Bekleidung zu ermöglichen, vorausgesetzt, sie möchte es probieren.
5. Förderung von Durchsetzungsvermögen und Solidarität	Indem Arzu selbst bestimmen kann, wie sie duschen möchte und die anderen Kinder dies ebenfalls tun, ist die Möglichkeit sich durchzusetzen bereits angebahnt. Die Kinder sollten bei allen Gelegenheiten darin unterstützt werden, eigene (kulturelle) Gewohnheiten zu leben, die Gewohnheiten und Sitten anderer Kinder zu akzeptieren sowie gegen Ausgrenzungen vorzugehen (siehe Punkt 4 der Tabelle).

Grundsätze des beruflichen Handelns	Übertragung auf die Fallbetrachtung
6. Zusammenarbeit mit allen Erziehungsträgern	Bei diesem Fall wäre es sinnvoll gewesen, in einem Aufnahmegespräch mit den Eltern alle Besonderheiten über Ernährung, Hygiene, religiöse Rituale usw. zu besprechen und bei Widersprüchen ggf. im Vorfeld gemeinsam mit den Eltern Lösungen im Interesse aller Kinder zu suchen. Es ist wichtig, die Hintergründe für das Verhalten von Arzu zu erfahren.

Im Zweifelsfall, z. B. bei einer möglichen Gesundheitsgefährdung, entscheidet die Einrichtung, da sie die Verantwortung für die Kinder trägt. Vor einer schwierigen ethischen Entscheidung würden die Erzieher auch dann stehen, wenn Arzu gern ohne Bekleidung duschen möchte, die Eltern jedoch aus religiösen Gründen strikt dagegen sind. |

Das Prinzip der Autonomie verwirklicht sich dadurch, dass der Erzieher die Grenze des Mädchens akzeptiert und es mit Bekleidung duschen lässt, sofern keine gesundheitlichen Bedenken bestehen. Hat das Kind z. B. keine Wechselkleidung in der Einrichtung bzw. möchte es die Bekleidung nach dem Duschen nicht wechseln, muss die Autonomie eingeschränkt werden. So kann der Erzieher dem Kind Alternativen anbieten (z. B. mit Sichtschutz duschen) oder aber das Duschen mit Bekleidung untersagen. In diesem Fall ist Paternalismus im Sinne der Fürsorge geboten, um das Kind vor gesundheitlichen Gefahren zu schützen.

Paternalismus besteht bei diesem Fall auch darin, gegen das Bloßstellen und Ausgrenzen von Arzu durch die anderen Kinder vorzugehen. Hier bieten sich situationsbedingte Möglichkeiten, Solidarität unter den Kindern zu fördern.

Aufgaben

Bilden Sie Gruppen, wählen Sie eines der folgenden Fallbeispiele (S. 123) aus und bearbeiten Sie die Fragen. Vergleichen und diskutieren Sie anschließend Ihre Ergebnisse in der Klasse.

1. *Ergibt sich aus der Situation für den Erzieher die Notwendigkeit paternalistischen Handelns? Wenn ja, welche Handlungsalternativen sind möglich?*

2. *Welche dieser Möglichkeiten halten Sie unter Berücksichtigung des Autonomieprinzips für ethisch geboten? Begründen Sie Ihre Meinung.*

3. *Wie können Sie die Situation für die Erfüllung der oben genannten Aufgaben im Rahmen der interkulturellen Erziehung nutzen? (Orientieren Sie sich dabei auch an der Tabelle zum Fallbeispiel „Arzu").*

Fallbeispiele aus einer Kindertagesstätte

1. Ljian: *Seit einer Woche wird Lian aus Indien im Kindergarten betreut. Die Erzieherin versucht vergeblich, Lian beim Mittagessen zur Benutzung des Bestecks anzuregen. Er isst weiterhin mit den Fingern und sagt, dass seine Mama, sein Papa und seine Schwester das auch tun. Die Erzieherin befürchtet nun, dass die anderen Kinder Gefallen an dieser Essweise finden, da es einige Kinder immer wieder ausprobieren.*

2. Anna: *Anna sagt zu Wang, einem chinesischen Kind: „Deine Augen sehen komisch aus."*

3. Tom: *Im Freispiel sagt der 6-jährige Tom zu Ilka, einem Mädchen mit dunkler Hautfarbe: „Na, du Negerpuppe, was willst du eigentlich hier in Deutschland?"*

4. Aisha und Amar: *Aisha (4 Jahre) und Amar (6 Jahre) sind mit ihrer Familie aus Algerien gekommen und gehen nun in dieselbe Kindergartengruppe. Aisha bedient ihren Bruder, wo immer es geht. Sie bringt ihm das Essen, zieht ihm die Schuhe an usw. Als die Erzieher versuchen, Aisha davon abzuhalten, weint diese und der Bruder wird wütend. Die Erzieher sind ratlos.*

Da Vorschulkinder ihre Identität in erster Linie in Beziehung zu ihrer Familie konstruieren, muss Elternarbeit als wesentlicher Bestandteil der interkulturellen Erziehung im Elementarbereich betrachtet werden. Ein Bewusstsein darüber, dass es auch andere kulturelle Lebensformen gibt, entwickeln Kinder auf der Basis ihrer eigenen Familienkultur. Kinder brauchen Hilfe und Unterstützung beim Begreifen, dass sie einer bestimmten ethnischen Gruppe angehören.

Um diese Hilfe leisten zu können, benötigen Erzieher neben einer ethisch reflektierten Grundeinstellung vor allem Informationen über kulturelle Besonderheiten. Eine intensive und offene Elternarbeit trägt maßgeblich zum gegenseitigen Verstehen bei.

Für die Arbeit mit Eltern aus verschiedenen Kulturkreisen ist neben der Beachtung allgemeiner ethischer Grundsätze und Kommunikationsregeln die Berücksichtigung der folgenden Grundsätze bzw. Verhaltensweisen sinnvoll:

- Offenheit und Interesse an der Kultur der Familie, ihren Sitten und Bräuchen zeigen
- die Erwünschtheit des Kindes und seiner Familie vermitteln
- die Bereitschaft, eigene Auffassungen kritisch zu prüfen
- an den Gemeinsamkeiten der Kulturen anknüpfen

- die Besonderheiten der Nationalitäten und Kulturkreise, z. B. bei Ernährung und Hygiene, ermitteln, respektieren und nach Möglichkeit in der Institution berücksichtigen
- außergewöhnliche Haltungen und Sitten nicht werten, sondern deren Hintergründe erfragen
- bei scheinbar unlösbaren Widersprüchen gemeinsam mit den Eltern Kompromisse im Interesse des Kindes finden

Im Mittelpunkt von notwendigen Entscheidungen muss die Würde eines jeden Kindes stehen. Grundlage dafür sind die Leitbilder und Konzeptionen der Institution.

Aufgaben

1. *Lesen Sie das folgende Fallbeispiel und erläutern Sie kurz, wie Sie im Elterngespräch unter Berücksichtigung der oben genannten Grundsätze und Verhaltensweisen im Rahmen interkultureller Elternarbeit vorgehen würden. Wie sollten Sie sich verhalten, wenn der Vater auf seiner Forderung beharrt? Begründen Sie.*

   Fallbeispiel Ali
   Ali, ein fünfjähriger Junge einer traditionalistischen muslimischen Familie verkleidet sich gern. Besonders liebt er Mädchenkleider mit Glitzer und Spitze. Täglich zieht er im Freispiel das Prinzessinnenkostüm an und fühlt sich darin so richtig wohl. Als sein Vater ihn abholt, ist es noch früh und Ali läuft in seinem Lieblingskleid umher. Der Vater ohrfeigt das Kind und verbietet Ihnen, dem Jungen jemals Mädchenkleidung zu geben. Sie sind erschrocken und bitten den Vater zu einem Elterngespräch.

2. *Sie arbeiten in einer Einrichtung der offenen Jugendarbeit, in der es einen Kummerkasten gibt. Beantworten Sie den folgenden Brief, den Sie im Kummerkasten vorfinden:*

   Lieber Kummerkasten,
   ich bin ein Mädchen und wurde in diesem Jahr vierzehn Jahre alt. Ich kam vor fünf Jahren mit meinen Eltern aus Bangladesch nach Deutschland. Meine Klasse fährt im nächsten Monat für eine Woche in eine Jugendherberge. Meine Eltern verbieten mir, mitzufahren. Sie haben Angst, dass ich dort Schweinefleisch zu essen bekomme und dass ich mich mit einem Jungen anfreunden könnte. Ich möchte so gern mitfahren, was kann ich nur tun?

7.2.2 Sexualerziehung im Spannungsfeld zwischen Autonomie und Paternalismus

Das Thema „Sexualerziehung" wird in Aus- und Weiterbildungen von Sozialpädagogen in vielfältiger Weise diskutiert, bearbeitet und dokumentiert. Es gibt eine ganze Reihe sexualpädagogischer Konzepte und Materialien für alle Altersgruppen. Dennoch ist die praktische Umsetzung dieser Konzepte in der sozialpädagogischen Arbeit als zurückhaltend zu beschreiben. Woran liegt das? Warum tun sich selbst Fachkräfte mit diesem Thema schwer? Der Umgang mit Sexualität gilt längst auch im Elementarbereich als Erziehungsziel. Als Bildungsziel realisiert sich ein Erziehungsziel dann, wenn es vom Bedürfnis des Kindes ausgeht, wenn das Kind Eigeninitiative ergreift. Dafür gibt es in jeder Kindereinrichtung mannigfaltige Ausdrucksformen und Situationen. Bei manchen Erziehern und Teams treten Unsicherheiten auf, die durch kollegialen Austausch und durch die Entwicklung ethischer Grundhaltungen zum Thema Sexualität abgebaut werden können. Der erste Schritt zum Aufbau einer sexualpädagogischen Handlungskompetenz ist eine selbstreflexive Haltung zum Thema Sexualität, das Nachdenken über eigene Gefühle, Einstellungen und Grundhaltungen. Ein offener Umgang mit dem Thema Sexualität setzt voraus, dass Fachkräfte eigene Unsicherheiten erkennen, akzeptieren und ggf. abbauen. In jedem Fall ist kongruentes Verhalten wichtig.

Die Kindergartenbox „Entdecken, schauen, fühlen" der Bundeszentrale für gesundheitliche Aufklärung BZgA wird vorgestellt.

Aufgaben

1. Notieren Sie zu den folgenden Fragen Gedanken, die Ihnen spontan einfallen.

   a) Wer hat mich als Kind aufgeklärt, war diese Aufklärung hilfreich?

   b) Welche Erinnerungen habe ich an meine Fragen als Kind zum Thema Sexualität?

   c) Haben mich Eltern, Erzieher und andere Bezugspersonen in meiner sexuellen Entwicklung angemessen begleitet?

   d) Wurde ich in meiner sexuellen Entwicklung behindert?

   e) Welche Erinnerung habe ich an mein „erstes Mal"?

   f) Welche Werte und Normen im Bereich der Sexualität sind mir wichtig?

   g) Was sind für mich sexuelle Grenzüberschreitungen?

   h) Welche Bedeutung hat für mich die Sexualität in der Partnerschaft?

   i) Gab und gibt es in meiner Familie Gespräche zu diesem Thema?

   j) Ist mir das Thema unangenehm?

   k) Welche beruflichen Erfahrungen habe ich in dieser Hinsicht schon gemacht?

   l) Welche Unsicherheiten in Bezug auf den beruflichen Umgang mit Sexualität habe ich?

2. Denken Sie über eigene Unsicherheiten und über eigene Stärken im Umgang mit Sexualität nach.

3. Falls Sie dazu bereit sind, besprechen Sie Ihre Gedanken mit einem Mitschüler Ihres Vertrauens.

Sexualentwicklung des Kindes im Überblick

Erzieher und Eltern sind oftmals verunsichert, wenn sie Verhaltensweisen von Kindern bzw. zwischen Kindern beobachten, die als sexuelle Handlungen gedeutet werden können. Welche Reaktion ist angemessen, was ist überhaupt normal, und wo werden Grenzen verletzt? Eine eindeutige und für alle Situationen zutreffende Antwort auf diese Fragen kann es nicht geben. Aber es gibt Orientierungen für ethisch und pädagogisch gebotenes Verhalten von Sozialpädagogen.

Eine wichtige Voraussetzung für den professionellen Umgang mit kindlicher Sexualität, für angemessenes erzieherisches Verhalten ist das Wissen über die sexuelle Entwicklung von Kindern. Darin eingeschlossen ist die Erkenntnis, dass der Mensch von Geburt an ein sexuelles Wesen ist und in jedem Lebensalter sexuelle Bedürfnisse hat. Angelehnt an das Phasenmodell der psychosexuellen Entwicklung von Sigmund Freud werden im Kindesalter folgende Ausdrucksformen kindlicher Sexualität beschrieben (die Altersangaben sind lediglich als Orientierung anzusehen):

Erstes Lebensjahr

Der Mund kann als erste und wichtigste Quelle der Lust angesehen werden. Das Kind entdeckt die Welt zunächst mit dem Mund. Das Saugen an der Mutterbrust oder am Fläschchen bringt ebenso Lust wie das Erkunden von anderen Objekten mit dem Mund. Körper- und Hautberührungen werden lustvoll erlebt. Kinder genießen das Nacktsein und das Baden.

Zweites bis drittes Lebensjahr

In diesem Alter entsteht das bewusste Interesse für den eigenen Körper. Das Kind erlebt Lust durch Ausscheidungen. In dieser Zeit beginnt die Reinlichkeits- oder Sauberkeitserziehung. Kinder entdecken nun die Kontrolle über die Ausscheidungsfunktion. Das Spielen mit Ausscheidungsprodukten macht ebenso Freude wie das Matschen mit Schlamm. Das Kind ist bedacht, lustvolle Gefühle zu erleben und ungute Gefühle zu meiden. Geschlechterunterschiede werden erkannt. Am Ende dieser Phase interessieren sich manche Kinder bereits für das Thema Schwangerschaft und Geburt, was sich in gezielten Fragen der Kinder äußert.

Viertes bis fünftes Lebensjahr

Das Interesse für Schwangerschaft und Geburt nimmt zu, Fragen zu diesem Thema treten jetzt gehäuft auf. Die kindliche Neugier an den Genitalien, die Schau- und Zeigelust wird z. B. in Form von Doktorspielen ausgedrückt. In diesem Alter entstehen erste innige Freundschaften, aber auch Eifersucht und Machtkämpfe. Erste Gefühle körperlicher Scham zeigen sich. Provokationen durch verbal sexualisierte Sprache und andere Schimpfwörter sind möglich.

Sechstes Lebensjahr

Die eigene Geschlechtsidentität zeigt sich häufig in der Ablehnung des anderen Geschlechtes („blöde Weiber" – „doofe Jungs"). Geschlechtstypische Verhaltensweisen sind zunehmend zu verzeichnen.

Aufgabe

Überlegen Sie unter Einbeziehung Ihrer erziehungswissenschaftlichen Kenntnisse und Ihrer praktischen Erfahrungen, wie das Kind in den einzelnen Phasen durch Eltern und Erzieher begleitet werden kann.

Veränderte Ausdrucksformen kindlicher Sexualität bzw. Geschlechteridentität

Kinder zeigen heute sehr offen ihre sexuelle Neugier und drücken ihre Freude über körperliche Berührungen und sinnliche Lust deutlicher aus, als es Sozialpädagogen oder Eltern aus ihrer Kindheit kennen. Kindliche Sexualität ist im Unterschied zur Sexualität Jugendlicher und Erwachsener gekennzeichnet durch Unbefangenheit, Neugier und Spontanität. Sexuelle Aktivitäten im Vorschulalter sind nicht beziehungsorientiert, sondern dienen hauptsächlich dem eigenen Wohlbefinden.

Die Geschlechtsidentität wird schon früh über Kleidung und Verhalten zum Ausdruck gebracht. Mädchen im Vorschulalter unterstreichen ihre Weiblichkeit z. B. durch Schminken oder Färben der Haare. Jungen beeindrucken mit ihren „Muckis" oder mit Tattoos, die ihrer Männlichkeit Ausdruck verleihen. Kinder gebrauchen heute sehr offen und ungehemmt sexualisierte Schimpfwörter und Gesten. Oftmals haben Erwachsene keine oder wenig Möglichkeiten, dieses Verhalten zu ändern.

Als Orientierungsgrundlage für berufliches Handeln fragt Ethik in erster Linie danach, inwieweit sexuelle Handlungen von Kindern im Sinne des Prinzips der Autonomie moralisch legitim sind und wann Grenzüberschreitungen das Eingreifen des Erziehers erfordern. Ethische Entscheidungen befinden sich hier im Spannungsfeld zwischen **Akzeptanz, Toleranz** und **Intervention.** Eine Verhaltensweise zu akzeptieren heißt, dieser aus verschiedenen Gründen zuzustimmen. Eine Zustimmung des Erziehers sollte im Allgemeinen dann vorliegen, wenn

das Verhalten des Kindes seinen Entwicklungsbedürfnissen entspricht und keine Grenzverletzung vorliegt. Ethisch begründet wird Zustimmung hauptsächlich mit den ethischen Prinzipien der Autonomie und der Fürsorge.

Beispiel:

Ein vierjähriger Junge beobachtet beispielsweise sehr genau ein Mädchen beim Auskleiden. Das akzeptiert der Erzieher, weil dieses Verhalten als entwicklungsbedingtes Interesse des Kindes zu werten ist.

Ein Verhalten zu tolerieren bedeutet, eine Handlungsweise zu dulden. Inwiefern Handlungen geduldet werden, hängt zum einen von der Handlung selbst ab und zum anderen von der Einstellung des Erziehers. Grenzen zwischen Toleranz auf der einen Seite und Intervention (eingreifen, unterbinden) auf der anderen Seite sind hier fließend.

Beispiel:

Geht der Junge zu dem Mädchen und berührt es an den Genitalien, kann der Erzieher das Verhalten dann dulden, wenn es dem Mädchen nicht unangenehm ist oder keine gesundheitlichen Gefahren bestehen. Hier ist die Grenze zwischen Toleranz und Intervention schwer zu ziehen. Einerseits kann das Erleben des Mädchens nicht eindeutig bestimmt werden, andererseits hat jeder Erzieher seine eigene Wahrnehmung, die durch sein Wertesystem und durch seine Haltung beeinflusst wird.

Handlungen sind im Allgemeinen dann zu tolerieren, wenn das Nichtschadensprinzip beachtet wird, das heißt, kein Kind gegen seinen Willen zu Handlungen gezwungen wird oder ein Kind sich durch sein Verhalten nicht selbst schädigt. Interventionen müssen also dort stattfinden, wo Schaden entstehen kann, wo Zwang, Entwürdigung oder gesundheitliche Gefährdungen vorliegen. In diesen Fällen ist das Autonomieprinzip dem Fürsorgeprinzip unterzuordnen.

Aufgaben

Wählen Sie eines der folgenden Fallbeispiele aus und bearbeiten Sie dieses in Partner- oder Gruppenarbeit mit dieser Aufgabenstellung:

1. *Stellen Sie Pro- und Kontra-Argumente für die jeweiligen Handlungsalternativen des Erziehers unter Berücksichtigung der ethischen Prinzipien Autonomie und Fürsorge gegenüber.*

2. *Wählen Sie die günstigste Option aus und begründen Sie, warum Sie das Verhalten entweder akzeptieren, tolerieren oder warum Sie intervenieren.*

3. *Besprechen Sie den Fall anschließend in der Klasse.*

Fallbeispiele

*1. **Simone:** Die neunjährige Simone spielt im Hort sehr oft mit Ron, einem Jungen mit Down-Syndrom. Sie beobachten, wie Simone die Hand von Tom ergreift und an ihren Genitalbereich führt. Ron scheint sich darüber zu freuen und lacht.*

*2. **Miriam:** Beim Duschen greift die dreijährige Miriam mehreren Kindern an ihre Genitalien.*

*3. **Jim:** Der 15-jährige Jim sucht auffällig oft den Kontakt zu den jüngeren Mädchen im Heim. Als Sie eines Tages aus dem Fenster in den Garten des Heimes sehen, bemerken Sie, dass Jim vor der zehnjährigen Susi seine Hose öffnet und sein Geschlechtsteil zeigt. Susi schaut hin, sagt etwas und geht dann weg. Als Sie in den Garten kommen, steht er in gleicher Pose vor der siebenjährigen Kathi, die ängstlich reagiert.*

*4. **Manuela:** Die fünfjährige Manuela ist im Kindergarten sehr häufig damit beschäftigt, sich selbst zu befriedigen. Auch durch spielerische Angebote lässt sie sich nicht davon ablenken. Zur genaueren Dokumentation legen Sie eine Strichliste an, aus der hervorgeht, dass sich das Kind bis zu zwanzig Mal am Tag befriedigt.*

*5. **Marius:** Der fünfjährige Marius sagt im Streit zur dreijährigen Marie: „Du alte Nutte!" Alle Kinder im Umkreis lachen. Marie verzieht sich in eine Ecke und weint.*

Bei allen Handlungen ist zwischen Aktivitäten, die der Sexualentwicklung dienen und deshalb akzeptiert bzw. toleriert werden müssen, und sexuellen Übergriffen, durch die die Autonomie und die Würde eines Kindes oder Jugendlichen verletzt wird und die deshalb pädagogische Intervention erfordern, zu unterscheiden.

Verhaltensweisen von Kindern sollten jedoch nicht zu schnell durch die „Erwachsenenbrille" interpretiert werden. Beobachtungen über einen gewissen Zeitraum sind oftmals sinnvoll. Sexuelle Aktivitäten sollten nicht generell unterbunden werden, da sie die körperliche und seelische Entwicklung von Kindern fördern. Wenn Kinder sich z. B. beim Urinieren zuschauen oder sich und andere beim Doktorspiel körperlich genauer untersuchen, so ist das Ausdruck einer ganz natürlichen Neugier.

Aus ethischer Sicht sollte bei sexuellen Aktivitäten die Wahrung der Würde und der Autonomie eines jeden Kindes oberste Priorität haben. Ein Kind darf über seinen Körper selbst bestimmen. Das sollten auch Erwachsene in ihrem Verhalten berücksichtigen. Dadurch lernt das Kind, dass die Autonomie des anderen akzeptiert werden muss. Die sexuellen Bedürfnisse und die Neugier der Kinder sollten zwar respektiert und beachtet werden, aber gleichzeitig müssen Kinder Grenzen erfahren, wenn ihr Verhalten andere schädigt, verletzt oder entwürdigt. Das Fürsorgeprinzip hat hier gegenüber dem Autonomieprinzip Vorrang.

Ziele und Aufgaben einer ethisch reflektierten Sexualerziehung

1. Unterstützung bei der Entwicklung eines positiven Körpergefühles

Dies gelingt durch einen offenen Umgang mit kindlicher Sexualität und eine für alle Sinne anregungsreiche Umgebung. Das Thema „Sexualität" sollte im Vorschulalter nicht ausgeklammert werden, sondern in den Lebensalltag situationsorientiert integriert sein. Weder eine Unterdrückung noch eine Überbetonung wären für die Entwicklung des Kindes hilfreich.

2. Vermittlung von Wissen

Frühe und kontinuierliche Aufklärung und moralische Sexualerziehung gehören zur Bildung der Persönlichkeit. Für die sexuelle Aufklärung gibt es keine Altersgrenzen. Wenn ein Kind fragt, hat es das Recht auf eine seinem Entwicklungsstand angemessene ehrliche Antwort. Auf Fragen zu Schwangerschaft und Geburt sollte nicht mit Mythen (Klapperstorch) reagiert werden. Moralische Sexualerziehung bedeutet, dass ein Kind von Beginn an Bewertungen hinsichtlich sexueller Aktivitäten lernt.

3. Vermittlung von Geborgenheit und Vertrauen

Körperkontakt, ein liebevoller Umgang und die Gewissheit einer verlässlichen Beziehung sind wichtig für die seelische Entwicklung des Kindes und damit auch für die Sexualentwicklung.

4. Gewähren von Schutz und Intimität

Das Kind wird dabei unterstützt, seine Grenzen gegenüber anderen Kindern zu setzen, sich zu behaupten und Hilfe in Anspruch zu nehmen. Das Schamgefühl des Kindes muss akzeptiert werden. Wenn Kinder erfahren, dass man nicht anderen zuliebe Zärtlichkeiten erdulden muss, ist das gleichzeitig ein wichtiger Schritt zur Prävention gegen sexuelle Übergriffe. Ein Kind, das in der Lage ist, den eigenen Willen auszudrücken, das anderen Grenzen setzt und lernt, die Grenzen anderer zu akzeptieren, wird sicher seltener Opfer oder Täter von sexuellen oder anderen Übergriffen. Rechtzeitiges Eingreifen bei sexuellen Übergriffen zwischen Kindern ist notwendig, da solche Handlungen bei dem betroffenen Kind zu körperlichen und seelischen Verletzungen sowie zu schädigenden Botschaften führen.

5. Vermittlung von Kommunikationskompetenz

Kinder sollen in der Lage sein, Körperteile zu benennen, Fragen zu stellen, Gefühle und Bedürfnisse auszudrücken und sich mit anderen Kindern verbal oder nonverbal auseinanderzusetzen.

Zur Umsetzung dieser Ziele und Aufgaben ist es notwendig, eng mit den Eltern zusammenzuarbeiten. Wenn Institutionen und Eltern in der Sexualerziehung unterschiedlich vorgehen, muss das nicht zwangsläufig problematisch sein, sondern kann für das Kind sogar bereichernd sein. Falls es jedoch zu gegensätzlichen oder widersprüchlichen Auffassungen kommt, muss die Einrichtung entscheiden, wie sie mit den elterlichen Anregungen umgeht. Denn sie trägt die Verantwortung für die Umsetzung der Erziehungsziele. Transparenz und Begründung der Entscheidung gegenüber den Eltern ist in solchen Fällen im Interesse des Kindes wichtig.

1. Gestalten Sie ein Rollenspiel über die Teambesprechung zu folgender Situation.

   In den Plan der Kindertagesstätte wurde ein wöchentlicher Saunabesuch aufgenommen. Die Erzieher diskutieren nun darüber, ob sie sich in der Sauna auch nackt ausziehen, zumal zwei männliche Kollegen zum Team gehören.

2. Welche Reaktion auf die folgende Situation halten Sie für angemessen? Begründen Sie.

   Tom (4,5 Jahre) findet beim Spazierengehen im Papierkorb eine Pornozeitung und sieht sich diese ziemlich genau an. Die Erzieherin kommt hinzu und das Kind fragt: „Was machen die auf dem Bild?"

3. Wie kann im folgenden Beispiel die Haltung der Eltern erklärt werden und wie sollte das Team der Einrichtung Ihrer Meinung nach vorgehen?

   Elternabenddiskussion
   Eine Kindertagesstätte hat ein sexualpädagogisches Konzept im Rahmen der psychosexuellen Früherziehung entwickelt und stellt dieses den Eltern am Elternabend vor. Die Eltern sind mehrheitlich der Auffassung, dass die Kinder in diesem Alter noch keinerlei Aufklärung brauchen. Man sollte schließlich keine schlafenden Hunde wecken.

4. Gestalten Sie die Teamdiskussion als Rollenspiel und führen Sie eine Entscheidung herbei.

   Teambesprechung
   Andreas ist seit Kurzem Erzieher im Kinder- und Jugendheim. Zur ersten Teamberatung informiert er das Team über seine Homosexualität. Gleichzeitig teilt er mit, dass er das den Eltern und den Kindern gegenüber auch nicht verheimlichen wird. Die Erzieher diskutieren den Fall sehr kontrovers.

Absprachen im Team, die Festlegung allgemeiner Regeln im Umgang mit sexuellen Aktivitäten der Kinder erleichtern die Bildungs- und Erziehungsarbeit und bieten den Kindern Verlässlichkeit und Struktur. Ethisch reflektiertes einheitliches Handeln aller Fachkräfte einer Einrichtung ist Voraussetzung für gelingende Sexualerziehung. Grundlage sexualpädagogischen Handelns sollte ein Konzept sexueller Bildung und Erziehung sein, das von allen Erziehungsträgern angenommen und umgesetzt wird. Denn alle, die an der Erziehung beteiligt sind, sind Ko-Konstrukteure der kindlichen Erfahrungswelt auch im Bereich von Sexualität.

7.2.3 Gewalt gegen Kinder und Jugendliche

Gewalt gegen Kinder ist noch immer ein gesellschaftliches Problem. Obwohl unterschiedliche Studien belegen, dass autoritäre bzw. gewalteinschließende Erziehungsmaßnahmen rückläufig sind und dass die Akzeptanz von Gewalt als Erziehungsmittel sinkt, kann nicht generell von einer gewaltfreien Erziehung in unserer Gesellschaft gesprochen werden.

Die folgende Grafik zeigt die Ergebnisse einer Elternbefragung (2001) und einer Befragung Jugendlicher (2002) über den Einsatz von körperlicher Gewalt als Erziehungsmittel (Degener, 2005, S. 44):

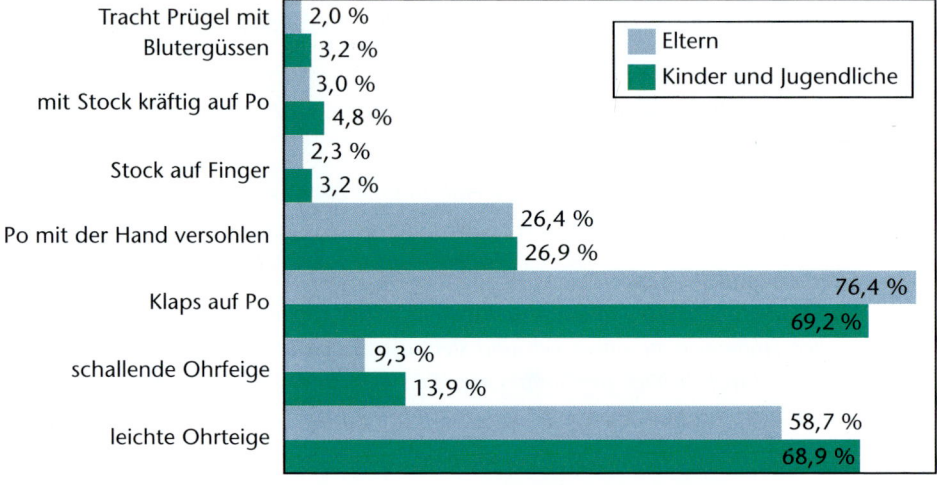

Häufigkeiten in Prozent

Der Begriff „Gewalt"

Da Gewalt unterschiedliche Ursachen und Entstehungsbedingungen hat, ist eine allgemeingültige Begriffsbestimmung schwierig zu formulieren.

Im Allgemeinen liegt Gewalt gegen eine Person dann vor, wenn Zwang auf sie ausgeübt, ihr Wille missachtet und ihr dadurch Schaden zugefügt wird. Aus ethischer Sicht ist Gewalt nicht legitim, da sie in jedem Fall die Würde der Person verletzt. Der Unterschied zum paternalistischen Handeln in der Erziehung (das auch mit Zwang verbunden sein kann) besteht darin, dass paternalistisches Handeln das Wohl der Person befördern will bzw. Schaden abwenden will.

Gewalt gegen Kinder und Jugendliche wird als „Kindesmisshandlung" bezeichnet.

Definition
„Kindesmisshandlung ist eine nicht zufällige (bewusste oder unbewusste) gewaltsame körperliche und/oder seelische Schädigung, die in Familien oder Institutionen (z. B. Kindergärten, Schulen, Heimen) geschieht und zu Verletzungen, Entwicklungsverzögerungen oder sogar zum Tode führt, und die somit das Wohl und die Rechte eines Kindes beeinträchtigt oder bedroht." (Bast, 1975, S. 24)

Da Gewalt nicht immer bewusst ausgeübt wird ist die Klärung der Frage, wann aus der Sicht helfender Berufe von Gewalt gesprochen werden kann, sehr wichtig. Die ethische Reflexion erzieherischen Handelns ist insbesondere in Grenzbereichen notwendig. Grenzbereiche liegen z. B. dann vor, wenn Fachkräfte zwischen dem Wohl eines Kindes und dem Wohl der Gruppe abwägen müssen, oder wenn Kinder Streitereien mit Körpereinsatz oder Beschimpfungen klären.

Formen von Gewalt

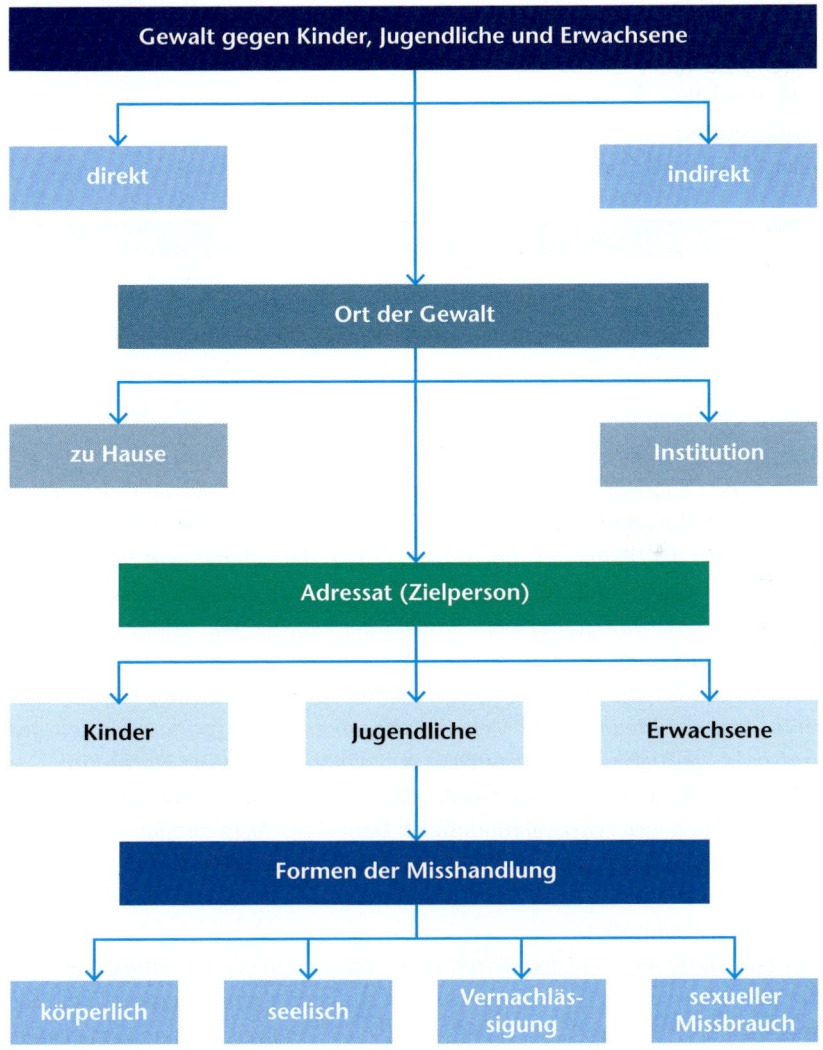

Gewalt kann **direkt** oder **indirekt** ausgeübt werden. Direkte Gewalt richtet sich unmittelbar gegen die Zielperson selbst, z. B. in Form von Beschimpfungen, Schlägen usw. Bei indirekter Gewalt ist die Zielperson Zeuge von Gewalthandlungen gegen andere, z. B. wenn ein Kind Gewalthandlungen gegen seine Mutter miterleben muss. Gewalt kann nach verschiedenen Kriterien eingeteilt werden, z. B. nach dem **Ort** (häusliche Gewalt oder Gewalt in Institutionen), nach den **Adressaten** (z. B. Gewalt gegen Kinder, Frauen oder pflegebedürftige Personen) und nach **der Art und Weise** der Gewaltausübung.

Folgende **Formen** der Gewalt können dabei unterschieden werden:

- körperliche Gewalt
- seelische Gewalt
- Vernachlässigung
- sexueller Missbrauch (sexuelle Gewalt)

Aufgaben

Handelt es sich bei den folgenden Beispielen um Gewalt? Wenn Sie die Frage bejahen, ordnen Sie die Handlung einer der oben genannten Formen zu.

Fallbeispiele

1. Max: Max (fünf Jahre alt) ist ein sehr unruhiger Junge, der sich schwer konzentrieren kann. Die Eltern sind durch sein Verhalten oft genervt. Im Kindergarten fällt er durch zunehmende Aggressivität gegen Kinder seiner Gruppe auf. Als die Erzieherin mit ihm spricht, sagt Max, dass sein Vati ihn sowieso ins Heim bringt. Beim Abholen spricht die Erzieherin mit der Mutter. Sie sagt, dass die Eltern deshalb mit dem Heim drohen, weil sie Max sonst nicht zur Ruhe kriegen.

2. Emma: Emma (fünf Jahre) zieht Pascal (drei Jahre) in die Toilette und zwingt ihn, ihre Scheide anzusehen.

3. Frank: Der Erzieher Frank arbeitet im Kinder- und Jugendheim. Wenn Frank Spätschicht hat, möchte die kleine Melanie (vier Jahre) immer von ihm ins Bett gebracht werden. Er streichelt sie dann eine Weile und gibt ihr einen Gute-Nacht-Kuss.

4. Fritz: Die Mutter will kurz zur Nachbarin, Fritz (vier Jahre) will nicht mit, da er gerade mit seinem neuen Feuerwehrauto spielt. Damit Fritz nicht fortläuft oder sich gefährdet, schließt ihn die Mutter in seinem Zimmer ein.

5. Lara: Lara hat die ihr übertragene Hausarbeit nicht erledigt. Die Eltern verordnen ihr zwei Tage Ausgehverbot.

6. Edgar: Die Eltern von Edgar (neun Jahre) arbeiten in verantwortungsvollen Positionen. Sie leisten viele Überstunden und kommen dadurch oftmals erst nach 22 Uhr nach Hause. Edgar ist Schlüsselkind. Damit er sich nicht langweilt, ist sein Kinderzimmer mit Spielzeug und Technik überflutet. Er sieht seine Eltern oft nur ganz kurz, an manchen Tagen liegen nur Zettel oder Geschenke für ihn da.

7. Linus: Linus (vier Jahre) soll vor dem Freispiel im Garten der Kindertagesstätte zur Toilette gehen, was er jedoch nicht möchte. Die Erzieherin ist verärgert, drängt ihn aber nicht weiter. Beim Toben macht er in die Hose. Als die Erzieherin das bemerkt, sagt sie zu den anderen Kindern: „Schaut mal, Linus hat sich in die Hose gemacht."

8. Anja: *Anja (sechs Jahre) lebt im Heim. Sie isst sehr wenig und ist untergewichtig. Als sie an einem Abend wieder nichts essen will, schickt sie der Erzieher sofort ins Bett.*

9. Lisa: *Lisa (acht Jahre) albert mit ihrem Vater und kneift ihn ziemlich heftig in die Wange. Darauf kneift der Vater Lisa in den Po. Als sie schreit, sagt er: „Mir hat dein Kneifen auch weh getan."*

Kindeswohlgefährdung

Definition
Eine Kindeswohlgefährdung liegt dann vor, wenn das körperliche, seelische oder geistige Wohl eines Kindes gefährdet ist und die Erziehungsberechtigten nicht bereit oder in der Lage sind, diese Gefahr abzuwenden.

Der Begriff „Kindeswohl" ist als Rechtsbegriff nicht eindeutig definiert und kann damit unterschiedlich ausgelegt werden. Daraus ergibt sich das ethische Problem der Risikobewertung, d. h. der Abschätzung der Folgen für das Kind. Voreiliges Handeln zum Schutz des Kindes kann ebenso problematisch sein wie eine Handlungsverzögerung. Die ethische Dimension der jeweiligen Entscheidung liegt in der Abwägung zwischen Fürsorge und Schadensvermeidung gegenüber dem Kind einerseits sowie Autonomie der Familie andererseits. Damit stehen pädagogische Fachkräfte oftmals vor dem Dilemma, eine gerechte Entscheidung im Interesse des Kindes und der Familie zu treffen. Nach § 1631 Absatz 2 Satz 1 des Bürgerlichen Gesetzbuches haben Kinder ausdrücklich „ein Recht auf gewaltfreie Erziehung."

Die Gefährdungsbewertung durch Fachkräfte sollte folgende Aspekte berücksichtigen:

* mögliche Schädigung des Kindes/Jugendlichen in seiner Entwicklung
* Erheblichkeit der Gefährdung (Häufigkeit, Intensität, Dauer)
* Wahrscheinlichkeit des Schadenseintrittes
* Bereitschaft der Eltern, die Gefahr abzuwenden
* Fähigkeit der Eltern, Schaden abzuwenden

Körperliche Gewalt gegen Kinder und Jugendliche

Definition
„Körperliche Misshandlung liegt vor, wenn durch körperliche Gewaltanwendung Kindern ernsthafte, vorübergehende und/oder bleibende Verletzungen oder der Tod zugefügt werden." (Jungjohann, 1993, S. 20)

„Ein geschlagenes Kind trägt die Spuren der Folter."
(Janusz Korczak)

„Man kann nichts in ein Kind hineinprügeln, aber viel herausstreicheln."
(Astrid Lindgren)

Körperliche Misshandlung ist eine direkte Gewalteinwirkung. Dazu gehören z. B.

- Schlagen mit den Händen oder mit Gegenständen
- Treten
- an den Haaren ziehen
- Schütteln
- Kneifen
- Würgen
- Verbrennen mit heißem Wasser, Zigaretten oder Ähnlichem
- Unterkühlen mit kaltem Wasser oder durch falsche Bekleidung
- von der Treppe stoßen
- gegen die Wand schleudern
- Einklemmen in Türen oder Autofensterscheiben

Körperliche Anzeichen wie Wunden und blaue Flecke können allerdings nicht automatisch als Symptome von Gewalt gedeutet werden. Oftmals gibt es dafür andere Ursachen. Sozialpädagogen sollten in schwierig zu beurteilenden Situationen ethisch und pädagogisch reflektiert handeln und vorsichtig mit Interpretationen umgehen.

Seelische Gewalt

Definition
Als seelische Gewalt bezeichnet werden „Haltungen, Gefühle und Aktionen, die zu einer schweren Beeinträchtigung einer vertrauensvollen Beziehung zwischen Bezugsperson und Kind führen und dessen geistig-seelische Entwicklung zu einer autonomen und lebensbejahenden Persönlichkeit behindern." (Eggers, 1994, S. 748)

Seelische Gewalt kann sowohl eine Folge von körperlicher Gewalt als auch eine eigenständige Form der Gewalt sein. Sie ist die häufigste Form der Gewalt gegen Kinder und wird oft subtil eingesetzt. Im Unterschied zu körperlicher Gewalt kann seelische Gewalt beim Kind nicht durch eindeutige Symptome erkannt werden. Deshalb ist sie oft schwer nachzuweisen und in ihrem Ausmaß nicht immer zu erfassen. Seelische Gewalthandlungen sind vielschichtig und komplex.

Handlungen, mit denen seelische Gewalt auf das Kind ausgeübt wird, sind u. a. folgende:

- **Abwertung und Herabsetzung des Kindes**
Abwertende Bemerkungen stellen eine Form verbaler Gewalt dar. Oftmals ist Eltern oder anderen Erziehungspersonen gar nicht bewusst, dass sie das Kind mit bestimmten Äußerungen verletzen. Anders sieht es aus, wenn Erziehungsberechtigte das Kind beschimpfen, verspotten und mit Worten oder Gesten erniedrigen. Diese Art der Verletzung geschieht in der Regel bewusst und kann ein Ausdruck von Überforderung sein.

- **Ablehnung des Kindes**
Dem Kind wird verbal oder in anderer Weise zu verstehen gegeben, dass es nicht erwünscht und willkommen ist, dass es nicht geliebt wird. Ablehnung zeigt sich auch darin, dass dem Kind eine „Sündenbockrolle" zugeschrieben wird.

- **Liebesentzug bzw. Ignorieren des Kindes**
Liebesentzug wird oftmals (auch unbewusst) als Druckmittel und Strafe gegen das Kind eingesetzt. Die Botschaft führt beim Kind zu der Erkenntnis, dass es nur dann liebenswert ist, wenn es bestimmte Erwartungen erfüllt.

- **Massive Bedrohungen**
Eine besonders grausame Form seelischer Gewalt sind Bedrohungen oder Androhungen unterschiedlichster Art, wie z. B. Töten eines Haustieres, Einsperren und Fixierungen, Androhung, das Kind ins Heim zu geben usw.

- **Überbehütung oder Vereinnahmung eines Kindes**
Überbehütung schränkt ein Kind in seiner Entwicklung ein, weil ihm wesentliche Bedürfnisse verweigert werden, z. B. Spielen im Freien, Sozialkontakte zu Gleichaltrigen.

- **Überforderung durch unangemessene Pflichten oder Erwartungen**
  Beispiele für diese Form von seelischer Gewalt sind überhöhte Erwartungen an schulische, sportliche oder andere Leistungen oder unangemessene Pflichten im Haushalt oder bei der Betreuung jüngerer Geschwister. Unangemessen bedeutet, dass dem Kind keine Möglichkeit zur Selbstbestimmung eingeräumt wird, dass es für die Interessen anderer und für bestimmte Erwartungen instrumentalisiert wird. Dazu gehört auch, dass das Kind dauerhaft als Partnerersatz z. B. bei Ehescheidung, Krankheit oder Tod benutzt wird.

Die Wirkungen von seelischer Gewalt treten in der Regel nicht sofort, sondern schleichend über einen längeren Zeitraum ein. Sie führen zu Selbstzweifel, Angst und Überforderung. Deshalb ist es für Sozialpädagogen schwer zu erkennen, dass einem Kind Gewalt angetan wird.

Vernachlässigung

Als besondere Form körperlicher und seelischer Gewalt gegen das Kind gilt die Vernachlässigung, die früher auch als „Verwahrlosung" bezeichnet wurde.

> *Definition*
> *Vernachlässigung als Sonderform körperlicher oder seelischer Gewalt stellt eine andauernde oder wiederholte Unterlassung fürsorglichen Handelns durch sorgeverantwortliche Personen dar und führt zur Schädigung des Kindes. Diese Unterlassung kann bewusst oder unbewusst erfolgen. Eine unbewusste Vernachlässigung tritt dann auf, wenn sorgeberechtigten Personen Wissen oder Einsicht über die Folgen ihres Handelns fehlt.*

Vernachlässigung kann sowohl aktiv (Handeln) als auch passiv (Unterlassen) erfolgen. Der Begriff Vernachlässigung bezieht sich auf verschiedene Versorgungsbereiche des Kindes.

- **Körperliche Vernachlässigung**
  Bei dieser Form werden grundlegende physische Bedürfnisse des Kindes wie Ernährung und Hygiene nicht oder nur unzureichend befriedigt. Dazu gehört:

  - zu wenig, zu viel oder falsche Ernährung

  - keine oder mangelhafte medizinische Versorgung

  - unangemessene Bekleidung

  - mangelnde Pflege und Hygiene

  - unangemessene Unterkunft

  - mangelnde Aufsicht und mangelnder Schutz vor Gefahren usw.

- **Emotionale Vernachlässigung**
  Emotionale Bedürfnisse des Kindes nach Zuwendung, Liebe und Geborgenheit werden nicht oder nur unzureichend befriedigt. Diese Form der Vernachlässigung kann sich wie folgt äußern:

- keine oder wenig Beachtung und Zuwendung

- Gleichgültigkeit, Desinteresse gegenüber dem Kind und mangelnde Grenzsetzung in der Erziehung

- häufig wechselnde Bezugspersonen

- mangelnde altersentsprechende Anregung, Förderung und Unterstützung

- Miterleben von ständigem Streit und Gewalthandlungen in der Familie usw.

Aufgaben

1. Suchen Sie Beispiele für bewusste und unbewusste sowie für aktive und passive Gewalthandlungen gegen das Kind.

2. Sehen Sie einen Unterschied in der ethischen Bewertung von bewussten/unbewussten und aktiven/passiven Gewalthandlungen? Begründen Sie Ihre Auffassung.

3. Führen Sie eine Pro- und Kontra-Diskussion über folgende Aussage: „Ein kleiner Klaps auf den Po ist keine Gewalt."

Sexueller Missbrauch

„Er sagt, er liebt sie, sie vertraut ihm.
Er schläft mit ihr, sie schläft kaum noch.
Er ist fünfundvierzig, sie ist fünf."

Definition
Sexueller Missbrauch liegt vor, wenn eine Person von einer anderen als Objekt zur Befriedigung von bestimmten Bedürfnissen benutzt wird. Diese sind entweder sexueller Natur und/oder es sind nichtsexuelle Bedürfnisse, die in sexualisierter Form ausgelebt werden (z. B. Macht, andere erniedrigen). Dabei werden vor oder an der Person Handlungen vorgenommen oder von ihr verlangt, die kulturell mit Sexualität assoziiert sind. Dazu gehören auch indirekte sexuelle Handlungen wie z. B. anzügliche Bemerkungen. Die Handlungen erfolgen unter Ausnutzung von Ressourcen- bzw. Machtunterschieden gegen den Willen der Person (vgl. Brockhaus/Kolshorn, 1993, S. 28).

Aufgabe

Welche dieser Handlungen deuten Ihrer Meinung nach auf sexuellen Missbrauch hin und welche anderen Gründe könnten vorliegen?

- *Ein Jugendlicher zieht sich vor Kindern aus.*

- *Ein Erwachsener vergleicht mit einem Jungen seine Genitalien.*

- *Der Vater prüft, ob das Kind sich auch im Genitalbereich richtig gewaschen hat.*

- *Ein Praktikant wickelt ein kleines Mädchen und liebkost es am Bauch und am Po.*

- *Ein Erwachsener beobachtet ein Kind sehr aufmerksam beim Duschen.*

- *Ein Onkel will seine fünfjährige Nichte aufklären, obwohl sich das Kind nicht für das Thema interessiert.*

Sexueller Missbrauch hat viele Facetten, ist nicht immer eindeutig erkennbar und von außen oft nicht von ganz „normalen" Zärtlichkeiten zu unterscheiden. Entscheidend dafür, was als sexueller Missbrauch angesehen wird, ist in erster Linie das Motiv des Handelns. Wenn eine Handlung mit der Absicht ausgeführt wird, eigene (sexuelle) Bedürfnisse zu befriedigen, dann handelt es sich um Missbrauch.

Sexueller Missbrauch geschieht nicht zufällig oder unbewusst, sondern wird unter Ausnutzung von Abhängigkeits- bzw. Machtverhältnissen geplant. Im Unterschied zu anderen Misshandlungsformen wird sexueller Missbrauch nicht aus solchen Gründen wie Überforderung oder mangelndem Wissen ausgeübt, sondern ganz bewusst zur Befriedigung eigener Bedürfnisse. Dazu zählen folgende Handlungen:

- orale, anale oder vaginale Penetration mit Genitalien oder Gegenständen

- Berühren der Genitalien

- Zeigen pornografischer Medien (Bilder, Filme)

- Nötigung oder Veranlassung zu sexuell stimulierenden Handlungen

- Fotografieren des Opfers zur eigenen Befriedigung sexueller Bedürfnisse (z. B. nackt oder verkleidet)

- verbale sexuelle Gewalt

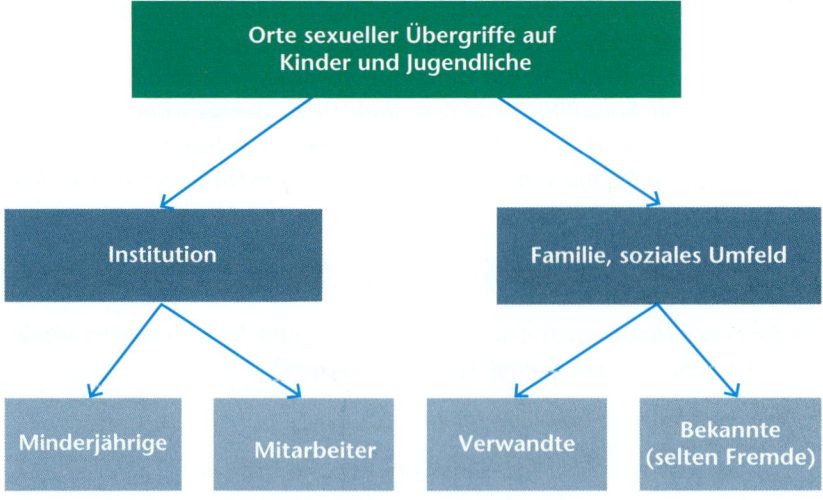

Sexueller Missbrauch wird in der Regel nicht von Personen verübt, die dem Opfer unbekannt sind, sondern von Bekannten oder Angehörigen der Familie. Dabei werden nicht nur Erwachsene zu Tätern, sondern auch Minderjährige. Einen sexuellen Übergriff von harmlosen Spielen zu unterscheiden, ist nicht immer leicht. Ein Übergriff hat immer etwas mit Machtmissbrauch zu tun: Ein in gewisser Weise überlegenes Kind (älter, kräftiger) zwingt bzw. nötigt ein unterlegenes Kind (jünger, schwächer) zu bestimmten Handlungen. Die Motive sexueller Übergriffe von Kindern sind nicht gleichzusetzen mit denen Erwachsener. Oftmals spielt bei Kindern die mangelnde Kompetenz, ihre Bedürfnisse in geeigneter Form zu befriedigen bzw. konstruktive Lösungen für ihre Probleme (in der Regel negative und unverarbeitete Gefühle) zu finden, eine Rolle. Deshalb ist hier ethische und pädagogisch reflektierte Intervention im doppelten Sinn notwendig, einerseits um das schwächere Kind zu schützen, andererseits, um bei dem auffällig gewordenen Kind eine Verhaltensänderung zu bewirken.

Aufgaben

Wählen Sie eines der folgenden Fallbeispiele aus und bearbeiten Sie dieses in Kleingruppen nach der folgenden Aufgabenstellung:

1. Überlegen Sie, ob es sich bei dem Fall um einen sexuellen Übergriff handelt und begründen Sie Ihre Auffassung.

2. Diskutieren Sie in der Kleingruppe Handlungsmöglichkeiten der pädagogischen Fachkraft.

3. Einigen Sie sich auf eine ethisch gebotene Handlungsoption unter Einbeziehung der ethischen Prinzipien Autonomie, Fürsorge und Gerechtigkeit.

4. Vergleichen Sie die Ergebnisse der Gruppenarbeit in der Klasse.

Fallbeispiel 1
Der 16-jährige geistig behinderte Ellis spielt im Heim gerne und lange mit den jüngeren Kindern Vater-Mutter-Kind-Spiele. Sie arbeiten in der Einrichtung als Heilerziehungspfleger/-in. Als Sie eines Tages durch die offene Tür in das Zimmer von Ellis blicken, sehen Sie, dass zwei Kinder nackt auf seinem Bett sitzen, und dass Ellis gerade versucht, sie an ihren Geschlechtsteilen zu berühren. Er bemerkt Sie und sagt, dass er die Kinder liebe, sie seien ja seine Familie.

Fallbeispiel 2
Eine Mutter beschwert sich bei Ihnen als Erzieher/-in, dass der sechsjährige Tom ihre vierjährige Tochter Heidi für Doktorspiele missbrauchen würde. Sie verlangt, dass Tom in eine andere Gruppe kommt. Ihre Einwände, dass Sie solche Handlungen nie beobachtet haben und dass Sie Tom und Heidi als unzertrennliche Freunde kennen, will sie nicht gelten lassen.

Sexuelle Übergriffe in der Institution

Wie sollte vorgegangen werden, wenn in der Institution der Tatbestand eines sexuellen Übergriffes von einem Minderjährigen vorliegt?

Zunächst sollten sich Erzieher und Leitung Klarheit über das Ausmaß des Übergriffs verschaffen, um weitere Schritte einleiten zu können. Aus ethischer Sicht hat die Fürsorge für das betroffene Kind Priorität, um weiteren Schaden abzuwenden. Der Übergriff sollte in jedem Fall in der Gruppe und gegenüber den Eltern thematisiert werden. Wichtig ist es, dem betroffenen Kind eine Möglichkeit zur Verarbeitung einzuräumen, z. B. durch Gespräche mit einer ihm vertrauten Person. Dem übergreifenden Kind sind klare Grenzen aufzuzeigen, ihm sind die Folgen des Übergriffes für das betroffene Kind deutlich zu machen. Es soll dadurch begreifen, dass es Verantwortung für sein Handeln trägt. Seine Würde darf bei alledem nicht angetastet werden, d. h., dass der Sozialpädagoge die Tat von der Person trennen muss. Sanktionen sollten immer im engen Zusammenhang mit dem Übergriff stehen. Gleichzeitig ist es ratsam, präventive Maßnahmen festzulegen.

Wird eine Grenzverletzung bei einem Mitarbeiter vermutet, sollte der Anfangsverdacht durch gezielte Beobachtung und Dokumentation verdichtet oder entkräftet werden. Auch hier hat das Fürsorgeprinzip gegenüber dem möglicherweise gefährdeten Kind oberste Priorität. Im Verdachtsfall sollten mehrere Personen beobachten und dokumentieren, um ein Höchstmaß an Objektivität bei der Beurteilung der Lage zu gewinnen. Erhärtet sich der Verdacht, muss auf jeden Fall die Leitung der Institution informiert werden und der Schutz des gefährdeten Kindes gesichert werden. Bei bestätigtem Verdacht trägt die Leitung die Verantwortung für die Einleitung der notwendigen rechtlichen Schritte.

Ethische Entscheidungen sind hauptsächlich dann gefragt, wenn keine Eindeutigkeit vorliegt und wenn zwischen konkurrierenden Werten, z. B. Fürsorge und Gerechtigkeit, abgewogen werden muss. In der Praxis haben sich im Sinne der Prävention Leitfäden für angemessenes Verhalten von pädagogischen Fachkräften und Kindern/Jugendlichen bewährt.

Aufgaben

1. Lesen Sie das Fallbeispiel „Julia" in Kapitel 1, S. 8. Wie sollte Julia Ihrer Meinung nach handeln? Begründen Sie Ihre Auffassung unter Einbeziehung des Prinzips der Fürsorge und des Prinzips der Gerechtigkeit. Welche Schwierigkeiten bringt die Entscheidung mit sich?

2. Informieren Sie sich im nächsten Praktikum darüber, ob Ihre Einrichtung für Mitarbeiter und/oder Kinder Leitfäden zur Prävention von sexuellen Übergriffen erarbeitet hat.

3. Erstellen Sie einen solchen Leitfaden für Kinder/Jugendliche a) einer Kindertagesstätte, b) eines Grundschulhortes, c) eines Kinder- und Jugendheimes oder d) eines Wohnheimes für Menschen mit Behinderung.

Sexueller Missbrauch in der Familie

Sexueller Missbrauch in der Familie stellt Fachkräfte vor besondere Herausforderungen, da der Nachweis oftmals sehr schwierig und mit vielen ethischen Problemen verbunden ist. So gibt es für pädagogische Fachkräfte keine eindeutigen Hinweise auf sexuellen Missbrauch. Symptome, die auf sexuellen Missbrauch hinweisen könnten, haben unter Umständen andere Ursachen. Kinder, die in der Familie missbraucht werden, äußern sich meist nicht direkt, weil sie eingeschüchtert werden und sich oftmals schuldig fühlen.

Folgende Symptome können auf sexuellen Missbrauch oder Kindesmisshandlung in der Familie hinweisen:

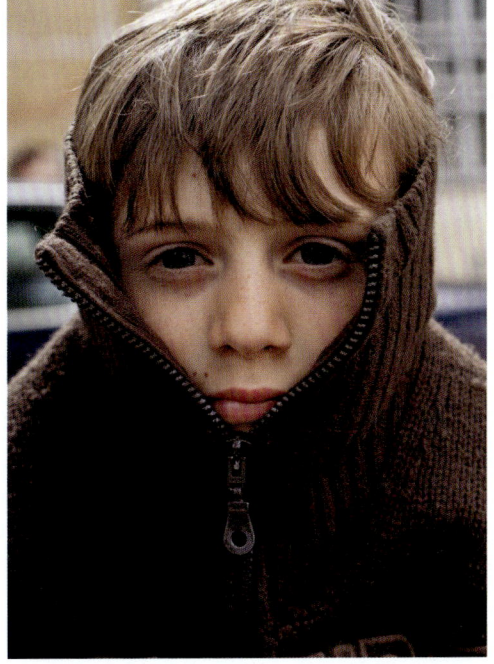

- motorische Störungen

- Einnässen und Einkoten

- gestörtes Essverhalten

- Isolation/Kontaktstörung

- Distanzlosigkeit

- Freudlosigkeit

- Desinteresse bis Apathie

- Aggression und Autoaggression

- Regression (Rückfall in Kleinkindverhalten)

- Albträume/Schlafstörungen

- Ablehnung des eigenen Körpers bzw. der eigenen Person

- sexualisiertes Verhalten

- Weglaufen von zu Hause

In jedem Fall ist es auch hier wichtig, die oben genannten Symptome nicht vorschnell zu interpretieren, da die Konsequenzen für die Familie und das Kind im unbegründeten Verdachtsfall gravierend sein können.

Das Kind, seine Eltern oder andere Bezugspersonen des Kindes sollten mit der Einstellung beobachtet werden, den Verdacht möglichst zu entkräften. Sensible Gespräche mit den Eltern über plötzliche Verhaltensauffälligkeiten oder Verletzungen des Kindes können Aufschluss geben. Eine vertrauensvolle Beziehung zu Eltern und Kind sollte im Interesse des Kindes und im Sinne der Prävention auch bei einem Verdacht auf Kindeswohlgefährdung aufrechterhalten werden. Eine Vorverurteilung der Eltern oder das Bestreben von pädagogischen Fachkräften, sich selbst vor rechtlichen Konsequenzen abzusichern, sind keine geeigneten Grundhaltungen für eine Problemlösung. Das heißt allerdings nicht, dass mögliche Gefährdungen bagatellisiert oder gar ignoriert werden dürfen.

Ein allgemeingültiges Vorgehen bei Verdacht auf Kindesmisshandlung in der Familie kann es nicht geben, da jeder Fall seine ganz spezifischen Begleiterscheinungen und Bedingungen aufweist. Ein wesentlicher ethischer Grundsatz besteht darin, das Kind zu schützen und die Eltern zu unterstützen. Das bedeutet, dass bei jeder Entscheidung die Folgen für das Kind und für die Familie zu beachten sind.

Das Team und die Leitung der Institution sollten gemeinsam eine Risikoabwägung und Gefährdungsbewertung vornehmen, um verantwortlich auf der Grundlage der Beobachtungen und deren Dokumentation zu entscheiden, welche Fachkräfte einbezogen werden können, ob das Jugendamt informiert werden muss usw. Eine direkte Anzeige bei Gericht durch die Einrichtung ist nicht erforderlich. Bei gesichertem Verdacht ist das die Aufgabe des Jugendamtes. Wenn allerdings akute Gefahr für das Kind besteht, ist es ratsam, die Polizei zu verständigen.

Leitfaden zum Vorgehen bei Verdacht auf sexuellen Missbrauch in der Familie

1. Schritte

- keine vorschnellen Interpretationen und Schuldzuweisungen
- gezielte Beobachtung und Verständigung im Team und mit der Einrichtungsleitung
- sorgfältige Verhaltensbeobachtung des Kindes und Dokumentation
- Ursachen für das Verhalten des Kindes herausfinden oder alternative Erklärungen in Erwägung ziehen
- Beobachtung der Eltern oder anderer Bezugspersonen und sensible Kontaktaufnahme, jedoch keine Verdachtsäußerungen
- Fachdienste hinzuziehen
- Jugendamt informieren

2. Hinweise zur Prävention (sexueller) Gewalt

- vertrauensvolle und offene Beziehung zum Kind aufbauen
- Stärkung des Selbstwertgefühles des Kindes
- Akzeptanz der Grenzen des Kindes z. B. bei Liebkosungen
- Akzeptanz der Gefühle des Kindes (es gibt keine schlechten Gefühle im moralischen Sinn)
- altersentsprechende und situationsbezogene Sexualerziehung und Aufklärung
- Unterscheidung zwischen „guten" und „schlechten" Geheimnissen
- das Kind nicht zu blindem Gehorsam gegenüber Erwachsenen erziehen

3. Hinweise zum Umgang mit dem betroffenen Kind

- mit dem Kind das Gespräch suchen, es aber nicht bedrängen

- sich dem Kind zuwenden, aber keine Sonderstellung einräumen

- dem Kind glauben, was es erzählt

- Gefühle des Kindes ernst nehmen

- dem Kind Hilfe signalisieren, aber nichts versprechen, was nicht gehalten werden kann

- dem Kind Schuldgefühle nehmen

- keine Vermutungen äußern oder dem Kind etwas in den Mund legen

- dem Kind Zeit lassen

Aufgaben

Lesen Sie das folgende Fallbeispiel und beantworten Sie die Fragen.

1. *Welche ethischen Probleme wirft der Fall auf?*

2. *Welche Ursachen für Lauras Verhalten sind in Betracht zu ziehen?*

3. *Welches Vorgehen halten Sie für angemessen?*

4. *Was würden Sie tun, wenn sich ein Verdacht auf Kindesmisshandlung weiter verstärkt?*

Fallbeispiel Laura
Sie arbeiten in einer Kindertagesstätte. Ihnen fällt auf, dass sich Laura plötzlich sehr in sich zurückzieht. Alle Gesprächsversuche mit dem Kind scheitern. Als sich Laura zur Mittagsruhe auszieht, sehen Sie, dass das Kind auffällige rote Flecken an beiden Oberschenkeln hat.

Daraufhin suchen Sie das Gespräch mit der alleinerziehenden Mutter. Diese hat zu Hause keine Veränderung bemerkt. Die Flecken an den Oberschenkeln führt sie auf Raufereien mit dem älteren Bruder zurück, die manchmal etwas heftig ausfallen. Jedenfalls scheint die Mutter nicht besorgt. Sie erzählt Ihnen, dass ihr neuer Partner in die Wohnung eingezogen ist und sich mit den beiden Kindern prima verstehen würde.

7.2.4 Trauerbegleitung beim Kind

Kinder können schon früh mit dem Thema „Verlust" konfrontiert werden. Verlustsituationen sind vielfältig und haben verschiedene Ursachen bzw. Anlässe, z. B.

• Trennung der Eltern
• Tod eines Familienangehörigen oder einer anderen nahe stehenden Person
• Tod eines Haustieres
• Wohnortwechsel
• Wechsel der Institution (vom Kindergarten in die Schule, Schulwechsel)
• Inobhutnahme

Aufgaben

1. Bilden Sie Kleingruppen und stellen Sie zu einem der folgenden Begriffe eine Mindmap oder ein Plakat her: Verlust, Sterben, Tod ‚Trauer, Krise.
   Präsentieren Sie anschließend Ihr Arbeitsergebnis.

2. Wählen Sie aus Ihrer Klasse einen vertrauten Partner und treten Sie mit ihm in einen stillen Schreibdialog zum Thema „Meine eigenen Verlusterfahrungen". Nehmen Sie dazu ein leeres Blatt und schreiben Sie, ohne zu reden, Ihre Gedanken, Fragen und Antworten wechselseitig auf.

Merksatz
Trauer stellt ein tiefgreifendes, emotionales Verlusterlebnis dar, welches einen krisenhaft erlebten Anpassungsprozess zur Folge hat und dessen positives Ergebnis die Bewältigung des Verlustes darstellt. Trauer kann somit als gesunde, lebensnotwendige und kreative Reaktion auf Verlust- und Trennungserlebnisse angesehen werden.

Trauerphasen

Trauerphasenmodelle stellen eine Verallgemeinerung der Reaktionen Betroffener auf Verlusterlebnisse im zeitlichen Ablauf dar. Sie geben Auskunft darüber, wo eine Person im Prozess der Verarbeitung bzw. Bewältigung steht, in welcher emotionalen Situation sie sich befindet und welche Hilfe sie ggf. braucht. Der Nutzen von Phasenmodellen ist begrenzt, da sie die Individualität des Trauerprozesses nicht erfassen können. Jeder Mensch trauert auf seine Weise, nicht jeder  durchläuft die Phasen in der dargestellten Art und Weise. Trauerbewältigung ist von verschiedenen Faktoren abhängig, die in einem Modell nicht berücksichtigt werden können.

In jeder Phase hat der Trauernde bestimmte Aufgaben zu bewältigen und begleitende Personen haben die Möglichkeit, den Trauernden bei der Bewältigung zu unterstützen. Durch die Bewältigung der Aufgaben der jeweiligen Trauerphase ist es möglich, den Verlust irgendwann zu verarbeiten.

Phase	Aufgabe für Trauernde	Möglichkeiten des Begleiters
1. Nicht-wahrhaben-Wollen/Verleugnen	Realität/Endgültigkeit anerkennen	• keine Beschönigung oder Verstärkung des Verleugnens • Verständnis zeigen • Gesprächsbereitschaft signalisieren
2. Gefühlsausbrüche: Zorn, Weinkrämpfe usw.	Abschiedsschmerz durchleben	• Schmerz/Gefühlsausbrüche zulassen und spiegeln • nichts wegtrösten • Körperkontakt/Nähe geben
3. Abschiednehmen	Vergangenheit verinnerlichen	• Erinnerung wachhalten, z. B. über die verstorbene Person reden • Verlust nicht ausblenden, sondern in das Leben integrieren, z. B. Grab für Haustiere • Abschiedsrituale
4. Erschöpfung/Depression (erscheint beim Kind manchmal als Regression)	Endgültigkeit akzeptieren, Verlust bewältigen	• Gesprächsbereitschaft signalisieren • Gefühle spiegeln • beim Kind möglichst Veränderungen in Außenwelt meiden • Rituale entwickeln
5. Neubeginn (beim Kind oftmals nicht sichtbar)	neue Identität entwickeln	• neue Ziele setzen • Rückkehr ins „normale" Leben

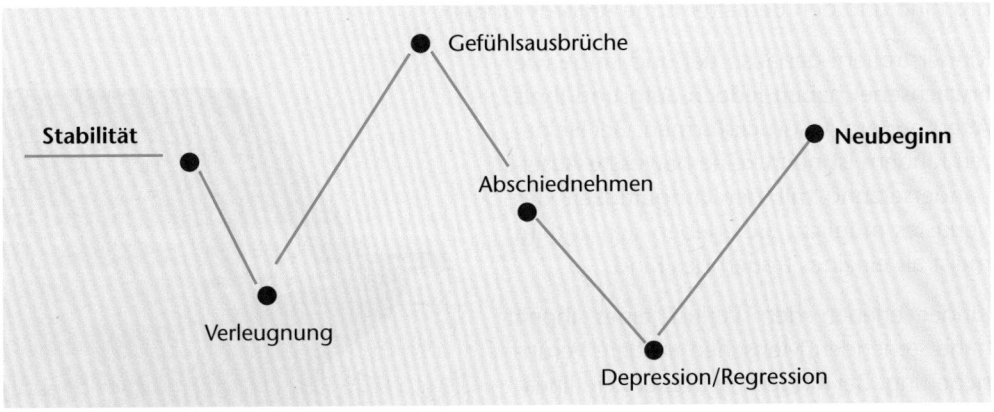

grafische Darstellung der Trauerphasen

Die grafische Darstellung verdeutlicht die emotionale Lage des Trauernden. In der Situation der Stabilität vor dem Verlusterlebnis, in den Phasen des Abschiednehmens und des Neubeginns befindet sich der Trauernde etwa im emotionalen Gleichgewicht. In den Phasen der Verleugnung und der Depression sind stärkere Abweichungen von emotionalem Gleichgewicht zu verzeichnen, die sich im inneren Erleben des Betroffenen zeigen und weniger im nach außen sichtbaren Verhalten. Gefühlsausbrüche sind in der zweiten Phase dagegen sehr stark nach außen gerichtet und deshalb gut zu beobachten. Betroffenen jeden Alters sollte die Möglichkeit gegeben werden, ihre Trauer so zu leben und auszudrücken, wie sie es für richtig und angemessen halten. Eingangs wurde erwähnt, dass Trauer eine kreative Reaktion auf Verlust ist. Dieser Kreativität sollte Zeit und Raum gegeben werden. Der Trauerprozess des Einzelnen ist immer individuell und unterschiedlich in seiner Intensität, in seiner Dauer und in seinem Ausdruck. Eigene Trauererfahrungen können nicht auf andere übertragen werden, die Tiefe von Trauer lässt sich weder messen noch erkennen.

Aufgaben

1. Setzen Sie sich mit folgender Auffassung auseinander und diskutieren Sie darüber in der Klasse: „Menschen, die selbst schon Verluste bewältigt haben, sind für Trauerbegleitung besser geeignet als Menschen ohne tiefgreifende Trauererfahrung."

2. Begründen Sie den folgenden Grundsatz: „Bei der Trauerbegleitung führt der Trauernde ‚Regie'". Sollte dieser Grundsatz auch für die Begleitung trauernder Kinder im Vorschulalter gelten?

Besonderheiten kindlicher Trauer

Ein Todesfall in der Familie oder im näheren sozialen Umfeld, eine Ehescheidung bzw. Trennung der Eltern oder der Tod des geliebten Haustieres sind tief greifende Einschnitte und bringen das Kind in einen emotionalen Ausnahmezustand. Die ethische und pädagogische Aufgabe des Sozialpädagogen besteht darin, das Kind aufzufangen und bei der Bewältigung der Trauer zu begleiten. Insbesondere ein Todesfall in der Familie stellt an das Kind und den Begleiter hohe Anforderungen.

Kinder trauern genauso tief und lange wie Erwachsene, haben jedoch aufgrund ihres Alters andere Ausdrucksformen. Bei kleineren Kindern ist noch keine bewusste Auseinandersetzung mit der Endgültigkeit des Verlustes möglich. Sie erleben sich zudem meist als einziges trauerndes Kind.

Kinder erleben den Verlust eines ihnen nahe stehenden Menschen als tiefe Verunsicherung. Bei Kindern ist Trauer kein linearer Phasenprozess, so kann z. B. ein trauerndes Grundschulkind relativ schnell eine neue Identität ohne seinen Vater finden und der Schmerz über den Verlust wird erst nach Jahren spürbar. Kinder leben in der Gegenwart. Je jünger ein Kind ist, desto höher ist seine Regenerationsfähigkeit. So können sich Kinder im Kleinkind- und Vorschulalter sehr schnell von anderen Dingen ablenken lassen. Deshalb ist es für Sozialpädagogen oftmals schwer, die Ernsthaftigkeit und Tiefe der Trauer beim Kind zu erkennen und angemessen darauf zu reagieren. Manche Kinder trauern aus der Distanz heraus, sie können z. B. ohne sichtbare Emotionen über den Vater reden, der die Familie verlassen hat oder über die Oma, die gerade gestorben ist. Kinder verarbeiten die Trauer über den erlittenen Verlust oft im Spiel.

Kinder spüren die Hemmungen, Ängste und Unsicherheit der Erwachsenen. Deshalb sollte sich jeder Pädagoge mit seinen eigenen Ängsten und Befürchtungen bewusst auseinandersetzen. Eine ehrliche Selbstreflexion erfordert Mut. Sie ist jedoch Voraussetzung für einen hilfreichen, authentischen und offenen Umgang mit Kindern in Trauersituationen. Wesentlich sind dabei Kenntnisse über die Bedürfnisse und Sichtweisen von Kindern unterschiedlicher Altersgruppen.

In der folgenden Tabelle sind einige Hinweise zusammengestellt:

Lebensaltersphase	Handlungsmöglichkeiten des Sozialpädagogen/der Eltern
Kleinkindalter	• Bezugspersonen, Tagesrhythmus und häusliche Umgebung so stabil wie möglich halten • Nähe/Geborgenheit geben • Verlustsituation bewusst machen (z. B. durch Sätze wie „Papa ist nicht mehr da", „Oma ist fort")
Vorschulalter	• einfache Erklärungen, z. B. dem Kind bei Partnertrennungen bewusst machen, dass Papa und Mama nicht mehr zusammen leben möchten, dass das Kind aber keine Schuld trägt; oder bei einem Todesfall erklären, dass Omas Körper aufgehört hat zu funktionieren (Herz schlägt nicht mehr) • an Trauerritualen in der Familie teilhaben lassen • Erinnerung an die Person erhalten, z. B. Gespräche über die Person führen, Aufstellen von Bildern, Auswahl eines Andenkens • Gefühl der Sicherheit und Verlässlichkeit geben
Schulalter	• Ursache des Verlustes erklären, z. B. warum oder woran eine vertraute Person gestorben ist oder warum es zur Partnertrennung kam • über Ängste und Sorgen des Kindes offen sprechen, ggf. eigene Ängste und Unsicherheiten verbalisieren • im Todesfall das Kind bei der Planung und Durchführung der Trauerfeier einbeziehen, Friedhofsbesuche

Lebensalterphase	Handlungsmöglichkeiten des Sozialpädagogen/der Eltern
Jugendalter	• Gefühlsausbrüche zulassen • Aufmerksamkeit schenken, jedoch nicht bedrängen • Teilnahme an allen mit dem Verlust zusammenhängenden Ritualen und Treffen ermöglichen und unterstützen • Isolation meiden, ggf. zur Kontaktaufnahme mit Freunden ermutigen • ggf. professionelle Hilfe in Anspruch nehmen

Ethische Grundsätze der Trauerbegleitung

1. Empathie

Verlusterlebnisse sind sehr einschneidend, deshalb ist es für Begleiter wichtig, sich einzufühlen und Signale des Kindes/Jugendlichen zu erkennen. Sich einzufühlen bedeutet, die Gefühlslage des Kindes zu erkennen und seine Gefühle zu spiegeln. Dazu ist es erforderlich, gemeinsam mit dem Kind den Verlust zu reflektieren und nicht durch Trösten zu verkleinern oder zu bagatellisieren. Das Verhalten eines Kindes in einer Verlustsituation darf nicht vorschnell interpretiert werden. Nicht jede Reaktion des Kindes, z. B. aggressives Verhalten oder Rückzug, muss in der Trauer ihre Ursache haben. Das Kind führt bei der Trauerbegleitung „Regie", d. h., es zeigt, wann und in welcher Form es Beistand braucht. Der Aufenthalt in der Institution (Kindertagesstätte/Schule) kann für das Kind eine schützende Gegenwelt zum trauernden häuslichen Umfeld darstellen. Der bekannte Tagesrhythmus und das bekannte soziale Umfeld geben verlässliche Kontinuität und Geborgenheit.

2. Kongruenz

Ein offener und authentischer Umgang ermöglicht eine vertrauensvolle Beziehung zum Kind. Eigene Unsicherheiten oder eventuell die eigene Trauer sollten nicht überspielt werden, sondern dem Kind gegenüber angemessen zum Ausdruck gebracht werden. Dieser Grundsatz gilt in besonderer Weise auch für die Angehörigen des Kindes. Mit dem Kind zusammen zu weinen, kann für beide Seiten befreiend und tröstlich sein.

3. Nähe geben

Das trauernde Kind sollte je nach Bedarf Zuwendung und Aufmerksamkeit erhalten. Besonders bei schwerwiegendem Verlust kann es für Begleiter schwer sein, die Situation des Kindes auszuhalten.

Zeit, Geduld und Körperkontakt geben dem Kind Halt und Geborgenheit. Ein trauerndes Kind ist nicht immer traurig, deshalb sollte der Umgang mit dem Kind ein hohes Maß an Normalität aufweisen und Auszeiten von Trauer sollten unterstützt werden, z. B. durch gemeinsames Lachen.

4. Distanz halten und eigene Grenzen wahren

Nähe geben und gleichzeitig professionelle Distanz halten schließt sich nicht aus. Distanz heißt in diesem Zusammenhang, dass der Sozialpädagoge emotionalen Abstand zur Trauer des Kindes halten sollte. Wird das Problem des Kindes zu seinem Problem, dann ist es schwierig, dem Kind angemessen zu helfen. An eigene Grenzen stoßen pädagogische Fachkräfte auch dort, wo sie durch pädagogische Maßnahmen nicht weiterhelfen können, wo ggf. andere professionelle Hilfe notwendig ist.

Aufgabe

Lesen Sie die folgenden Fallbeispiele und beantworten Sie die Fragen.

Fallbeispiel 1
Frau Müller bringt die vierjährige Kati morgens in den Kindergarten und sagt der Erzieherin, dass Katis Oma diese Nacht gestorben ist.
Was bedenken Sie und wie gehen Sie vor?

Fallbeispiel 2
Sie und eine Kollegin gehen mit einer altersgemischten Kindergartengruppe spazieren und sehen auf dem Rückweg den Wagen eines Bestattungsinstitutes. Daraufhin möchte Ihre Kollegin lieber den anderen Weg nehmen, damit die Kinder nicht sehen, wie ein Sarg verstaut wird. Wie reagieren Sie darauf?

Vorbereitung auf Verlustsituationen

Das Thema Trauer ist in unserer Gesellschaft noch immer ein Tabuthema, insbesondere Kindern fehlt aufgrund mangelnder Erfahrungsmöglichkeiten der Zugang dazu. Kinder werden von den Themen Alter, Krankheit, Sterben und Tod ferngehalten. Sie erfahren oftmals Sprachlosigkeit, Unsicherheit und Berührungsängste der Erwachsenen, wenn sie Fragen und Gedanken zu Trennung, Sterben oder Tod äußern. Die Lebenswirklichkeit der Kinder und Jugendlichen aufzugreifen heißt für Sozialpädagogen, sich diesem Thema in der Arbeit mit Kindern und Jugendlichen zu stellen. Es ist sinnvoll, das Thema nicht erst bei Verlustereignissen zu besprechen, sondern situations- und altersangemessen schon vorher, wenn noch keine persönliche Betroffenheit den Umgang mit dem Thema erschwert. Kinder werden so auf künftige Verlusterlebnisse vorbereitet. Manche Erwachsenen denken, dass Kinder vor solchen „schlimmen" Themen geschützt werden müssen, dass diese nichts in der kindlichen Welt zu suchen haben. Aber das Gegenteil ist der Fall. Die Auseinandersetzung mit Verlust und Abschied bereitet Kinder darauf vor, im konkreten Fall möglichst angstfrei damit umzugehen. Viele kleine Abschiede und Verluste der Kinder geben dafür Anknüpfungspunkte.

Möglichkeiten der Umsetzung dieser Thematik in sozialpädagogischen Einrichtungen sind z. B.

- das Einüben von Ritualen zum Umgang mit Abschieden (Wechsel der Einrichtung, Trennung der Eltern, Wohnortwechsel),

- das Einüben von Trauerritualen (Bestattung von Tieren, Gedenkecke für verstorbene Personen, Friedhofsbesuche),

- das Aufgreifen von Fragen und Gedanken der Kinder.

Gedenkecke

Einen wesentlichen Bestandteil der pädagogischen Arbeit zu diesem Thema stellt die Elternarbeit dar. Eltern sollten darüber informiert sein, in welcher Weise das Thema in der Institution aufgegriffen und umgesetzt wird und welche Ansichten die Mitarbeiter vertreten. So fühlen sich Eltern einbezogen und sind auf mögliche Fragen der Kinder besser vorbereitet. Gleichzeitig ist es wichtig, dass die Mitarbeiter den Eltern bei Unsicherheiten oder Fragen zur Verfügung stehen.

Wenn Kinder zum Thema Sterben und Tod Fragen stellen, haben sie das Recht auf eine ehrliche altersangemessene Antwort. Sobald ein Kind durch Fragen Interesse an dem Thema zeigt, sollte das Thema aufgegriffen werden. Kinder gehen mit dem Thema Sterben und Tod bis zum Grundschulalter relativ emotionslos, angstfrei und natürlich um. Bei der Beantwortung der Fragen ist es für pädagogische Fachkräfte und Eltern wichtig, die Ursache für die Frage oder Aussage zu erkennen (Neugier oder Sorge), um richtig darauf reagieren zu können. Bei der Beantwortung kindlicher Fragen sollte darauf geachtet werden, dass die Antwort der kindlichen Erfahrungswelt entspricht und keine Ängste schürt. Insbesondere wenn es um die Frage geht, was mit den Verstorbenen nach dem Tod passiert oder wohin sie dann gehen, ist es zunächst sinnvoll, nach der Vorstellung des Kindes zu fragen. Dadurch wird vermieden, dass das Kind durch abweichende oder gegensätzliche Antworten Erwachsener verunsichert wird.

Aufgaben

1. *Wählen Sie die Ihrer Meinung nach angemessene Antwort auf die Frage des Kindes aus und begründen Sie kurz.*

   1. *Stirbt Mama, wenn ich nicht lieb bin? (3,5 Jahre)*
      a) *„Nein."*
      b) *„Nein, aber sie ist traurig, wenn du nicht lieb bist."*
      c) *„Nein, Mama stirbt dann nicht."*

2. **Braucht Opa im Himmel sein Gebiss? (4 Jahre)**
   a) „Im Himmel braucht man kein Essen."
   b) „Opa bekommt im Himmel ein neues Gebiss."
   c) „Ja, wir bringen es nachher zum Grab, er hat es vergessen."

3. **Warum ist Oma gestorben? (3 Jahre)**
   a) „Sie war sehr müde und ist eingeschlafen."
   b) „Weil sie sehr krank war."
   c) „ Weil sie schon sehr alt war."

4. **Was macht Oma jetzt im Himmel? (5 Jahre)**
   a) „Ich denke, dass sie auf einer Wolke sitzt und gerade zu dir herunter-
      schaut. Und was glaubst du?
   b) „Deine Oma ist nicht im Himmel, sie liegt im Grab auf dem Friedhof."
   c) „Sie passt auf dich auf und freut sich, wenn du lieb bist."

2. *Formulieren Sie in der Kleingruppe weitere kindgemäße Fragen zu diesem Thema und diskutieren Sie dazu mögliche Antworten in der Klasse.*

3. *Bilden Sie Gruppen mit fünf bis sechs Mitgliedern und stellen Sie sich die folgende Situation vor:*

   Als Erzieherteam einer Kindertagesstätte haben Sie einen Elternabend zum Thema: „Kinder nehmen Abschied" geplant. Ein Teil der sonst interessierten Eltern lehnt die Teilnahme entschieden ab. Wie gehen Sie vor? Planen Sie dazu ein kurzes Rollenspiel.

7.3 Ethische Fragen bei der Fremdplatzierung von Kindern und Jugendlichen

In der Herkunftsfamilie mit den leiblichen Eltern aufzuwachsen, ist in unserer Gesellschaft Normalität. In der Familie und durch die Familie entwickelt ein Kind seine Identität. Das Kind weiß, wo es herkommt, zu wem es gehört und es kennt seine Wurzeln. Durch diese Unverwechselbarkeit seiner Herkunft sowie durch den engen Kontakt mit seinen

Eltern fühlt es sich angenommen und geborgen. Studien belegen, dass ein Kind diese Gefühle gegenüber seiner Familie oft auch dann entwickelt, wenn es in der Familie Gewalt erfährt oder vernachlässigt wird.

7.3.1 Ethische Betrachtung der anonymen Kindesabgabe

Definition
Unter „anonymer Kindesabgabe" werden Hilfsangebote für Mütter und Schwange-
re verstanden, die eine anonyme Abgabe des Kindes oder eine anonyme Geburt er-
möglichen. Die Personalien der Mutter oder des Vaters werden nicht dokumentiert.

Formen

1. Babyklappe

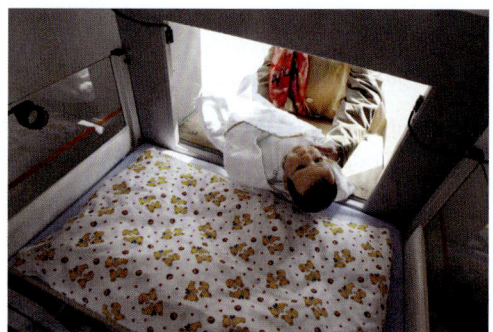

Babyklappen sind in der Regel an Kranken-
häuser angegliedert. Das Baby kann dort
von der Mutter oder anderen Bezugspersonen anonym in ein Wärmebettchen abgelegt werden. Nach kurzer Zeit, die es
ermöglicht, dass sich die Abgabeperson
ungesehen entfernen kann, wird durch ein
Signal der Bereitschaftsdienst der Einrichtung informiert. Das Kind wird dann durch
die Mitarbeiter versorgt.

2. Anonyme Übergabe

Bei dieser Form wird das Kind zu einem vereinbarten Zeitpunkt persönlich an eine Person
übergeben. Die Daten der Mutter bleiben anonym.

3. Anonyme Geburt

Einige Kliniken bieten Schwangeren die Möglichkeit, ihr Kind unter medizinischer Aufsicht zur Welt zu bringen. Die Klinik gibt das Kind danach in staatliche Obhut. Auch hier
werden die Daten der Mutter nicht dokumentiert.

4. Vertrauliche Geburt

Im Unterschied zur anonymen Geburt wird bei der vertraulichen Geburt die Möglichkeit
der Dokumentation in unterschiedlichen Varianten genutzt. So kann die Mutter z. B.
einen Brief für das Kind bei einer Beratungsstelle hinterlassen, der dem Kind zu einem
späteren Zeitpunkt ausgehändigt werden kann. Die Daten der Mutter werden jedoch
nicht weitergegeben.

Bilden Sie zwei Gruppen. Sammeln Sie in einer Gruppe Argumente, die für das Angebot der anonymen Abgabe stehen und in der anderen Gruppe Argumente, die dagegen stehen.

Treten Sie danach in eine Pro- und Kontra-Diskussion. Schreiben Sie dabei die vorgebrachten Pro- und Kontra-Argumente an die Tafel. Reflektieren Sie anschließend das Ergebnis Ihrer Diskussion.

Gründe für die anonyme Abgabe

Das Angebot der anonymen Kindesabgabe ist nach wie vor ethisch sehr umstritten. Diese Hilfeform zeigte bisher keinen nachweislichen Einfluss auf die Zahl der Kindestötungen, d. h., die Zahl der Kindestötungen ging seit Einführung der anonymen Kindesabgabe nicht zurück.

Dennoch gibt es moralische Gründe, diese Hilfe vor allem für die folgenden Personengruppen anzubieten:

- Frauen mit Aussetzungs- oder Tötungsabsicht
- Schwangere mit Abtreibungsabsicht
- Schwangere, die ohne professionelle Hilfe entbinden würden
- Frauen mit verdrängter bzw. verheimlichter Schwangerschaft
- Frauen in sonstigen (extremen) Notsituationen

(vgl. Kuhn, 2005, S. 335-344)

Angebote anonymer Kindesabgabe nehmen Frauen aus allen sozialen Schichten wahr. Nicht immer sind jedoch extreme Notsituationen Grund für die Abgabe. So wird von einem Fall in Berlin berichtet, wo zwischen 2001 und 2007 drei Geschwisterkinder in einer Babyklappe abgelegt wurden. Durch DNA-Tests wurde die Verwandtschaft der Kinder ermittelt (vgl. Herpich-Behrens, 2008, S. 3-4).

Zur anonymen Kindesabgabe führen hauptsächlich folgende Gründe:

- Überforderung
- soziale/finanzielle Probleme
- psychische Probleme/Suchtprobleme
- familiärer Druck
- Angst vor Diskriminierung im Falle der Adoptionsfreigabe
- verheimlichte und/oder unerwünschte Schwangerschaft
- Schwangerschaft infolge einer Vergewaltigung
- illegaler Aufenthalt ohne Krankenversicherung
- Angst vor Verlust des Arbeitsplatzes und Dauerarbeitslosigkeit

Ethische Reflexion

Mit der anonymen Kindesabgabe sind gleich mehrere ethische Aspekte verbunden:

1. Schutz des Lebens und Wahrung der Menschenwürde

Dieser Aspekt bezieht sich sowohl auf die in Not geratene Schwangere bzw. Mutter als auch auf das ungeborene bzw. geborene Kind. Die Anonymität ermöglicht der Frau ein Höchstmaß an Selbstbestimmung und die Würde der Frau bleibt unangetastet. Bei einer anonymen Geburt werden durch medizinische Hilfe Leben und Gesundheit der Mutter und des Neugeborenen geschützt. Ebenso hilft die Babyklappe als Alternative zur Aussetzung oder gar Tötung des Kindes, Leben zu schützen und zu erhalten.

2. Verletzung der Würde und der Selbstbestimmung des Kindes

Aus ethischer Sicht können die anonyme Kindesabgabe und die anonyme Adoption mit erheblichen Problemen verbunden sein. Das betroffene Kind bleibt oft lebenslang ohne Wissen über seine Herkunft. Es erfährt nicht, wer seine Mutter und sein Vater sind. Es kennt nicht die Umstände, die zur Abgabe geführt haben. Unbeantwortete Fragen nach Identität und Herkunft werden Lebensbegleiter und vielleicht auch Auslöser für Probleme in der Identitätsentwicklung.

3. Verantwortung der Eltern für ihr Kind

Anonyme Kindesabgabe kann nur dann als moralisch legitim angesehen werden, wenn es keinen anderen Ausweg für die Betroffenen gibt. In solchen Fällen muss die Entscheidung respektiert werden. Bewertungen von außen sind immer problematisch, da nur der Betroffene selbst seine Lage einschätzen kann. Dennoch sollte die Stärkung der Verantwortung der leiblichen Eltern für ihr Kind Vorrang haben. Denn egal unter welchen Umständen das Kind anonym abgegeben wurde,  es wird bereits zu Beginn seines Lebens um die Chance gebracht, in seiner leiblichen Familie aufzuwachsen. In Überforderungssituationen besteht immer noch die Möglichkeit, das Kind in ein anderes familiäres Umfeld (Pflege- oder Adoptivfamilie) zu geben, ohne dem Kind Informationen über seine leiblichen Eltern vorzuenthalten.

4. Gefahr des Missbrauchs

Anonyme Kindesabgabe kann auch missbräuchlich genutzt werden, z. B. zur Vertuschung von Straftaten wie Vergewaltigung oder sexuellem Missbrauch. Es gibt Fälle, in denen das Kind gegen den Willen der Mutter z. B. von Angehörigen in der Babyklappe abgelegt wird. Ethisch bedenklich ist auch, wenn Kinder mit Behinderungen durch anonyme Abgabe aus dem Familienverband ausgesondert werden.

Empfehlungen des Deutschen Ethikrates

„(1) Die vorhandenen Babyklappen und bisherigen Angebote zur anonymen Geburt sollten aufgegeben werden. Die Beendigung der Angebote zur anonymen Kindesabgabe sollte möglichst in einem gemeinsamen Vorgehen aller politisch dafür Verantwortlichen mit den betroffenen Einrichtungen bewirkt werden.

(2) Begleitend sollten die öffentlichen Informationen über die bestehenden legalen Hilfsangebote der freien Träger und staatlichen Stellen der Kinder- und Jugendhilfe und der Hilfen für Schwangere und Mütter in Not- und Konfliktlagen verstärkt werden. Des Weiteren sollten Maßnahmen ergriffen werden, um das Vertrauen in die Inanspruchnahme der legalen Hilfsangebote zu verbessern. Das vertrauensvolle Zusammenwirken der kirchlichen und anderen freien Träger mit den staatlichen Stellen der Kinder- und Jugendhilfe ist hierbei von besonderer Bedeutung. Folgende Ziele und Maßnahmen sind wichtig:

- Es muss besser bekannt gemacht werden, dass ein Rechtsanspruch auf anonyme Beratung über die möglichen Hilfen in Not- und Konfliktlagen besteht.
- Es muss dafür gesorgt werden, dass die legalen Hilfsangebote für Schwangere und Mütter in Not (wie die vertrauliche Vermittlung einer Unterkunft in einer Mutter-Kind-Einrichtung oder einer Pflegestelle für das Kind) zu jeder Tages- und Nachtzeit niederschwellig erreichbar sind. ...
- Die Stellen, die Beratung und Hilfe anbieten, sollten auch dann, wenn sie für die konkrete Fragestellung der Frau formal nicht zuständig sind, so miteinander kooperieren, dass sie ihr effektive und schnelle Hilfe vermitteln können.
- Die freien und staatlichen Träger der Schwangeren-, Kinder- und Jugendhilfe sollten wie bei der Jugendhilfeplanung (§ 80 SGB VIII) zur frühzeitigen Kooperation und Abstimmung ihrer Angebote verpflichtet werden.
- Eine fachkundige Beratung über Hilfsmöglichkeiten in Notlagen sowie eine psychosoziale Beratung sollten auch in Geburtshilfeeinrichtungen effektiv verfügbar sein.
- Es muss besser bekannt gemacht werden, dass die Hilfen in Not- und Konfliktlagen vertraulich wahrgenommen werden können und Schutz vor Gefahren durch Dritte bieten und dass die Geburt und die Abgabe eines Kindes in eine Pflegestelle oder zur Adoption dem Sozialdatenschutz und dem Adoptionsgeheimnis unterliegen.
- Die Entscheidung von Eltern, ihr Kind zur Adoption freizugeben, um dem Kind das Aufwachsen in einer stabilen eigenen Familie zu ermöglichen, ist als verantwortungsvoller Schritt zu respektieren. Die gesellschaftliche Akzeptanz solcher Entscheidungen muss gefördert werden.

(3) Zwar gilt in Notlagen mit unmittelbarer physischer Gefahr für Leben und Gesundheit von Mutter und Kind für die Dauer des Notstands die Legitimation des Notstandsrechts für alle, die zur Stelle sind und Hilfe leisten können. Auch darf die medizinische Betreuung einer Frau bei der Entbindung aufgrund der Hilfeleistungspflicht (§ 323c StGB) nicht verweigert werden, selbst wenn sie ihre Identität nicht preisgibt. Vom Notstandsrecht und von der Hilfeleistungspflicht nicht gedeckt ist aber das von einem individuellen akuten Notfall unabhängige Angebot anonymer Kindesabgabe, wie es bei der Unterhaltung einer Babyklappe und dem öffentlich verbreiteten systematischen Angebot anonymer Geburten der Fall ist. Auch nicht gedeckt ist die Unterstützung der Aufrechterhaltung der Anonymität nach Wegfall der akuten Notlage. Solche Angebote sollten daher nicht aufrechterhalten werden.

(4) In jedem Fall einer anonymen Kindesabgabe sind folgende Mindestmaßnahmen zu ergreifen:

a) Unverzügliche Meldung des Kindes beim Jugendamt unter Mitteilung aller Umstände seiner Abgabe.

b) Bestellung eines neutralen, von der Einrichtung, bei der die anonyme Kindesabgabe stattgefunden hat, unabhängigen Vormundes für das Kind.

c) Adoptionsvermittlung eines anonym abgegebenen Kindes nur durch eine Adoptionsvermittlungsstelle, die organisatorisch und personell getrennt ist von der Einrichtung, bei der das Kind abgegeben wurde.

d) Rückgabe des Kindes an die Mutter/Eltern nur über das Jugendamt.

(5) Schwangeren/Müttern, die es als notwendig erachten, ihre Mutterschaft vor ihrem sozialen Umfeld zu verbergen, die aber den Kontakt zu öffentlichen Stellen scheuen, weil es ihnen an Vertrauen in die lückenlose Geheimhaltung ihrer Identität mangelt, soll durch ein Angebot geholfen werden, das ihnen einen angemessenen Zeitraum größtmöglicher Vertraulichkeit zur Lösung ihrer Probleme im Rahmen einer Beratung und Begleitung sichert und die Belange des Kindes und des Vaters möglichst wenig und nur vorübergehend für einen möglichst kurzen Zeitraum beeinträchtigt. Zu diesem Zweck sollte durch Gesetz eine ‚vertrauliche Kindesabgabe mit vorübergehend anonymer Meldung' ermöglicht werden. ..."

(Deutscher Ethikrat, 2009, S. 90 f.)

Aufgabe

Lesen Sie die Empfehlung des Deutschen Ethikrates und beantworten Sie dazu die folgenden Fragen:

1. *Wie lässt sich die Position des Deutschen Ethikrates, die anonyme Kindesabgabe aufzugeben, ethisch begründen?*

2. *Stimmen Sie der Empfehlung zu? Begründen Sie Ihre Meinung.*

3. *Halten Sie die Alternativangebote für ausreichend?*

7.3.2 Ethische Fragen bei der Fremdplatzierung in der Institution

„Du bist zeitlebens für das verantwortlich, was du dir vertraut gemacht hast."
(Antoine de Saint-Exupéry)

Aufgrund seines Wächteramtes ist das Jugendamt dann rechtlich zum Eingreifen verpflichtet, wenn die Eltern nicht selbstständig in der Lage sind, ihre Kinder zu verpflegen, zu betreuen, zu versorgen, zu fördern und zu schützen. Die Jugendämter haben in Vertretung für den deutschen Staat nach § 8a SGB VIII einen Schutzauftrag:

„Werden dem Jugendamt gewichtige Anhaltspunkte für die Gefährdung des Wohls eines Kindes oder Jugendlichen bekannt, so hat es das Gefährdungsrisiko im Zusammenwirken mehrerer Fachkräfte abzuschätzen. Dabei sind die Personensorgeberechtigten sowie das Kind oder der Jugendliche einzubeziehen, soweit hierdurch der wirksame Schutz des Kindes oder des Jugendlichen nicht in Frage gestellt wird. Hält das Jugendamt zur Abwendung der Gefährdung die Gewährung von Hilfen für geeignet und notwendig, so hat es diese den Personensorgeberechtigten oder den Erziehungsberechtigten anzubieten."

Die Verantwortung für die Erziehung des Kindes obliegt in erster Linie den Eltern. Pflicht des Staates ist es, die Eltern bei dieser Aufgabe zu unterstützen. Seine wichtigste Aufgabe besteht in diesem Zusammenhang darin, durch präventive Maßnahmen Fremdplatzierungen von Kindern und Jugendlichen zu vermeiden. Sind Eltern dennoch nicht in der Lage, die Verantwortung für die Erziehung und Versorgung ihres Kindes zu übernehmen, hat der Staat die Fürsorge für das Wohlergehen des Kindes durch geeignete Maßnahmen zu gewährleisten. Sowohl Pflegefamilien als auch Kinder- und Jugendheime können Ort für eine Fremdplatzierung sein. Bei der Entscheidung über eine Fremdplatzierung ist eine ethische Reflexion unerlässlich. Sozialpädagogen, die am Entscheidungsprozess beteiligt sind, tragen hier eine große Verantwortung. Eine Fremdplatzierung ist für ein Kind und seine Familie immer mit großen, oftmals schmerzhaften Veränderungen verbunden. In jedem Fall muss im Entscheidungsprozess das ethische Prinzip der Verhältnismäßigkeit berücksichtigt werden. Eine Trennung des Kindes oder Jugendlichen von seiner Herkunftsfamilie ist ethisch wie rechtlich nur dann geboten, wenn andere Hilfsangebote in Form von ambulanten oder teilstationären Hilfen (z. B. Förderung des Kindes in einer Tagesgruppe) nicht wirksam genug waren. Nach § 42 SGB VIII können Kinder bei einer Kindeswohlgefährdung in Obhut genommen werden.

Gründe für eine Fremdplatzierung

Aufgabe

Lesen Sie die beiden Fallbeispiele. Diskutieren Sie darüber, ob in diesen Fällen eine Fremdplatzierung angebracht ist oder ob andere Hilfeformen in Anspruch genommen werden können. Begründen Sie Ihre Auffassung.

Fallbeispiel Erik
Der Sechsjährige besucht die Kindertagesstätte und wird im Sommer eingeschult. Erik ist für sein Alter sehr selbstständig und in allen Bereichen altersgemäß entwickelt. Vor knapp zwei Jahren trennten sich seine Eltern, kürzlich wurden sie geschieden. Der Vater lebt mit seiner neuen Frau und deren beiden Kindern sehr weit entfernt. Anfangs hielt er zu Erik Kontakt, dieser brach jedoch allmählich ab. Eriks Mutter hat das alleinige Sorgerecht für Erik. Sie arbeitet im Schichtdienst, sodass Erik abends oft allein ist. Eine Nachbarin schaut dann nach ihm. Als die Mutter einen neuen Partner kennenlernt, lässt sie Erik auch nachts allein. Die Nachbarin weist die Mutter darauf hin, dass Erik nachts oft weint, und kündigt ihr an, dass sie das Jugendamt einschaltet, wenn sich die Mutter nicht um das Kind kümmert. Zwei Tage später findet die Nachbarin einen Zettel an ihrer Tür. Eriks Mutter bittet sie darum, sich um den Jungen zu kümmern, da sie mit ihrem Freund eine zweiwöchige Reise nach Mallorca unternommen hat.

Fallbeispiel Marla
Marla ist sieben Jahre alt. Ihre Mutter leidet unter schweren Depressionen, ihr Vater ist alkoholabhängig. Seit den ersten Lebensjahren ist Marla immer wieder direkter und indirekter Gewalt ausgesetzt. Der Vater misshandelt Mutter und Kind, obwohl er später seine Gewaltausbrüche bereut und sich dafür entschuldigt. Die

> *Mutter reagiert auf diesen Dauerzustand mit Rückzug und Apathie. Als Marla ein-*
> *geschult wird, wirkt sie überangepasst und sehr introvertiert. Ihr mangelt es an*
> *Selbstvertrauen und Durchsetzungsvermögen. Gesprächsangebote der Lehrerin ig-*
> *norieren die Eltern. Als Marla der Schule fernbleibt und auch am zweiten Tag nie-*
> *mand von der Familie ans Telefon geht, verständigt die Schule die Polizei. In der*
> *Wohnung finden die Polizisten den betrunkenen Vater, die schwer misshandelte*
> *Mutter und das völlig verängstigte Kind vor.*

Folgend sind beispielhaft Gründe genannt, die zu einer Fremdplatzierung des Kindes oder Jugendlichen führen können:

- Defizit an elterlicher Erziehungskompetenz (Überforderung der Eltern/Alleinerziehenden)
- Kindeswohlgefährdung
- erhebliche wirtschaftliche Probleme
- Erkrankung von Familienmitgliedern (psychische Erkrankungen/Sucht)
- Trennung der Eltern
- Tod eines oder beider Elternteile
- Verhaltensauffälligkeit/Devianz/Behinderung des Kindes

Orte institutioneller Fremdplatzierung

Als Orte institutioneller Fremdplatzierung kommen sowohl eine Pflegefamilie als auch Kinder- und Jugendheime infrage. Heute gibt es zwischen Heim und Familie zahlreiche Zwischenformen, durch die eine Annäherung an die Familienerziehung ermöglicht werden kann.

> *Definition*
> *„Der Begriff ‚Pflegefamilie' wird zur Kennzeichnung des Sozialisationsortes, an*
> *dem das Pflegekind lebt, benutzt. Irrelevant für den Begriff ist die Frage nach dem*
> *Familienmodell sowie die Frage, ob es sich überhaupt um eine Familie im üblichen*
> *Sinne oder um eine andere privat organisierte Lebensform zwischen Erwachsenen*
> *und Kindern handelt. Die mit der Erziehung des Pflegekindes betrauten erwachse-*
> *nen Menschen in der Pflegefamilie werden als ‚Pflegeperson' bezeichnet." (Blandow,*
> *1999, S. 757)*

Pflegefamilien als Ersatzfamilien oder Ergänzungsfamilien

Pflegefamilien können sowohl als Ersatzfamilie als auch als Ergänzungsfamilie angesehen werden. Worin besteht der Unterschied zwischen Ersatz und Ergänzung?

Wenn von **Ersatzfamilie** die Rede ist, dann wird die Herkunftsfamilie durch die Pflegefamilie auf bestimmte oder unbestimmte Zeit ersetzt und verliert damit ihre eigentliche Bedeutung. Alle Erziehungs- und Betreuungsaufgaben werden von der Ersatzfamilie erfüllt. Das kann unter Umständen dazu führen, dass leibliche Eltern und Pflegeeltern in

Konkurrenz bzw. in einem Konfliktverhält-
nis zueinander stehen. Das Kind steht dann
zwischen beiden Familiensystemen. Die
emotionale Bindung an die Herkunftsfamilie bleibt in der Regel bestehen, wird von
der Pflegefamilie jedoch wenig beachtet.

Versteht sich die Pflegefamilie als **Ergänzungsfamilie**, so wird die emotionale Bindung an die Herkunftsfamilie respektiert
und der Pflege dieser Beziehung Raum und
Zeit gegeben. Leibliche Eltern und Pflege-
eltern treten zueinander nicht in Konkurrenz, sondern stimmen ihre Aufgaben gegenüber dem Kind ergänzend ab. Sie treten damit in eine für das Kind überschaubare Beziehung. In der Realität existieren diese Sicht- und Verhaltensweisen nie in reiner Form
und vollkommen voneinander abgegrenzt, sondern es gibt Abstufungen zwischen beiden. Dabei spielen verschiedene Faktoren eine Rolle, wie z. B. der Grund für die Fremdplatzierung, die Dauer der Fremdplatzierung und die emotionale Lage der leiblichen und
der Pflegeeltern.

Aufgaben

1. Begründen Sie, warum sich eine Pflegefamilie aus ethischer Sicht als Ergänzungsfamilie verstehen soll.

2. Lesen Sie das folgende Fallbeispiel und besprechen Sie in Kleingruppen Vor- und
   Nachteile der Unterbringungsvarianten unter Einbeziehung der ethischen Prinzipi-
   en Autonomie, Fürsorge und Gerechtigkeit.

   Fallbeispiel
   Sie arbeiten als Sozialpädagoge in der stationären Jugendhilfe und werden zu folgender
   Situation um Rat gefragt: Die Eltern von Evi (3 Jahre) und Hans (4,5 Jahre) kamen bei
   einem Unfall ums Leben. Nun geht es darum, wo die Kinder künftig leben sollen. Fol-
   gende Möglichkeiten stehen zur Verfügung:
   Variante 1: Die Schwester der Mutter könnte ein Kind aufnehmen, für beide Kinder
   reicht der Platz jedoch nicht, da sie selbst noch zwei kleinere Kinder hat. Das andere
   Kind könnte bei den Großeltern leben, die jedoch beide bereits über 70 Jahre alt sind.
   Variante 2: Beide Kinder könnten gemeinsam in eine Pflegefamilie gehen, die schon drei
   andere Kinder betreut.
   Variante 3: Die Schwester des Vaters arbeitet in Afrika als Ärztin und ist alleinstehend.
   Sie würde beide Kinder nach Afrika holen und sich um eine Adoption bemühen.
   Variante 4: Ein kleines Kinder- und Jugendheim im Wohnort der Kinder hat zwei Plätze
   frei und könnte die Geschwister aufnehmen.

Prinzipien und Formen der Heimerziehung

Definition
„Heimerziehung und die sozialpädagogische Betreuung in sonstigen Wohnformen haben die zentrale Aufgabe, positive Lebensorte für Kinder und Jugendliche zu bilden, wenn diese vorübergehend oder auf Dauer nicht in ihrer Familie leben können." (Günder, 2011, S. 19)

In § 34 SGB VIII wird Heimerziehung wie folgt charakterisiert:

„Hilfe zur Erziehung in einer Einrichtung über Tag und Nacht (Heimerziehung) oder in einer sonstigen betreuten Wohnform soll Kinder und Jugendliche durch eine Verbindung von Alltagserleben mit pädagogischen und therapeutischen Angeboten in ihrer Entwicklung fördern. Sie soll entsprechend dem Alter und Entwicklungsstand des Kindes oder des Jugendlichen sowie den Möglichkeiten der Verbesserung der Erziehungsbedingungen in der Herkunftsfamilie
1. eine Rückkehr in die Familie zu erreichen versuchen oder
2. die Erziehung in einer anderen Familie vorbereiten oder
3. eine auf längere Zeit angelegte Lebensform bieten und auf ein selbstständiges Leben vorbereiten. Jugendliche sollen in Fragen der Ausbildung und Beschäftigung sowie der allgemeinen Lebensführung beraten und unterstützt werden."

Im Unterschied zur Pflegefamilie ist das Kinder- und Jugendheim eine Institution mit ausgebildeten Fachkräften, d. h., Konzeption und erzieherisches Handeln werden professionell geplant, strukturiert, umgesetzt und reflektiert.

Kinder- und Jugendheime haben sich von der „totalen Institution" zu einer lebensweltorientierten Erziehungs- und Wohnform gewandelt. Diese konzeptionelle Neuorientierung zeigt sich hauptsächlich in folgenden strukturellen Prinzipien:

- Differenzierung der Betreuungsangebote und -formen (Vielfalt an Wohnformen und Hilfen)

- Orientierung an der Bedürfnislage und an den Ressourcen der Kinder und Jugendlichen (Alter, Biografie usw.)

- Dezentralisierung (kleine, familienähnliche Wohn- und Betreuungseinheiten)

- Regionalisierung (Ausrichtung der Hilfe auf das Lebensumfeld)

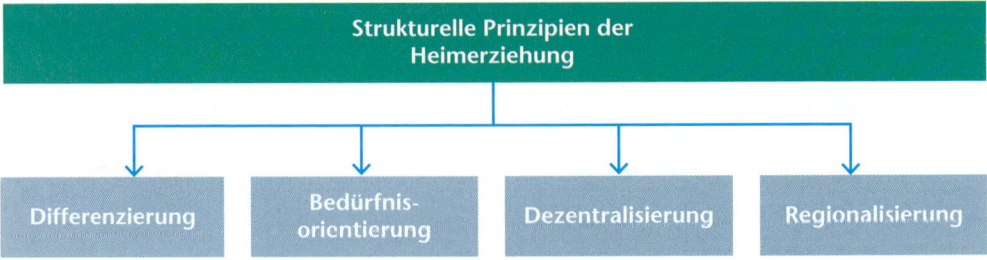

Im stationären Bereich sind in den letzten Jahrzehnten verschiedene Modelle entstanden, die sowohl allgemeine Hilfen (Versorgung, Erziehung) als auch besondere Leistungen (individuelle Förderung je nach Bedarf) erbringen. So gibt es heute z. B. familienähnliche Kleinstheime, Wohngruppen, Außenwohngruppen, geschlossene Wohngruppen, betreute Wohnformen, heilpädagogische und therapeutische Wohngruppen u. Ä.

Kinderdorf-„Familie" in einem SOS-Kinderdorf

Eine Sonderform stellen sozialpädagogische Erziehungsstellen dar. Sie nehmen eine Zwischenstellung zwischen Pflegefamilie und Heim ein. Bei dieser Betreuungsform nehmen Einzelpersonen oder Familien die Kinder und Jugendlichen im Rahmen der Erziehungshilfe bei sich auf und geben ihnen damit einen familiären Bezugsrahmen. Die Personen werden von Sozialpädagogen fachlich beraten.

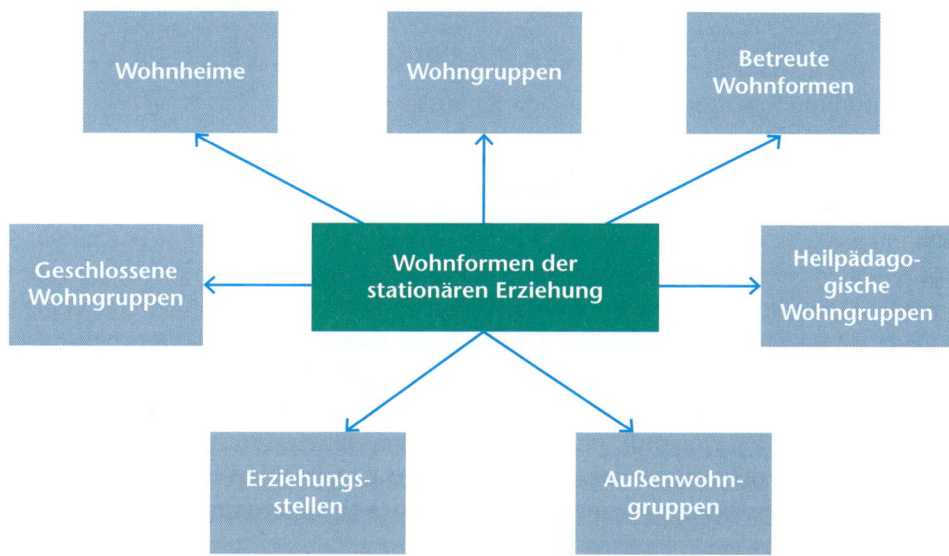

Aufgaben

1. Nehmen Sie zu der folgenden Aussage Stellung: „Die schlechteste Familie ist für das Kind immer noch günstiger als das beste Heim."

2. Diskutieren Sie darüber, ob der Begriff „Heimerziehung" angesichts der differenzierten Formen und Hilfen heute noch geeignet ist.

Im Rahmen der strukturellen Veränderungen, die einen Paradigmenwechsel von reiner Fürsorge hin zu Autonomie und Individualität zur Folge haben, werden folgende pädagogisch und ethisch relevante Prinzipien berücksichtigt:

1. **Das Prinzip der Familienorientierung**
   Heimerziehung kann zwar die Familie nicht ersetzen, kann aber durch die Umsetzung oben genannter Prinzipien ein gewisses Maß an Normalität, Individualität und Geborgenheit vermitteln. Gleichzeitig können und sollen die Herkunftsfamilien in die Betreuung des Kindes aktiv eingebunden werden. Oberstes Ziel ist die Rückführung des Kindes und die Stärkung der Kompetenzen der Familie.

2. **Respektierung der Biografie und der Individualität des Kindes**
   Die meisten Kinder und Jugendlichen haben eine schwierige Biografie, haben Krisen und Trennungen erlebt. Die bisherige Lebensgeschichte ist ein Teil ihrer Persönlichkeit. Um das Erleben und Verhalten des Kindes besser zu verstehen, ist es notwendig, seine Biografie zu berücksichtigen und in die pädagogische Arbeit einzubeziehen. Verdrängen oder Ignorieren führt meistens dazu, dass ungelöste Konflikte den Leidensdruck verstärken und neue Probleme entstehen können.

3. **Achtung der Autonomie**
   In einer Institution herrscht aufgrund der strukturellen Gegebenheiten ein größeres Maß an Fremdbestimmung als in einer Familie. Gerade deshalb sollten hier dem Kind oder dem Jugendlichen vielfältige Möglichkeiten der Partizipation (Mitbestimmung/Mitgestaltung) eingeräumt werden.

Chancen für das Kind/den Jugendlichen und die Herkunftsfamilie

Die pädagogische Arbeit im Heim und in der Pflegefamilie ist immer eine Gratwanderung zwischen Nähe und professioneller Distanz. In der psychologischen Bindungstheorie wird auf die Notwendigkeit einer verlässlichen und vertrauensvollen Bezugsperson für die gesunde Entwicklung des Kindes hingewiesen. Wenn Eltern dafür aus bestimmten Gründen nicht infrage kommen, müssen Erzieher und Pflegeeltern diese Aufgabe übernehmen. Auf der anderen Seite wird von Fachkräften jedoch professionelle Distanz gefordert, damit die Kinder/Jugendlichen und die Erzieher/Pflegeltern nicht an schwierigen und komplexen Problemlagen scheitern. Die Einsicht, dass Eltern nicht ersetzt werden können und dass das Kind fürsorglich begleitet sowie in seiner Entwicklung unterstützt werden muss, bildet eine hilfreiche Basis für diese Arbeit.

Die Chance für das betroffene Kind oder den betroffenen Jugendlichen besteht vor allem darin, dass die Pflegefamilie oder das Heim durch fachlich und ethisch reflektierte Hilfe für bestimmte Zeit oder dauerhaft ein lohnender Lebensort mit verbesserten Zukunftschancen sein kann. Das Kind entwickelt seine Persönlichkeit durch Bildungsgelegenheiten, Erziehung, Fürsorge, Geborgenheit und materielle Existenzsicherung. Die Herkunftsfamilie wird durch die Fremdplatzierung ihres Kindes entlastet und dadurch möglicherweise vor Überforderung und sich daraus ergebenden Gefährdungen bewahrt. Die Möglichkeit auf eine Rückführung des Kindes in die natürliche Familie bleibt trotzdem bestehen bzw. wird generell angestrebt.

Mögliche Risiken und Probleme

Mit einer Fremdplatzierung sind immer auch Probleme und Risiken verbunden.

„Wir können die Kinder aus ihren Familien nehmen, aber nicht die Familien aus den Kindern."
(Riet Portengen)

Das Deutsche Jugendinstitut hat in den Jahren 2006 bis 2008 in Kooperation mit dem Heidelberger Institut für Jugendhilfe und Familienrecht im Rahmen des Projektes „Pflege-kinderhilfe in Deutschland" eine Befragung durchgeführt. Es wurden Pflegekinder im Alter von acht bis vierzehn Jahren, die seit mindestens einem Jahr in einer Pflegefamilie lebten, zu ihrem Alltag in der Pflegefamilie befragt. Hier werden daraus Auszüge vorgestellt:

„Die Kinder können sich noch gut an jenen Tag erinnern
Der Wechsel in die Pflegefamilie wird von den Kindern, die beim Eintritt in die Familie fünf Jahre und älter waren, ausführlich beschrieben – und zwar unabhängig davon, wie lange das Ereignis des Übergangs zurückliegt. Besonders eindrucksvoll ist die Beschreibung der Kinder, die in einer akuten Krisensituation und damit ohne Vorbereitung aus der Herkunftsfamilie genommen wur-den. Sie kannten ihre Pflegeeltern nicht, wurden direkt von der Schule abgeholt, ohne von ihren Familienmitgliedern Abschied nehmen oder sich auf die neue Situation einstellen zu können.

‚Ja, angegangen ist es, ich war in der Früh bei meiner Mama noch, dann bin ich aufgestanden, dann bin ich in die Schule gegangen. Dann war ich in der Schule, das war in der zweiten Klas-se, bei der Frau Hellmann. Und dann, in der dritten Stunde, also nach der Pause, ist unsere Lehrerin rein gekommen und hat gesagt, ich soll schnell mit ihr runter gehen. Und dann bin ich mit ihr runter gegangen, dann sind unten zwei Frauen vom Jugendamt gewesen.' ‚... wir haben ja gar nicht gewusst, dass ich hierher komme, gar nichts. Das war dann eine Überra-schung, dass die vom Jugendamt auf einmal unten gestanden sind und gesagt haben, dass ich mitkommen soll. ... Und die haben gesagt, dass ich jetzt weg komm von meiner Mama. Dann haben die mich mitgenommen und haben mich daher gefahren. Und dann bin ich rauf ge-gangen und Maria hat gekocht und alles. Und dann waren wir oben, dann haben sie mir mein Zimmer gezeigt und Maria hat mir alles gezeigt. Und dann hat die Maria gesagt, sie kocht jetzt weiter. Dann ist sie zum Kochen gegangen und ich habe mich da vorne hingesetzt, bei der Tür und habe gewartet bis es zwölf war.' (Anton, 12 Jahre)

Ungewissheit herrscht vor
Die befragten Kinder wurden in der Situation des Übergangs im Unklaren gelassen. Niemand teilte ihnen mit, wie lange sie in der Pflegefamilie bleiben würden und wie es überhaupt wei-tergehen sollte. Sie wurden lediglich mit Hinweisen auf ‚Urlaub' oder ‚Erholung' vertröstet.

‚Am Anfang wusste ich ja noch nicht, warum ich da war. ... Ja, die haben gesagt, sie fahren mich jetzt erst mal zu einer anderen Familie. Blabla. Dann musste ich mitfahren. Dann haben sie mich hierher gebracht. Da habe ich erst mal Urlaub gemacht und dann hat sich das erst entschieden.' (Helmut, 10 Jahre)

Besonders schwer: die ersten Nächte
Die befragten Pflegekinder fühlten sich vor allem in den ersten Nächten unsicher. Gerade für Kinder, die rasch untergebracht werden müssen, gibt es häufig noch keinen eigenen Platz in der Pflegefamilie. Ihr Bett steht dann im Büro oder provisorisch in einem Zimmer, das noch nicht wohnlich eingerichtet ist, was die Unsicherheit noch verstärken kann.

‚Ich hatte da ein bisschen Angst gehabt, auf jeden Fall, ich war das nämlich noch nicht ge-
wohnt, bei den anderen zu bleiben. Und da habe ich gezwinkert, die ganze Zeit. Und dann
haben sie sich vorgestellt, und meine Schwester (Pflegekind, das bereits in der Familie lebt) hat
ihr Zimmer mir gezeigt, die hatte sehr viele Spielsachen. Dann hat Mama (Pflegemutter) mir
das Büro gezeigt, wo ich vielleicht – da war schon ein Bett drin. Da hat sie mir das Büro gezeigt,
dass ich wusste, was überall war. Und dann hat sie mir noch das Badezimmer gezeigt. Das ist
jetzt das Zimmer von mir, da war das Büro drin. Und da war nur dieses Bett drin und da habe
ich drauf geschlafen.' (Helmut, 10 Jahre)

In der neuen Familie ist vieles anders
Der Wechsel der Lebenswelten bedeutet für viele Pflegekinder, dass ihre Normen und Verhaltensweisen, die in der Herkunftsfamilie angemessen waren, in der neuen Familie nicht mehr
passen. Dies zeigt sich deutlich im Umgang mit Konflikten, aber auch im alltäglichen Handeln. Die Pflegeeltern stoßen sich (entsprechend ihren Aussagen in den Interviews) an der
ungewohnten Fäkalsprache, am oftmals aggressiven Umgang der Kinder im Konfliktfall oder
am distanzierten Verhalten ihnen gegenüber. Sie selbst legen Wert auf das Erlernen der Tisch-
regeln oder auf das Einüben sowie Einhalten von Regeln und Ritualen. Im Unterschied zu den
Pflegeeltern sprechen die befragten Pflegekinder nicht über ihre Wutausbrüche und ihr an-
eckendes Verhalten; sie beschreiben eher ihre Unsicherheiten und Ängste.

‚Hm. Weil wenn man das gewöhnt ist, dass man abends lange aufbleiben kann und auf einmal
– hier muss man um sieben oder acht ins Bett.' (Gudrun, 11 Jahre)

‚Da hat nie einer geschrien und daheim immer. Da hat nie einer zugehauen und daheim
immer. ... Also wenn es daheim Ärger gegeben hat, wusste ich, ich verkrieche mich in meinem
Zimmer. Aber da habe ich nicht gewusst, was ich machen soll.' (Anton, 12 Jahre)"
(Sandmeir, 2008, S. 15 ff.)

Aufgabe

*Lesen Sie den Auszug aus den Interviews. Diskutieren Sie die Problemlage betroffener
Kinder.*

Eine Fremdplatzierung stellt sowohl für das betroffene Kind als auch die Pflegeeltern eine
Ausnahme- bzw. Krisensituation dar.

Mögliche Probleme für das Kind/den Jugendlichen

Für das Kind können mit dem Wechsel von der eigenen Familie in ein Heim oder in eine
Pflegefamilie vor allem folgende Probleme verbunden sein:

• traumatische Situationen und seelische Verletzungen in der Herkunftsfamilie

• Bindungs- und Verlusterfahrungen in der Herkunftsfamilie

• die Kränkung, fortgegeben worden zu sein

• Konfrontation mit einer anderen Lebenswelt und anderen Werten und Normen

- Einschränkung von Individualität, Vertrauen und Geborgenheit (z. B. im Heim wechselnde Bezugspersonen)

- Rivalität zu anderen Kindern (z. B. leibliche Kinder der Pflegeeltern)

- Identitätskonflikte

- Loyalitätskonflikte gegenüber den leiblichen und Pflegeeltern sowie Erziehern (durch mangelnde Akzeptanz bzw. mangelnde Balance zwischen den beiden Familien)

- Ungewissheit

Für betroffene Kinder stellt sich eine ganze Reihe von Fragen, z. B.:

- Wie oft darf ich meine Mutter, meinen Vater, meine Geschwister sehen?

- Warum muss (gerade) ich in eine andere Familie oder in ein Heim?

- Bin ich schuld daran?

- Wann kann ich wieder nach Hause?

- Will mich meine Mutter noch?

- Werden es meine Eltern schaffen, mich nach Hause zu holen?

Der Pflegekind- oder Heimkindstatus kann auch heute noch eine Stigmatisierung bedeuten. Hat die Pflegefamilie z. B. eigene leibliche Kinder, kann sich das Pflegekind benachteiligt fühlen, auch wenn die Pflegeeltern alle Kinder gerecht behandeln. Die Frage der Gerechtigkeit kann sich auch dann stellen, wenn leibliche Geschwister in der Herkunftsfamilie verbleiben dürfen und das Kind nicht nachvollziehen kann, warum seine Eltern es selbst weggaben.

Mögliche Probleme für Pflegeeltern

Pflegeeltern nehmen eine ambivalente (zwiespältige) Stellung zwischen Elternrolle und professioneller Rolle ein. Außerdem befinden sie sich im Beziehungsgeflecht zwischen Jugendamt, Herkunftseltern und Pflegekind. Eine wesentliche Aufgabe der Pflegefamilie besteht in diesem Zusammenhang darin, den Kontakt des Kindes zur Herkunftsfamilie zu ermöglichen und zu erhalten. Das heißt auch, dass die Pflegefamilie die Herkunftseltern unabhängig vom Grund der Fremdplatzierung respektiert und gemeinsam mit dem Jugendamt auf eine mögliche Rückführung des Kindes in seine Herkunftsfamilie hinarbeitet. Die gleiche Grundhaltung wird von Sozialpädagogen erwartet, die an diesen Prozessen beteiligt sind. Die Frage nach dem Umfang der Verantwortlichkeiten der beiden Familiensysteme für das Kind kann durchaus strittig sein. Ein weiteres Problem für Pflegeeltern kann darin bestehen, auf schwierige Verhaltensweisen des Kindes oder Jugendlichen angemessen zu reagieren. Fremdplatzierte Kinder und Jugendliche haben oftmals traumatische Situationen erlebt und sich eigene „Überlebensstrategien" angeeignet. Der Eintritt in eine ganz andere Lebens- und Erziehungswelt wird vom Kind oft nicht als Entlastung empfunden, sondern als Belastung. Das äußert sich in Verhaltensauffälligkeiten, Regelverletzungen usw. Von Pflegeeltern kann nicht erwartet werden, dass sie das Pflegekind genauso wie ein leibliches Kind lieben. Wertschätzung und Empathie gegenüber dem Pflegekind sind hingegen unerlässlich für eine gelingende Pflegschaft.

Rückführung als ethisches Entscheidungsproblem

Auch wenn es immer Ziel einer Pflegschaft sein sollte, stellt die Rückführung des Kindes ein ethisch schwieriges Problem dar. Das Kind erlebt mit der Rückführung einen erneuten Umbruch, und die Erfolgsaussichten können nur mit einer gewissen Wahrscheinlichkeit eingeschätzt werden. Ein Restrisiko ist in den meisten Fällen vorhanden. Die Erziehungsfähigkeit der leiblichen Eltern, die Bindung des Kindes an die leiblichen Eltern und an die Pflegeeltern sowie andere Faktoren sind nicht eindeutig abwäg- und abschätzbar. Auch die rechtliche Entscheidung muss ethisch begründbar sein. Das Wohl und die Würde des Kindes haben dabei Priorität. Die Interessen der leiblichen Eltern und die der Pflegefamilien sind untergeordnet.

Fremdplatzierung als ethische Herausforderung an pädagogische Fachkräfte

Um dem Kind außerhalb seiner leiblichen Familie Geborgenheit und eine verlässliche Beziehung zu geben, müssen Pflegeeltern und Sozialpädagogen im Bereich der stationären Kinder- und Jugendhilfe bestimmte Prinzipien und Anforderungen bei der Begleitung des Kindes oder Jugendlichen erfüllen. Dazu gehören hauptsächlich die folgenden:

- Fürsorglichkeit und Ansprechbarkeit
- Empathie (Fähigkeit zur Perspektivübernahme) und Sensitivität
- Strukturiertheit
- Wertschätzung des Kindes unabhängig von seinem aktuellen Verhalten
- Zuverlässigkeit in der Beziehung/Transparenz im erzieherischen Handeln
- Selbstreflexivität
- Kenntnisse über die Entwicklung von Kindern und Jugendlichen
- autoritativer Erziehungsstil, d. h. Verbindung von Wärme und Wertschätzung mit Konsequenz und klaren Grenzen
- Achtung und Förderung der Autonomie der Kinder

- realistische Erwartungen an sich selbst und an das Kind
- respektvoller Umgang mit der Herkunftsfamilie (eigene Überforderungssituationen erkennen und reflektieren)
- Beziehungsklärung (auf Manipulation und Konfrontation verzichten)
- professionelle Distanz in der helfenden Beziehung
- Konflikt- und Problemlösungsfähigkeit

Blick von außen von Sybille B., Pflegemutter: Pflegeeltern im Spannungsfeld zwischen Verantwortung, Überforderung und Liebe

„Weil wir selbst keine Kinder bekommen konnten, haben mein Mann und ich uns für ein Adoptivkind beworben. In dem Zusammenhang haben wir vom Jugendamt zum ersten Mal von der Möglichkeit gehört, ein Kind in Pflege nehmen zu können. Wir waren instinktiv sofort von dieser Idee überzeugt. Wir hatten auch nie Angst davor, dass es ja eigentlich nur eine Pflege auf Zeit ist und man die Kinder wieder abgeben muss. ...

Heute haben wir drei Pflegetöchter und eine Adoptivtochter, die zunächst als Pflegekind zu uns kam und später von uns adoptiert wurde. Die Große heißt Clara und ist heute 14, Julia ist 10 Jahre alt und die Zwillinge Vanessa und Isabel sind acht.

Clara kam mit eineinhalb Jahren zu uns. Sie war damals schwer krank. Wegen einer bösartigen Tumorerkrankung hatte sie nur noch eine ganz geringe Lebenserwartung. Weil ich Krankenschwester bin und wir uns gleich dafür bereit erklärt haben, Clara in Pflege zu nehmen, ging alles sehr flott. Vom Erstgespräch bis zur Inpflegenahme hat es ungefähr nur sechs Wochen gedauert. Zur Vorbereitung haben wir an zwei Informationsabenden teilgenommen: einem über rechtliche Hintergründe und an einem zweiten über entwicklungspsychologische Themen.

Trotz der damals schlechten Prognose geht es Clara heute körperlich gut, psychisch allerdings überhaupt nicht. Sie ist hochgradig depressiv und macht zurzeit eine Langzeittherapie, weil sie mit ihrer Vorgeschichte einfach nicht zurecht kommt. Die leibliche Mutter von Clara hat selbst eine Heimkarriere hinter sich, und insgesamt sechs Kinder von verschiedenen Männern. Wir hatten den Eindruck, dass sie eine Borderline-Störung hat. Clara hat siebeneinhalb Monate bei ihr gelebt. Aber nach der Diagnosestellung wollte ihre Mutter nichts mehr von ihr wissen, hat sie dann einfach fallen lassen und sich nicht mehr um sie gekümmert, nie mehr. Clara war monatelang allein in der Kinderklinik, bevor sie zu uns kam. Sie war im Bett fixiert, weil sie über eine Nasensonde ernährt wurde. ... Der Vater von Clara hätte sie sehr gern behalten und hat unter dem Verhalten der Mutter sehr gelitten. Seit Clara zehn Jahre alt ist und die Probleme begannen größer zu werden, haben wir Kontakt zu ihm gesucht und auch aufgenommen. Seitdem sieht Clara ihren Vater einmal im Jahr. Sie liebt ihn, denn sie fühlt irgendwie, dass er sie liebt und sie zur Adoption freigegeben hat, damit sie bei uns sicher aufgehoben ist. Das ist für sie und für ihn ganz wichtig. Er kümmert sich sehr nett um sie, ist aber gesund distanziert. Er kommt ihr nicht zu nahe, er kommt uns nicht zu nahe, zeigt aber auch, dass er immer für sie da ist und sagt ihr das auch. Unsere Sprachregelung ist so: es gibt einen ersten Papa und einen zweiten Papa. Wenn Claras Vater ihr schreibt, unterschreibt er auch mit: Dein erster Papa. Ein sympathischer Mensch. Es ist gut, dass es ihn im Hintergrund gibt. Die

Auseinandersetzung mit dem Verhalten ihrer Mutter überträgt Clara seit einigen Jahren auf mich. Einmal hat sie mich angeschrien: „Was muss ich mit Dir machen, damit Du mich auch wegschmeißt?!" Als in der Pubertät dieser ganze Hass, die Wut und Enttäuschung aus ihr heraus brachen, haben wir die erste Therapie gemacht: stationär, viereinhalb Monate. … Nun ist Clara für ein Jahr in einer therapeutischen Einrichtung, damit wir sie heil durch die Pubertät bringen. Sie ist sehr intelligent, hat aber eine massive Bindungsstörung. Sie hält keine Harmonie aus. Sie muss dann einfach querschießen. Bei einem ihrer letzten Besuche hat sie gesagt, dass sie uns noch nie so vermisst hat wie jetzt, auch wenn sie sich in der Einrichtung sehr wohl fühlt. Wir haben aber auch bald gemerkt, wie ihre Kämpfe schon wieder angingen und sie in ihre alten Muster zurück fiel. (...) Sie war zeitweise hochgradig suizidgefährdet, unter anderem weil sie in der Schule gemobbt wurde.

Im Nachhinein muss ich sagen, dass ich nie wieder ein Pflegekind adoptieren würde, bevor es nicht annähernd erwachsen ist. Als der Vater Clara nach zweieinhalb Jahren Pflege zur Adoption frei gab und das Jugendamt bzw. die vermittelnde Institution uns anrief, war uns gar nicht so klar, was damit auf uns zu kommt. Wir waren nur überglücklich, dass Clara die Chemotherapie so gut überstanden hatte und überhaupt noch lebte. Wir hatten gekämpft, mit ihr und für sie. Gegen den bösartigsten Tumor – ein Neuroblastom im Stadium IV – mit Fernmetastasen, ihre Hyperaktivität, ihre massive Bindungsstörung, ihre Verhaltensauffälligkeiten, ihren Hospitalismus … Und nach der Adoption steht man plötzlich ganz allein da, ohne Beratung, ohne Begleitung. Auch die ganzen Finanzen werden gestoppt. Dass es auch Hilfen zur Erziehung – wie bei leiblichen Kindern – gibt, wussten wir anfangs gar nicht.

Trotz all der Schwierigkeiten haben wir versucht, eine ganz ‚normale‘ Familie zu sein und wollten unbedingt ein zweites Kind in Pflege nehmen, auch für Clara als Geschwisterkind. So haben wir, als Clara vier Jahre alt war, die damals sechs Wochen alte Julia in Pflege genommen. Ihre Mutter war 16, als Julia auf die Welt kam. Sie hat auf der Straße gelebt, sich prostituiert, war alkohol- und medikamentenabhängig und hat IV-Drogen gespritzt. Sie ist fast durchgehend inhaftiert und alle ihre vier Kinder sind in Pflegefamilien untergebracht. Zu Julia sucht sie keinen Kontakt. Was wir nicht bedauern, weil uns der eine Besuch in der Justizvollzugsanstalt bei ihr in furchtbarer Erinnerung ist.

Das Jugendamt hat uns damals gesagt, sie vermitteln uns ein ‚gesundes‘ Kind zur Clara dazu, so als ‚Ausgleich‘. Wir haben aber bald gemerkt, dass Julia wie ihre Schwester Clara hyperaktiv ist. Außerdem leidet sie aufgrund einer fetalen, d. h. vorgeburtlichen Alkoholschädigung an einer Lernbehinderung und wird voraussichtlich niemals ohne Betreuung leben können. Sie ist ein absolut liebenswertes Kind, das wir nie mehr hergeben würden, die einen unglaublichen Charme hat. Die wickelt ihren Papa regelrecht um den Finger. Sie ist eine ganz eine Tolle! Aber sie ist mega-anstrengend. Julia schläft keine Nacht durch, weil sie Angstzustände hat und davon aufwacht. Wir bemühen uns gerade darum, für Julia den Behindertenstatus zu erlangen, damit sie auch auf lange Sicht gut versorgt ist – vielleicht in einer beschützten Werkstätte oder einer ähnlichen Einrichtung. Zurzeit ist sie in einer normalen Grundschule als Integrativkind. Die Lehrerin unterstützt uns sehr in unseren Bemühungen, Julia in ihrer gewohnten Umgebung zu belassen und nicht in eine weiter entfernt liegende Förderschule wechseln zu müssen.

Die heute siebenjährigen Zwillinge Vanessa und Isabel kamen mit zweieinhalb Jahren zu uns. Sie waren mit ihrer alkoholkranken Mutter zur dritten Entgiftung stationär in einer Suchtklinik, als die Klinik merkte, dass es für die Kinder besser wäre, vorübergehend bis zum Ende des

Entzugs der Mutter anderweitig untergebracht zu sein. Deswegen gingen wir am Anfang von sechs Wochen Pflegezeit aus. Nach drei Wochen war klar, dass sie nicht zurück können. Da hatten wir sie schon so ins Herz geschlossen, dass wir unser Haus umgebaut haben, um sie behalten zu können. Anfangs waren sie absolut problemlos, allerdings eher überangepasst – wie Zinnsoldaten. Sie haben weder geweint noch gelacht, verhielten sich wie Puppen. Später stellte sich heraus, dass die Größere der Zwillinge vielfach von ihrem Vater und von ihrem Patenonkel missbraucht worden ist. Die kleine Schwester musste dabei zuschauen. Sie malt diese Szenen immer und immer wieder. Die Mutter hat Schweigegeld kassiert und sich Alkohol davon gekauft. Der Vater ist nach eineinhalb Jahren aus der Untersuchungshaft entlassen worden – freigesprochen wegen Mangel an Beweisen – und besteht nun auf seinem Umgangsrecht, weil er das komplette Sorgerecht hat. Nun müssen wir uns alle acht Wochen notgedrungen mit ihm, seiner neuen Frau und den Geschwistern der Zwillinge treffen. Das tun wir auf einer Autobahnraststätte, einem möglichst neutralen Ort, denn die Treffen sind für die Kinder und für uns emotional sehr anstrengend. Als ihnen die zweite Frau als ihre neue Mutter vorgestellt wurde und der Vater ihnen sagt, dass er sie bald zu sich holen wird, waren die beiden ganz durcheinander. Sie werden mit Geschenken überhäuft und am Ende lässt der Vater ein Foto von ihnen auf seinem Schoß machen. Darüber hinaus fragt er sie nichts und sie erzählen auch nichts. Besonders für Vanessa, die missbraucht wurde, sind das schwierige Tage. Isabel ist eigentlich ein recht lebhaftes Kind, aber sie leidet an psychogenem Minderwuchs. D. h. solange sie nicht groß werden will, wird sie körperlich nicht wachsen. Sie möchte am liebsten ein Baby bleiben und braucht heute noch eine Windel. Der Vater hat sich auch darum bemüht, die Kinder bei uns zu Hause besuchen zu können. Wir haben zwar wenig Rechte, aber von unserem Hausrecht machen wir Gebrauch und werden ihn nie bei uns herein lassen. Wir möchten die Kinder so weit wie möglich vor ihm schützen.

Mit den Erfahrungen, die wir gemacht haben, würde ich Menschen, die sich für die Aufnahme eines Pflegekindes interessieren, zu einer realistischen Einstellung raten. Denn die Hoffnung mancher Pflegeeltern, die denken, sie werden das kleine Wesen jetzt gut behandeln und in zehn Jahren sind alle Wunden und Schmerzen vergessen, erweist sich zu häufig als trügerisch. Wünschenswert wäre beim Punkt möglicher langfristiger Entwicklungsschäden und besonderen erzieherischen Herausforderungen auch eine ehrliche aufklärende Haltung der vermittelnden und beratenden Stellen. Denn viele Pflegeeltern empfinden zu Anfang das Gefühl, glücklich und dankbar sein zu müssen, dass sie ein Pflegekind zugewiesen bekommen haben – und setzen sich damit zu sehr unter Druck. Ich kenne jedenfalls niemanden, der in den Anfangszeiten das Jugendamt um Hilfe bittet. Vielmehr hat man das Gefühl, man muss sich beweisen. So versucht man sehr lange, mit den Belastungen selbstständig fertig zu werden, alles allein in den Griff zu bekommen – und überfordert sich häufig damit. ...

Wie oben schon gesagt, stehe ich dieser Option [der Adoption des bisherigen Pflegekindes] sehr skeptisch gegenüber. Zum Beispiel tragen die Pflegekinder nicht den Namen der Pflegeeltern. Wenn die Kinder in der Schule Probleme haben, geht man mit den klar erkennbaren Pflegeeltern ganz anders um als beispielsweise bei unserer Clara, die ja „unser" Kind ist und bei dem die Vorgeschichte nicht weiter interessiert. Da steht man ganz anders in der Verantwortung. Außerdem zahlen wir für Clara, die wir adoptiert haben, 425 Euro an das Jugendamt für die stationäre Unterbringung. Wir machen es gern für das Kind, aber eigentlich schreit das doch zum Himmel. Wäre Clara nicht adoptiert, sondern weiter bei uns in Pflege, würde das Jugendamt nicht nur an uns für die Pflege zahlen, sondern sogar für all die teuren Therapien aufkommen, die wir für Clara aus eigener Tasche finanzieren. Andererseits ist es natürlich bei Pflegekindern komplizierter, wenn es um wichtige Entscheidungen geht. Zum Beispiel müssen bei geplanten Operationen die leiblichen Eltern zustimmen. Und die Zwillinge müssen sich beispielsweise sehr vielen Zahn-Operationen unterziehen, weil die Zähne schon früh geschädigt waren. Deswegen haben wir jetzt die Gesundheitsfürsorge für die Zwillinge beantragt. …

Manchen Menschen fällt es schwer zu verstehen, warum wir vier Pflegekinder bei uns zu Hause aufgenommen haben. Für uns war es einfach die richtige Entscheidung. Wir haben es nie bereut, unseren ‚Kracher-Kindern' Clara, Julia, Vanessa und Isabel ein neues Zuhause zu geben, weil sie alle vier so liebenswert und spannend sind."

(Aufgezeichnet von Thema-Redakteurin Susanne John nach einem protokollierten Interview mit der Pflegemutter Sybille B. im Rahmen des DJI-Projekts Pflegekinderhilfe; alle Namen wurden von der Redaktion geändert.)
(Deutsches Jugendinstitut, DJI Online, 2009)

Aufgaben

Lesen Sie die Fallschilderung der Pflegemutter und bearbeiten Sie dazu die folgenden Fragen:

1. *Welche Probleme im Beziehungsgefüge zwischen Pflegeeltern, Pflegekindern und Herkunftsfamilie werden angesprochen?*

2. *Welche Hilfen benötigen Pflegefamilien, Pflegekinder und Herkunftseltern?*

3. *Was erfahren Sie über die Motivation von Pflegefamilien, Kinder aufzunehmen?*

4. *Wählen Sie drei der oben genannten Prinzipien und Anforderungen an pädagogische Fachkräfte aus und zeigen Sie, wie diese von der Pflegefamilie umgesetzt werden bzw. welche Schwierigkeiten dabei auftreten können.*

Partizipation von Kindern und Jugendlichen als Ausdruck des ethischen Prinzips der Autonomie

In der UN-Kinderrechtskonvention werden Rechte von Kindern formuliert, die auf vier Grundprinzipien beruhen (vgl. Arnold, 2008, S. 23):

1. Das Recht auf Gleichbehandlung (Artikel 2)

2. Das Prinzip der vorrangigen Berücksichtigung des Kindeswohls (Artikel 3)

3. Das Recht auf Leben, Überleben und Entwicklung (Artikel 6)

4. Die Berücksichtigung der Meinung und des Willens des Kindes (Artikel 12)

Die Umsetzung des Mitspracherechtes ist von besonderer Bedeutung, wenn es um einschneidende und tief greifende Entscheidungen geht, wie z. B. bei einer Fremdplatzierung (siehe Kapitel 6).

Definition
„Partizipation von Kindern und Jugendlichen ist die verbindliche Einflussnahme von Kindern und Jugendlichen auf Planungs- und Entscheidungsprozesse, von denen sie betroffen sind, mittels ihnen angepasster Formen und Methoden." (Jaun, 1999, S. 266)

Die Möglichkeit der Partizipation von Kindern und Jugendlichen bewegt sich im Spannungsfeld zwischen Kindeswohl und Kindeswille. Der Kindeswille ist immer im Zusammenhang mit dem Kindeswohl zu sehen. In den meisten Fällen stimmen Kindeswille und Kindeswohl überein, zumal der Kindeswille ein Kriterium für Kindeswohl darstellt. Aber manchmal kommen Fachkräfte in Dilemma-Situationen, weil Kindeswohl und Kindeswille keine festen und absoluten Größen sind und Fürsorge, Schadensvermeidung, Autonomie und Gerechtigkeit im Einzelfall einander ausschließen können. Ein Kind, das in seiner Familie z. B. permanent Gewalt erfährt und damit in seiner Entwicklung stark gefährdet ist, kann trotzdem den Willen haben, in seiner Familie zu verbleiben. Ein weiteres Problem stellt die eingeschränkte Fähigkeit von kleineren Kindern dar, ihren Willen deutlich zum Ausdruck zu bringen. Manchmal wollen betroffene Kinder aus unterschiedlichen Gründen ihre Meinung auch nicht äußern. Für die Beteiligung von Kindern an Entscheidungsprozessen gibt es zwar keine Altersbegrenzung, aber sie ist nur dann sinnvoll und möglich, wenn die Kinder in der Lage sind, eigene Haltungen zu entwickeln und zu vertreten. Die Beteiligung ermöglicht den Kindern und Jugendlichen, ihre Bedürfnisse zu äußern und Veränderungen der eigenen Lebensbedingungen mitzugestalten und stärkt damit ihr Selbstwertgefühl und ihre Identifikation mit der neuen Situation. Leider kommt es auch vor, dass Kinder durch Erwachsene instrumentalisiert werden. Kinder werden dann zu Aussagen gebracht, die ausschließlich im Interesse des jeweiligen Erwachsenen liegen.

Um solche und andere Gefahren auszuschließen, sollten bei der Beteiligung von Kindern und Jugendlichen an Entscheidungsprozessen bestimmte Faktoren berücksichtigt werden. Jaun beschreibt eine Reihe solcher Faktoren einer gelingenden Partizipation:

- **Betroffenheit**
  Wenn Kinder von Entscheidungsprozessen unmittelbar betroffen sind, sind sie in der Regel auch bereit, sich am Entscheidungsprozess direkt zu beteiligen.

- **Verbindlichkeit**
  Die Ergebnisse der Beteiligung müssen für das Kind oder den Jugendlichen sichtbar sein. Dazu gehört auch die Klarstellung, wer welche Position vertritt (Eltern, Erzieher, Jugendamt).

- **Offenheit**
  Ehrlichkeit und Kongruenz dem Kind oder Jugendlichen gegenüber bedeutet, keine falschen Hoffnungen zu wecken und keine Versprechungen zu machen, die nicht gehalten werden können. Das würde das Vertrauensverhältnis stark belasten.

- **Transparenz**
  Entscheidungsprozesse müssen überschaubar und nachvollziehbar sein, ggf. sollten Ergebnisse verdeutlicht oder erklärt werden, sodass das betroffene Kind Maßnahmen nachvollziehen kann.

- **Unmittelbarkeit**
  Jüngere Kinder leben im Hier und Jetzt, das muss bei Beteiligungsprozessen beachtet werden. Weit in die Zukunft reichende Maßnahmen sind für jüngere Kinder kaum nachvollziehbar.

- **Kontinuität**
  Partizipation ist kein einmaliger Prozess, sondern sollte dem Kind bei allen Angelegenheiten, die es selbst betreffen, ermöglicht werden.
  (vgl. Jaun, 1999, S. 261-274)

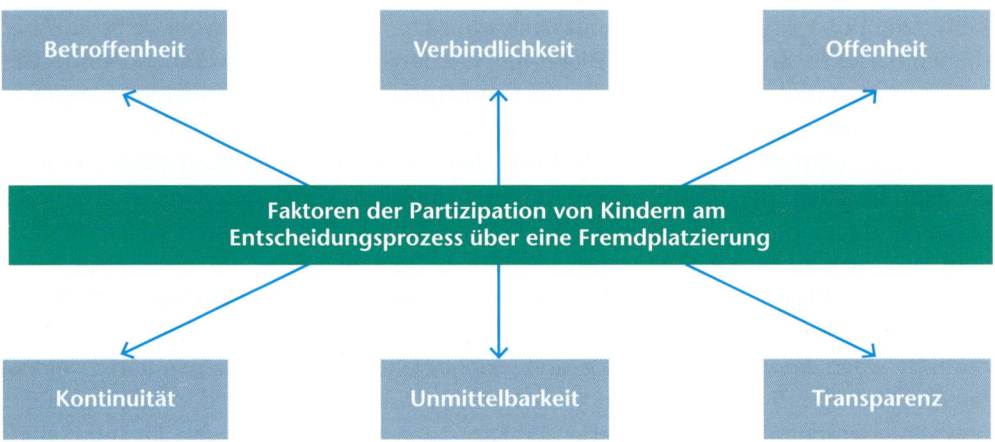

Durch diese Faktoren wird dem Kind bzw. dem Jugendlichen Mitbestimmung und Mitgestaltung ermöglicht. Eine Einschränkung der Autonomie durch ethisch legitimes paternalistisches Handeln der Fachkräfte besteht nur dort, wo die Mitbestimmungsfähigkeit des Kindes nicht oder noch nicht gegeben ist.

7.3.3 Ethische Fragen bei Adoption

Der Leitgedanke für eine Adoption ist immer das Wohl des Kindes. Eine Adoption kann erst dann in Erwägung gezogen werden, wenn dem Kind in der Herkunftsfamilie auch mit Hilfsangeboten des Staates keine gute Lebensperspektive geboten werden kann. Das Hauptziel der Adoptionsvermittlung besteht darin, für das Kind die geeignete Familie zu finden und nicht in erster Linie für die adoptionswillige Familie das passende Kind. Die Würde des Kindes, seine Bedürfnisse nach Geborgenheit, Zuwendung und einer verlässlichen

Beziehung stehen dabei im Mittelpunkt. Ebenso sind Herkunft und Biografie des Kindes zu respektieren. Ethische Probleme, die sich aus einer Adoption ergeben können, sind nur teilweise vergleichbar mit den ethischen Problemen bei einer Fremdplatzierung in der Institution.

Definition
Adoption ist ein rechtlicher Vorgang, bei dem ein Erwachsener ein fremdes Kind annimmt und es künftig wie ein leibliches Kind behandelt. Es entsteht ein Eltern-Kind-Verhältnis ohne Rücksicht auf natürliche Abstammung.

Unterschied zwischen Pflegschaft und Adoption

Pflegschaft	Adoption
• Pflegeeltern sind Vertragspartner des Jugendamtes. • Sie erbringen eine Dienstleistung für die Herkunftseltern. • Dazu erhalten sie finanzielle Unterstützung (Unterhalt, erzieherischen Einsatz) und haben Anspruch auf fachliche Hilfe und Begleitung durch das Jugendamt. • Die Dauer der Pflegschaft kann vorübergehend, dauerhaft oder unbestimmt sein. • Es besteht eine Verpflichtung der Pflegeeltern zur Zusammenarbeit mit der Herkunftsfamilie.	• Adoptivkinder sind alleinige Kinder ihrer sozialen Eltern. • Die Adoptiveltern besitzen die gleichen Rechte wie bei leiblichen Kindern. Die Adoptivkinder besitzen die gleichen Rechte wie leibliche Kinder.

Gründe für eine Adoptionsfreigabe

Die Gründe von Müttern oder Eltern, ihr Kind zur Adoption freizugeben, decken sich teilweise mit denen der anonymen Kindesabgabe. Bei der Freigabe zur Adoption spielen besonders folgende Bedingungen eine Rolle:

- Überforderung durch mangelnde familiäre Unterstützung
- finanzielle Probleme
- Überforderung aufgrund von Krankheit
- ungewollte Schwangerschaft usw.

Motive für eine Adoption

Die Beweggründe, warum sich Paare für eine Adoption entscheiden, sind vielschichtig. Ethisch relevant sind dabei drei Grundmotive:

1. **Das Motiv, einem Kind eine gute Lebensperspektive zu geben und damit auch die eigene Lebensqualität zu steigern**

   Dieses Grundmotiv kann sich in folgenden Adoptionsgründen zeigen:

   • Wunsch, einem Kind und sich selbst eine stabile Familie zu geben

   • Wunsch, eine eigene Familie zu gründen (bei Unfruchtbarkeit usw.)

   • Wunsch, an seine Kinder das weiterzugeben, was man selbst als Kind bekommen hat

2. **Das Motiv, durch die Adoption das eigene Wohl zu befördern (egoistisches Motiv)**

   Dieses Grundmotiv kann sich in folgenden Adoptionsgründen zeigen:

   • Streben nach Prestige (vollständige Familie/soziale Anerkennung)
   • Kind als Ersatz (Partner, Tod eines Kindes usw.)
   • Wunsch, die eigenen Probleme durch eine Adoption zu lösen
   • Wunsch nach einer sinnvollen Zukunftsperspektive
   • Wunsch nach kindlicher Liebe und Zuneigung
   • Steigerung des eigenen Selbstwertgefühls

3. **Das Motiv, einem Kind Gutes zu tun (altruistisches Motiv)**

   Dieses Grundmotiv kann sich in folgenden Adoptionsgründen zeigen:

   • Wunsch, dem Kind ein glückliches Zuhause zu geben
   • Wunsch, dem Kind optimale Entwicklungschancen zu eröffnen
   • Wunsch, dem Kind Leid zu ersparen oder sein Leid zu verringern

In den meisten Fällen spielen bei der Bewerbung für eine Adoption mehrere Gründe eine Rolle. Ob die Adoption jedoch für das Kind und die Adoptiveltern erfolgreich ist, hängt nicht unwesentlich von den Grundmotiven und damit von den Erwartungen an eine Adoption ab.

> **Aufgabe**
>
> *Welche der drei Grundmotive für eine Adoption halten Sie für ethisch geboten? Begründen Sie Ihre Auffassung.*

Adoptionsformen

Inkognito-Adoption

Bei dieser Form erhalten die leiblichen Eltern nur allgemeine Informationen über die Lebenssituation der Adoptiveltern (Alter, Beruf, Dauer der Ehe usw.). Für die leiblichen Eltern bleiben die Adoptiveltern anonym. Dadurch wird die Adoptivfamilie vor unerwünschten Einwirkungen der leiblichen Eltern, deren Verwandten oder unbefugten Dritten geschützt (vgl. § 1758 BGB). Wünsche der leiblichen Eltern bei der Auswahl der Adoptivfamilie können jedoch berücksichtigt werden. Die Adoptiveltern erfahren in der Regel, wer die leiblichen Eltern des Kindes sind.

Halboffene Adoption

Bei dieser Adoptionsform stellt das Jugendamt als Adoptionsvermittlungsstelle den Kontakt zwischen Eltern und Adoptiveltern her. Die leiblichen Eltern und zukünftigen Eltern lernen sich vor der Vermittlung kennen, allerdings werden in der Regel keine Namen und Adressen ausgetauscht. Sinn dieser Adoptionsform ist es, einen persönlichen Eindruck voneinander zu gewinnen, über offene Fragen zu sprechen usw. Brieflicher Kontakt zwischen leiblichen Eltern und Adoptiveltern ist ebenfalls über die Adoptionsvermittlungsstelle möglich. Auf diese Weise haben die leiblichen Eltern die Möglichkeit, den Lebensweg des Kindes mitzuverfolgen. Durch eine (teilweise) Aufhebung der Anonymität kann sich aus einer Inkognito-Adoption eine halboffene Form entwickeln.

Offene Adoption

Hier besteht der direkte Kontakt zu den leiblichen Eltern. Besuchskontakte sind jeder zeit nach Bedürfnis und Vereinbarung möglich. Diese Form ist dann besonders sinnvoll, wenn das Kind bereits positive soziale Beziehungen aufgebaut hat (Verwandte, Freunde, Erzieher in einer Kindertagesstätte usw.), die es fortführen will und die für die Entwicklung des Kindes förderlich sind. Diese Adoptionsform ist in Deutschland eher selten und findet meistens nur bei Adoptionen innerhalb der Familie oder unter Freunden Anwendung. Mitunter entwickelt sich eine offene Adoption aus einer halboffenen Form.

1. Diskutieren Sie in Kleingruppen, welche Möglichkeiten und Grenzen es für die Umsetzung ethischer Prinzipien in der jeweiligen Adoptionsform gibt: a) für das Kind, b) für die leiblichen Eltern und c) für die Adoptiveltern.

   Als Vorlage können Sie dazu die folgende Tabelle nutzen.

Prinzip	Offene Adoption	Halboffene Adoption	Inkognito-Adoption
Autonomie			
Gutes tun			
Nicht schaden			
Gerechtigkeit			

2. Vergleichen Sie die Auswirkungen der verschiedenen Adoptionsformen auf die Beteiligten und nehmen Sie dazu Stellung.

3. Welcher Adoptionsform würden Sie aus ethischer Sicht den Vorrang geben? Begründen Sie Ihre Meinung.

4. Machen Sie sich ein Bild von der Situation der Betroffenen, indem Sie das folgende Interview lesen und Ihre Eindrücke und Erkenntnisse in der Klasse besprechen.

Das Internetforum adoptionsberatung.at veröffentlichte im Jahr 2008 ein Interview, das Jutta Eigner mit Roman Riedel führte, der als Säugling in Deutschland adoptiert wurde. Im Folgenden werden Auszüge daraus vorgestellt.

„**Eigner:** Sie sind als Säugling im Inland adoptiert worden. Wann haben Sie das erste Mal erfahren, dass Ihre Eltern Ihre Adoptiveltern sind und welche Bedeutung hat das damals für Sie gehabt?

Riedel: Es war sicher noch bevor ich zehn Jahre alt war, irgendwann einmal in der Volksschulzeit. Erfahren habe ich von meiner Adoption nicht direkt von den Eltern, sondern durch Stöbern in ihren Unterlagen. Ansatzweise hatte ich schon vorher etwas mitbekommen, weil Mutter und Vater natürlich darüber sprechen, wenn sie glauben, dass das Kind nicht zuhört oder bereits schläft. Es lässt sich auch nicht ganz vermeiden, dass Eltern irgendwann in emotionalen Momenten Bemerkungen fallen lassen, die in diese Richtung weisen, sei es in besonders liebevollen oder auch in zornigen Augenblicken. Ich erinnere mich an Andeutungen wie ‚Jetzt muss ich mich schon wieder ärgern … wenn das mein eigenes Kind wäre, wäre es vielleicht ganz anders …' oder ‚Hätte ja auch von mir selbst sein können, so süß ist er …' Auch wenn Eltern glauben, dass ein Kind bereits außer Hörweite ist, hört man das. Und wenn man als Kind diese Möglichkeitsform, dieses ‚hätte von mir sein können', aufschnappt, dann ist man natürlich interessiert. Dann schaut man sich das an, findet die Dokumente und weiß, okay es ist so … Ich wollte meine Eltern nicht direkt fragen, weil ich gemerkt hatte, dass sie so ein großartiges Geheimnis daraus machen und das Thema tabu ist. Daher suchte ich in den Unterlagen. Dann war die Neugierde befriedigt und die Bestätigung war da. Ich nahm auch weiterhin wahr, dass für sie eine Welt zusammen brechen würde, wenn ich das Thema Adoption auch nur anschneide. Also habe ich mich zu einem ‚gentleman-agreement' entschlossen. Ich spreche nicht darüber, dann geht es ihnen und uns allen gut.

Eigner: Haben Sie sich je in schwierigen Zeiten mit Ihren Adoptiveltern vorgestellt, dass Sie in der leiblichen Familie besser aufgehoben oder verstanden gewesen wären?

Riedel: Solche Fantasien hatte ich eigentlich nicht. Ich habe unsere Familie als ganz normal gesehen und akzeptiert. Meine Eltern sind, wie sie sind: einmal schrullig und einmal lieb, einmal ärgere ich mich über sie und dann ärgere ich mich wieder nicht … Man sieht ja auch bei anderen Kindern, dass es da nicht immer so sang- und klanglos abläuft. Nachdem es mir prinzipiell immer gut gegangen ist, habe ich die Frage nach anderen Eltern nie ernsthaft gestellt. Trotzdem gab es natürlich Wutanfälle, wo ich mir dachte, wer weiß, wie es mir gehen würde, wenn ich ‚prinzipiell' andere Eltern hätte. Ich hätte beispielsweise gerne die Eltern meines Freundes gehabt, wenn ich mir Eltern hätte aussuchen können. Ich hatte aber nie das Bedürfnis, zu meinen leiblichen Eltern zu gehen und ich muss ganz ehrlich sagen, ich habe auch ganz selten an meine Adoption gedacht. Nicht dass ich es bewusst weggeschaltet habe, aber es hat mich eigentlich nicht beschäftigt. Man könnte auch sagen, das Bewusstsein der Adoption hat mich nie ‚belästigt'.

Eigner: Haben Sie je versucht, zu Ihrer leiblichen Familie Kontakt aufzunehmen bzw. hatten Sie das Bedürfnis danach?

Riedel: Nein.

Eigner: Wie gehen Sie als Adoptierter mit Öffentlichkeit um? In Ihrem Fall einer Inlandsadoption war es wahrscheinlich nie auf den ersten Blick ersichtlich, dass es sich um eine Adoptivfamilie handelt. Wann und mit wem spricht man über den eigenen Adoptionshintergrund?

Riedel: Als Kind redet man eigentlich im Freundeskreis nicht darüber, weil ja keine Veranlassung dazu besteht. Die Adoption spricht sich aber trotzdem herum – es gibt Nachbarn, es gibt Freunde und es ist nicht so, dass alle ein so großes Geheimnis daraus machen, wie es die eigenen Eltern gerne hätten. Die Leute erwähnen es dann vielleicht irgendwo und andere bekommen es mit. Dadurch verbreitet sich die Information über unterschiedlichste Kanäle. Als Kind und Jugendlicher wurde ich aber weder von Lehrern noch von Freunden darauf angesprochen. Ich merkte aber, der eine oder andere weiß Bescheid und denkt vielleicht, ich möchte nicht darüber reden. Wahrscheinlich waren mehr Menschen informiert, als mir persönlich bewusst war. Ich kann mich in meiner Jugend daran erinnern, dass jemand meinen Adoptionshintergrund als Schimpfwort verwenden wollte, in die Richtung: ‚Du Adoptivsohn, du …' Ich dachte dabei, lustig, was er damit eigentlich bewirken wollte? Es hat mich nicht sehr berührt, aber ich fand es komisch, dass er das überhaupt weiß, weil ich mit ihm nicht darüber gesprochen hatte. Grundsätzlich denke ich mir, das Thema Adoption soll jeder so behandeln, wie er das möchte. Man kann darüber offen sprechen, aber im Alltag frage ich als Kind niemanden, ob das jetzt der „echte Vater" ist oder nicht, ob die Eltern geschieden sind oder nicht etc. … Wenn ich einen Bekannten, Freund oder Schulkollegen habe, kenne ich die dazu gehörigen Eltern. Mich interessierte aber wenig, ob diese in erster oder dritter Ehe verheiratet sind, ob das Kind das erste oder siebte ist oder welche Kinder vom Vater und welche von der Mutter in die Ehe mitgebracht wurden. Es gibt ja unglaublich viele Konstellationen. Und es gehen auch andere ganz locker damit um. Manche interessieren sich dafür und wenn das ein guter Freund ist, unterhält man sich eben auch über die Familienkonstellation."

(Kinder- und Jugendförderung – Pflegeelternverein Steiermark, 2008)

Ethische Probleme bei der Inkognito-Adoption

Für Adoptierte kann es mitunter sehr schwer und schmerzlich sein, die eigenen Wurzeln nicht zu kennen oder mit der Tatsache zu leben, von den leiblichen Eltern fortgegeben worden zu sein. Oftmals ergeben sich daraus ambivalente Gefühle sowohl gegenüber den Adoptiveltern (Dankbarkeit, Angst vor Ablehnung, innere Distanz aufgrund anderer Abstammung usw.) als auch gegenüber den leiblichen Eltern (Identifikation aufgrund der Abstammung, Wut und Trauer). Dieser Zwiespalt führt nicht selten zu Selbstzweifeln, Schuldgefühlen, Identitätsproblemen, Loyalitätskonflikten und psychischen Problemen.

Bei einer Inkognito-Adoption besteht auch heute noch die Gefahr, dass die Adoptiveltern dem Kind die Adoption verheimlichen. Die Motive dafür können sowohl fürsorglich als auch egoistisch sein. Entweder wollen die Adoptiveltern das Kind vor diesen Loyalitäts- und Identitätsproblemen bewahren oder sie befürchten, dass sich das Kind von ihnen abwenden könnte, wenn es Kontakt zu den leiblichen Eltern aufnimmt. Unabhängig von den Gründen belastet oder zerstört das Verschweigen der Adoption das Vertrauensverhältnis des Kindes zu den Adoptiveltern. Deshalb wird Adoptiveltern heute geraten, ihr Kind so früh wie möglich über die Adoption aufzuklären.

Für Adoptiveltern, die nichts über die leiblichen Eltern wissen (z. B. anonyme Kindesabgabe), ist es besonders schwer, dem Kind die leiblichen Eltern positiv darzustellen. Viele Adoptierte suchen irgendwann nach ihren Wurzeln, um sich selbst zu finden, um Ursachen für die Weggabe zu erfahren, um sich ein Bild von der Herkunftsfamilie zu machen. Adoptiveltern haben dann die Möglichkeit, das Kind bei der Bewältigung dieser besonderen Situation zu unterstützen und zu begleiten. Den Schmerz über den Verlust der leiblichen Eltern können Adoptiveltern dem Kind zwar nicht nehmen, aber sie können es durch Zuwendung und Verständnis dazu ermutigen, sich mit der Situation „auszusöhnen". Die leiblichen Eltern sollten nicht aus dem Leben des Kindes ausgeklammert werden. Nur so hat das Kind die Chance, seine eigene Identität zu verstehen und zu akzeptieren. Achtung der Würde und der Autonomie des Kindes bedeutet für Adoptiveltern, offen und ehrlich mit der Herkunft des Kindes umzugehen. Das Kind hat ein Recht auf Information über seine Herkunft, und die Adoptiveltern haben die moralische Pflicht, dem Kind diese Informationen zu geben.

In den meisten Fällen besteht die Möglichkeit, die Anonymisierung aufzuheben. Diese Möglichkeit sollte im Interesse des Kindes immer in Erwägung gezogen werden. Die Angst von Adoptiveltern, dass das Kind sich ihnen entzieht, ist in den meisten Fällen unbegründet.

Vorzüge der offenen und halboffenen Adoption

Gegenüber der anonymen Adoption haben die offene und halboffene Adoption folgende Vorteile:

- Das Kind erfährt die Wertschätzung seiner Herkunft.
- Das Kind erhält ein realistisches Bild seiner leiblichen Eltern/Geschwister.
- Die leiblichen Eltern können Anteil an der Entwicklung des Kindes haben.
- Die Ursachen für die Freigabe zur Adoption werden ggf. nachvollziehbar gemacht.
- Das Vertrauensverhältnis wird nicht belastet oder zerstört.
- Die leiblichen Eltern können Schuldgefühle abbauen.

Aufgabe

Lesen Sie den folgenden Auszug aus dem Schweizer Berufsethischen Kodex der Adoptionsvermittlung. Diskutieren Sie in der Klasse darüber, ob dieser Kodex auch auf Deutschland übertragbar wäre oder ob nach Ihrer Meinung Änderungen oder Ergänzungen angebracht wären.

Berufsethischer Kodex der Adoptionsvermittlung

„Mit diesem berufsethischen Kodex soll zwischen allen an der Adoption beteiligten Fachleuten verschiedener Berufsgruppen die gemeinsame Wertorientierung festgehalten werden. Daraus werden Handlungsmaximen abgeleitet, die für die Tätigkeit in diesem Bereich von allen respektiert werden sollen.

Der Kodex gilt für die Berufsgruppen und Institutionen, die sich ihm ausdrücklich angeschlossen haben. Er deckt die Tätigkeit der innerstaatlichen Adoption und die Tätigkeit der schweizerischen Stellen und Institutionen in der internationalen Adoption ab. Er beansprucht keine Gültigkeit für die Tätigkeit der ausländischen Partner in der internationalen Adoption. Im Bereich der internationalen Adoption tätige Fachleute und Institutionen wählen vor dem Hintergrund dieses Kodex ihre ausländischen Partner sorgfältig aus und führen mit ihnen, unter Berücksichtigung ihrer kulturellen Eigenständigkeit und der materiellen und sozialen Verhältnisse im jeweiligen Land, den Diskurs über ethische Grundwerte und Verhaltensrichtlinien.

Grundsätze des Kindesschutzes und der Adoptionsvermittlung
Die Rechte des Kindes

Jedes Kind hat das Recht als einzigartiges menschliches Wesen wahrgenommen und behandelt zu werden. Das heißt konkret, dass Kinder nicht ausgetauscht und ersetzt werden können, weder kann die Lücke, die z. B. ein tot geborenes oder verstorbenes Kind hinterlässt mit einem adoptierten gefüllt werden, noch kann die Adoptionsvermittlungsstelle bei einer gescheiterten Adoption, z. B. beim Rückzug der Adoptionsfreigabe, einen „Ersatz" leisten. Die körperliche und seelische Gesundheit kann nicht garantiert werden, es gibt kein Rückgaberecht. Allerdings hat die Adoptionsvermittlungsstelle die Pflicht, alle ihr zugänglichen Informationen über das Kind an die AdoptionsbewerberInnen weiterzugeben.

Jedes Kind hat das Recht auf Eltern, auf Schutz, Betreuung und Förderung.
Jedes Kind und jeder Mensch hat das Recht auf Kenntnis seiner Herkunft und seiner unverfälschten Lebensgeschichte.

Die Rechte und Pflichten der Herkunftsfamilie und des Herkunftslandes
Vor der Adoption kommt die Unterstützung der leiblichen Eltern, ihre Kinder selbst zu betreuen und zu erziehen. Mit diesen Grundsätzen wird ausgedrückt, dass der Unterstützung der leiblichen Familie absolute Priorität zukommt, erst wenn trotz dieser Unterstützungsmaßnahmen der Verbleib in der Familie nicht möglich oder dem Kind nicht zuträglich ist, kommt die Adoption in Frage. Die Adoption ist aber einem andauernden Verbleib in einem Heim vorzuziehen. Leibliche Eltern, die sich eine Adoptionsfreigabe überlegen, haben Anspruch auf sorgfältige Betreuung und Beratung.

Die Rechte und Pflichten der Adoptiveltern
Die Adoption ist eine Kindesschutzmaßnahme und nur als solche zu rechtfertigen.
Adoption ist keine Lösung für das Problem der Kinderlosigkeit. Niemand hat ein Recht auf ein Kind. Lediglich einige kinderlose Paare können, Eignung vorausgesetzt, einem Kind zum Aufwachsen in der Geborgenheit einer Familie verhelfen. Kinder dürfen auf keinen Fall zur ‚Handelsware‘ auf einem von Erwachsenen definierten ‚Wunsch- und Bedürfnismarkt‘ werden. Adoptiveltern müssen besonderen Ansprüchen genügen, ihre Motivation und Eignung ist deshalb gründlich zu klären. Über die Anforderungen hinaus, die an alle Eltern gestellt werden müssen, kommt auf künftige Adoptiveltern eine besondere Aufgabe und Belastung hinzu: Die Identitätsentwicklung eines Menschen zu begleiten, dessen frühe Biographie durch einen Bruch geprägt ist. ...“
(Schweizerische Fachstelle für Adoption, 2011)

7.4 Ethische Fragen bei Behinderung

Erlebnisse und Erfahrungen mit behinderten Menschen
(aufgeschrieben von Mandy, 17 Jahre, Schülerin)

„Ein Mensch, der geliebt und umarmt wird, lernt Liebe in dieser Welt zu empfinden.“

„Ich mache in diesem Wohnheim nur ein Praktikum, um zu sehen wie es ist, auch mit diesen Menschen zu arbeiten. Ich lerne diesen Beruf nicht, deshalb hatte ich noch keine weiteren Erfahrungen, als ich dieses Praktikum anfing. Ich kann mich aber noch genau an meine erste Woche erinnern. Sie war sehr schwierig für mich. Ich lag abends noch Stunden wach und dachte nur nach. Über das Schicksal dieser Menschen, und das, was wohl einige von ihnen für schreckliche Stunden, ja vielleicht Jahre durchmachen mussten. Einiges war sehr unvorstellbar für mich, weil ich so etwas nicht kannte und nie mit solchen Problemen konfrontiert wurde. Wenn einige Heimbewohner von ihrem Leben erzählten, bekam ich richtige Gänsehaut. Ich versuchte mir immer wieder vorzustellen, wie es wohl sei, wenn *ich* eine Behinderung hätte. Ich glaube, ich wäre nicht so stark wie diese Menschen, die hier leben, es würde bestimmt sehr lange dauern. Wenn jetzt eine krasse Veränderung in meinem Leben eintreten würde, würde mich das psychisch sehr belasten, das weiß ich daher, weil ich sehr emotional und stimmungsabhängig bin. Was diese Menschen durchlebten und auch jetzt noch verkraften müssen, kann sich eigentlich keiner so richtig vorstellen und wahrnehmen, denn keiner kann in das Herz dieser Menschen schauen. Ich habe sehr viel über behinderte Menschen erfahren und gelernt und konnte auch so meine eigenen Gefühle auf die Probe stellen. Und so merkte ich, dass es nicht immer leicht ist. Doch jetzt, auch in einer kurzen Zeit, sind mir diese Menschen ans Herz gewachsen. Sie empfingen mich mit offenen Armen, was es für mich etwas leichter machte und worüber ich mich sehr gefreut habe. Ich bedaure es sehr, dass ich hier bald nicht mehr bin, aber diese Erfahrungen und schönen Erinnerungen an diese Menschen und an die lieben Kollegen werden immer ein Stück meines Herzens sein, denn solch einen schönen Eindruck über diese Menschen vergisst man nicht so schnell. Und vielleicht haben sie mich genauso lieb gewonnen wie ich sie und werden an die Zeit noch lange zurückden-

ken, auch wenn sie nur von kurzer Dauer war. Und ich weiß, dass ich sie öfters besuchen werde. Und dann können wir miteinander plaudern und fröhlich beisammen sein. Man sollte keine Vorurteile gegenüber behinderten oder schwächeren Menschen haben, denn sie sind auch nur Menschen wie Du und Ich. Doch leider wird dieses Thema zu wenig angesprochen und kommt viel zu wenig an die Öffentlichkeit.

Man sollte schon bei den Kindern anfangen, sie mit diesen Menschen in Kontakt zu bringen, damit es irgendwann so normal wie möglich sein wird, und diese Menschen auch wie Menschen behandelt werden. Denn es ist oft genug so, dass sie bewusst ausgelacht oder beschimpft werden. Und ich denke, das sollte nicht sein, denn es ist hoch anzurechnen, welch Willensstärke, Kraft und Energie in diesen Menschen stecken. Man sollte nur eigentlich ein bisschen aufgeschlossener sein und darüber nachdenken, um dann vernünftig zu handeln."
(Kruczek, 2000, S. 42 ff.)

Aufgabe

Lesen Sie die Schilderung der Praktikantin. Tauschen Sie sich über Ihre Erfahrungen im Umgang mit Menschen mit einer Behinderung aus.

7.4.1 Menschenwürde und Behinderung

„Niemand darf wegen seiner Behinderung benachteiligt werden." (Art. 3 GG)

„Man ist nicht behindert, man wird behindert."

„Wenn ich einem ‚behinderten' Menschen begegne, ihn anschaue und denke, wie er denn sein könnte, beschreibe ich mich selbst – meine Wahrnehmungen des anderen. Ob ich die daraus entstehende Chance nutze, mich selbst zu erkennen, steht auf einem anderen Blatt!" (Feuser, 2000, S. 189)

„Es ist normal, verschieden zu sein."

Aufgabe

Diskutieren Sie die vier Aussagen. Welche ethischen Probleme im Zusammenhang mit Behinderung werden angesprochen?

Dimensionen des Behinderungsbegriffes

Der Begriff „Behinderung" ist nicht einheitlich definiert und wird jeweils unter verschiedenen Aspekten betrachtet. Die Beachtung dieser Relativität ist besonders für eine ethische Reflexion von Bedeutung. Der medizinische Zugang zum Begriff „Behinderung" geht von Funktionseinschränkungen im Sinne einer Normabweichung aus. Dieser Zugang hat insofern seine Berechtigung, da auf der Grundlage der medizinischen Diagnose dem Betroffenen medizinische, therapeutische und/oder soziale Hilfen bereitgestellt werden können. Der sozial-rechtliche Behinderungsbegriff, der eine Behinderung als umfänglich, schwerwiegend und langfristig charakterisiert, hat die gleiche Bedeutung. Es gibt an diesen oder ähnlichen Bestimmungen des Behinderungsbegriffes hauptsächlich zwei Kritikpunkte:

1. Sie stellen eine Zuschreibung von außen dar und

2. sie zentrieren sich auf eine Abweichung des Menschen von einer Norm und sind dadurch defizitorientiert und einseitig.

Weder die Kompetenzen noch die subjektive Wahrnehmung der Behinderung durch den Betroffenen und die äußeren Faktoren der Behinderung werden beachtet. In der nachfolgenden internationalen Klassifikation der Funktionsfähigkeit und Behinderung ICIDH-1 (International Classification of Functioning, Disability and Health) berücksichtigt die Weltgesundheitsorganisation (WHO) in ihrer Begriffsbestimmung, dass Behinderung eine Wechselwirkung zwischen folgenden Dimensionen beinhaltet:

*   Schädigung von Organen und Funktionen (impairment)
*   Beeinträchtigung/Behinderung im alltäglichen Leben (disability)
*   Benachteiligung im gesellschaftlichen Leben (handicap)

Diese Dimensionen orientieren sich jedoch auch an den Defiziten von Menschen mit Behinderung. Was den Betroffenen nicht möglich ist, steht hier im Mittelpunkt der Begriffsbestimmung. Diese defizitorientierte Sicht wurde durch die Überarbeitung des Behinderungsbegriffes im Jahr 1998 von der WHO korrigiert (ICIDH-2). Die Neufassung stellt die Ressourcen der Menschen in den Mittelpunkt und berücksichtigt die Kompetenzen der Menschen mit Behinderung.

Der Begriff der Behinderung wird nun in den folgenden Dimensionen bestimmt:

- Körperfunktionen und -strukturen
- Aktivitäten (Ausmaß an persönlicher Verwirklichung)
- Partizipation (Ausmaß der Teilhabe am gesellschaftlichen Leben)

In einer Neufassung von 2001 wurden diese drei Dimensionen durch sogenannte Kontextfaktoren ergänzt.

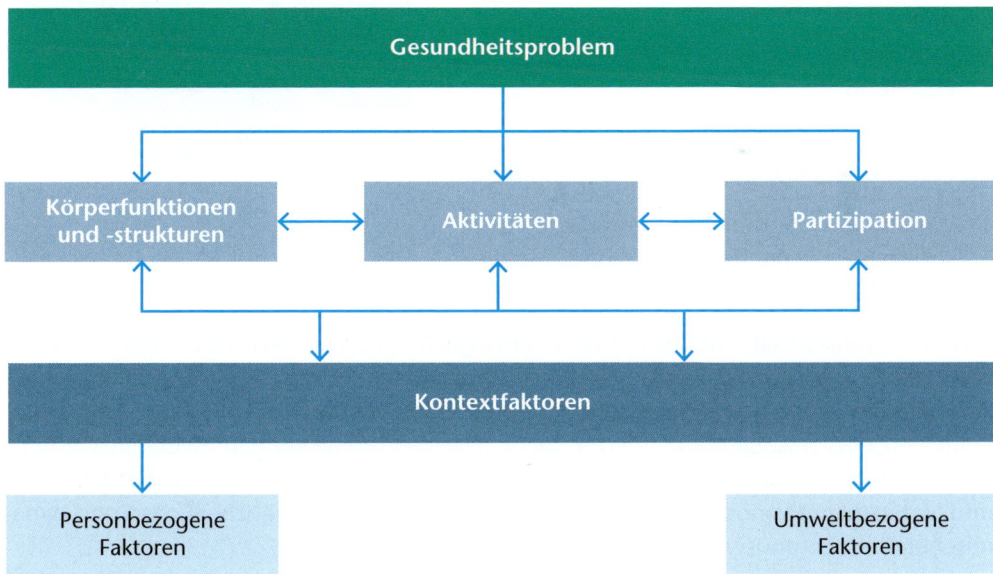

schematische Darstellung des WHO-Behinderungsbegriffs

Das Konzept der Körperfunktionen und -strukturen bezieht sich auf den gesamten menschlichen Organismus und beinhaltet Organfunktionen und mentale Funktionen.

Das Aktivitätskonzept umfasst Leistung und Leistungsfähigkeit. Dazu gehören z. B.

- Lernen,
- Kommunikation,
- Selbstversorgung und
- häusliche Aktivitäten.

Das Konzept der Partizipation bezieht sich auf die Einbindung des Menschen in verschiedene Lebensbereiche. Dazu gehören z. B.

- Beteiligung am persönlichen Unterhalt,
- Einbindung in soziale Beziehungen,
- Teilhabe an Bildung,
- Teilnahme an Beschäftigung/Arbeit und
- Teilnahme am gesellschaftlichen Leben.

Kontextfaktoren sind Hintergrundfaktoren, die sich auf die Situation des Betroffenen positiv oder negativ auswirken können. Hier werden personenbezogene Faktoren und Umweltfaktoren unterschieden. Zu den personenbezogenen Faktoren gehören unter anderem:

- Alter,
- Geschlecht,
- Erziehung,
- Charakter und Bildung.

Zu den Umweltfaktoren gehören unter anderem:

- Wohnung/Wohnumfeld/Infrastruktur,
- soziale Netzwerke (Familie, Freunde) sowie
- Werte und Einstellungen.

Das bio-psycho-soziale Modell der WHO ermöglicht eine Gesamtsicht aus der Perspektive des einzelnen Menschen. Die Neufassung des Behinderungsbegriffes markiert einen Paradigmenwechsel von einer einseitigen und defizitorientierten Sicht hin zu einer ganzheitlichen und ressourcenorientierten Sicht. Die Wechselwirkungen zwischen Gesundheitsproblem einerseits und individuellen Kompensationsmöglichkeiten, Einstellungen und Unterstützungsmöglichkeiten andererseits führen zu einer ganzheitlichen und dynamischen Betrachtungsweise.

Es gibt seit einigen Jahren auch die Diskussion darüber, ob insbesondere für den Bereich der geistigen Behinderung auf eine Definition des Behinderungsbegriffes gänzlich verzichtet werden sollte. Diese Diskussion wird vor dem Hintergrund der Stigmatisierung und Isolation von Menschen mit Behinderung geführt. Der Professor für Behindertenpädagogik Georg Feuser beispielsweise sieht den Begriff der geistigen Behinderung bzw. die Bezeichnung von Personen als geistig behindert als gesellschaftliche Projektion:

„Es gibt Menschen, die wir aufgrund unserer Wahrnehmung ihrer menschlichen Tätigkeit, im Spiegel der Normen, in dem wir sie sehen, einem Personenkreis zuordnen, den wir als ‚geistig-behindert‘ bezeichnen ... “
(Feuser, 2000, S. 189)

Aufgaben

1. **Lesen Sie das folgende Fallbeispiel und bestimmen Sie die Dimensionen der Behinderung von Klaus auf der Grundlage des WHO-Modells von 2001.**

   Fallbeispiel Klaus
   „Der Arzt stellt bei dem Neugeborenen bald eine übermäßige Unruhe fest. Außerdem schläft Klaus viel zu wenig, so dass der Mediziner ein hyperkinetisches Syndrom vermutet und den Eltern dringend rät, den Jungen gleich mit einer Entwicklungsgymnastik behandeln und regelmäßig von einem Facharzt untersuchen zu lassen. Die Eltern sind schockiert. Sie wollen nicht wahr haben, dass ihr Sohn möglicherweise behindert ist, und weigern sich jahrelang, einen Kinderarzt aufzusuchen. Anfänglich scheint sich Klaus normal zu entwickeln. Mit 13 Monaten lernt er laufen. Mit zwei Jahren – also mit etwa einem halben Jahr Verzögerung – spricht er die ersten Worte. Als er auch mit 3,5 Jahren nur ganz einfache Sätze bilden kann, ist der Rückstand in der sprachlichen Entwicklung offensichtlich. Auffällig ist vor allem, dass Klaus nicht fünf Minuten still sitzen kann. Er zappelt herum und verbreitet Unruhe. Er ist ungeschickt, stößt überall an, schmeißt alles um. Wenn man ihm etwas sagt, scheint er nicht hinzuhören. Noch immer gestehen sich die Eltern nicht ein, dass ihr Sohn Verhaltensauffälligkeiten zeigt. Das Gefühl, sich für ein gestörtes Kind vor der Umwelt schämen zu müssen, sitzt zu tief. Die Eltern glauben, dass Klaus nicht gehorchen will, dass er faul, eigensinnig und verstockt ist. Sie versuchen mit allen Mitteln, ihn zur Räson zu bringen: zuerst mit Liebe und Nachsicht, dann mit Strenge und Bestrafung, schließlich mit Nichtbeachtung. Verständnis findet Klaus bei der Kindergärtnerin, die ihn vom dritten bis zum sechsten Lebensjahr betreut. Sie erkennt die Störungen. Jedoch erst, als Klaus in die Vorschule kommt, gelingt es ihr, die Eltern davon zu überzeugen, dass Klaus dringend die Förderung in einer Gruppe für gestörte Kinder braucht. Darauf können sich die Eltern schließlich einlassen. Die Begutachtung in den Zeugnissen spiegeln wider, wie der Druck, dem der Junge ausgesetzt ist, immer größer wird. ... Es ist offensichtlich: Je strenger die Regeln, je höher die Erwartungen an Ausdauer und Disziplin, desto schmerzlicher erlebt das Kind sein Fehlverhalten als Versagen. Denn eigentlich ist Klaus ehrgeizig. Er selber erlaubt sich keinen Fehler. Und -möchte es eigentlich allen recht machen, den Eltern und den Lehrern. Je mehr Fehler er macht, desto mehr gerät er in Panik, flippt aus, wird aggressiv. ... Schließlich wird es auch zu Hause unerträglich. Die Eltern wissen keinen Rat mehr. Der Hausarzt vermittelt eine Einweisung in die Kinder- und Jugendpsychiatrie. Die Diagnose dort bestätigt die Vermutung des Arztes, der die Geburt von Klaus betreut hatte. Vorübergehend erhält Klaus Medikamente. Die Untersuchungen in der Klinik decken das ganze Ausmaß der Störungen und des Rückstandes seiner schulischen Leistungen auf. Die Lehrerin in der Klinikschule geht sehr gut auf Klaus ein, verlangt nichts Unmögliches von ihm. ...“ (Aktion Psychisch Kranke e. V., 1994, S. 40 f.)

2. Welche der folgenden Bezeichnungen für Betroffene halten Sie für ethisch legitim?
   Begründen Sie Ihre Meinung.

   a) Behinderte
   b) Menschen mit Behinderung
   c) behinderte Menschen

3. Bewerten Sie unter dem Aspekt der Menschenwürde die Auffassung einiger Wissen-
   schaftler, dass auf eine Bestimmung des Begriffes „geistige Behinderung" verzichtet
   werden sollte. Halten Sie den Verzicht auf die Begriffsbestimmung für angebracht?

7.4.2 Lebensrecht und Menschenwürde

Die Bedeutung der Ethik hat im Zusammenhang mit dem Thema „Behinderung" eine
neue Dimension angenommen. Durch den
Fortschritt in Medizin und Technik, der sich
beispielsweise im Bereich der genetischen
und pränatalen Diagnostik zeigt, treten
neue ethische Fragen auf die Tagesord-
nung. Die wissenschaftliche Entwicklung
(insbesondere im Bereich der Biotechnolo-
gien) erweitert die Erkenntnisse über Behin-

derung und Krankheit. Damit verbindet sich die Erwartung, Behinderung, Krankheit und
Leid zu vermeiden. Diese Erwartungshaltung hat auch Auswirkungen auf die Sicht auf Menschen mit Behinderung. Wenn Behinderung ausschließlich als Leid interpretiert wird, werden Menschen mit einer Behinderung als Leidende angesehen. Das wiederum führt zu
Mitleid. Dadurch besteht die Gefahr, dass Betroffene von anderen nicht ganzheitlich in
ihrem Menschsein und mit ihren Fähigkeiten und Kompetenzen wahrgenommen werden,
sondern hauptsächlich mit ihren Einschränkungen und Defiziten. Eine solche Sichtweise
nimmt auch Einfluss auf vorgeburtliche Entscheidungen. Immer mehr Schädigungen können bereits vorgeburtlich (pränatal) diagnostiziert werden. Die Zahl der vorgeburtlichen
Untersuchungen hat in den letzten Jahrzehnten stark zugenommen. Früher waren pränata-
le Untersuchungsmethoden Risikopaaren vorbehalten. Heute gehört z. B. eine Ultraschall-
untersuchung zur Routinekontrolle bei einer Schwangerschaft. Inzwischen können Schwangere auch auf eigenen Wunsch an einem sogenannten Frühscreening teilnehmen, bei dem
Fehlbildungen möglichst frühzeitig erkannt werden sollen. In den wenigsten Fällen können
durch vorgeburtliche Diagnostik Schädigungen behoben werden. Vielmehr werden Paare
vor die Entscheidung über die Fortführung oder den Abbruch der Schwangerschaft gestellt.

Rechtslage in Bezug auf Spätabtreibung

Der § 218 StGB räumt Eltern im Fall einer ungünstigen Prognose des werdenden Lebens
die Möglichkeit zur Abtreibung ein. Die frühere „embryopathische Indikation" (die bei
schwerer Schädigung des Embryos einen Abbruch der Schwangerschaft bis zur 24.

Schwangerschaftswoche zuließ), wurde durch die „medizinische Indikation" ersetzt. Bei der medizinischen Indikation geht es um Schadensvermeidung für die schwangere Frau, um ihr körperliches und seelisches Wohl. Ausschlaggebend für die Entscheidung für oder gegen eine Abtreibung ist die Zumutbarkeit für die Frau. Da viele Fehlbildungen erst nach der 24. Schwangerschaftswoche erkannt werden können, gilt seit 1995 laut Strafgesetzbuch diese Frist bei der medizinischen Indikation nicht mehr.

Aufgaben

1. *Diskutieren Sie ethische Probleme, die sich im Falle einer ungünstigen Prognose für den Fötus aus der medizinischen Indikation ergeben können.*

2. *Welche ethischen Fragen wirft der Wegfall der Frist für eine Spätabtreibung für die Beteiligten auf?*

3. *Lesen Sie das Fallbeispiel und führen Sie eine ethische Entscheidungsfindung durch*

   a) *nach der Pflichtethik von Kant und*
   b) *nach dem Utilitarismus.*

   Fallbeispiel Mina
   Die 18-jährige Mina wird ungewollt schwanger. Sie überlegt lange, ob sie abtreiben soll. Ihr Freund und ihre Eltern raten ihr, das Kind zu behalten und sichern ihr Hilfe zu. Inzwischen freut sie sich auch auf das Kind. Sie ist mit ihrem Freund in eine kleine Wohnung gezogen, gemeinsam richten sie das Kinderzimmer ein. Ihr Freund hat ihr allerdings anfangs verschwiegen, dass in seiner Familie eine schwere Erbkrankheit existiert, deren Überträger er sein könnte. Als sie die Tatsache erfährt, klärt ihr Arzt sie darüber auf, dass die statistische Wahrscheinlichkeit, dass das Kind die Krankheit hat, bei ca.

4. *Lesen Sie das Fallbeispiel und bearbeiten Sie in Kleingruppen die Aufgaben.*

   Fallbeispiel
   Katja und Thomas wünschen sich schon lange ein Kind. Endlich teilt der Arzt Katja mit, dass sie schwanger ist. Die Schwangerschaft verläuft problemlos, die Vorfreude auf das Kind in der Familie ist groß. Am errechneten Geburtstermin treten die Wehen ein und Katja bringt nach 18 Stunden ein Mädchen zur Welt. Die Hebamme reagiert merkwürdig. Das Baby wird sofort auf die Kinderstation gebracht. Nach einiger Zeit teilt ein Arzt Katja und ihrem Mann mit, dass das Kind ein Down-Syndrom (auch Trisomie 21) hat. Die Eltern sind schockiert und fassungslos ...

   a) *Katja schreibt eine Woche nach der Geburt ihrer Tochter Terry ihrer besten Freundin einen Brief und schildert dort ihre Gefühle, Hoffnungen, Ängste. Versuchen Sie sich in Katja einzufühlen und entwerfen Sie diesen Brief.*

   b) *Terry ist heute zwei Jahre alt. Die Oma von Terry schreibt einen Artikel an eine Zeitung zum Thema: „Down-Syndrom-Betroffene berichten". Versuchen Sie, sich in die Lage der Oma zu versetzen und verfassen Sie einen kurzen Bericht über das Enkelkind Terry.*

Entscheidungsdilemma

Vorgeburtlich diagnostizierte (schwere) Schäden des Fötus stellt viele Schwangere vor die Frage, ob sie das Kind zur Welt bringen oder abtreiben sollen. Diese Entscheidung ist für die meisten Frauen sehr schwierig und einschneidend. Im Sinne des Autonomie-Prinzips muss jede Entscheidung der Frau akzeptiert werden. Der Verzicht auf die Fristenregelung im § 218 StGB hat einerseits das Selbstbestim-

mungsrecht und die Eigenverantwortung der schwangerer Frauen gestärkt, andererseits jedoch neue ethische Fragen für die Betroffenen, das medizinische Personal und die Gesellschaft insgesamt aufgeworfen. Dazu gehört die Frage nach dem Wert des (ungeborenen) Lebens. Weiterhin besteht bei Spätabtreibungen auch die Möglichkeit, dass die Kinder die Abtreibung überleben. In diesem Fall entsteht sowohl aus ethischer als auch aus rechtlicher Sicht eine belastende und widersprüchliche Situation. Denn der Auftrag des Arztes, das Kind durch eine Abtreibung zu töten, konnte nicht erfüllt werden. Nun besteht der Auftrag möglicherweise darin, das geborene Leben mit allen Mitteln zu erhalten.

Aus ethischer Sicht sollte man der Frau die Entscheidung für oder gegen den Schwangerschaftsabbruch zwar zugestehen, da sie schließlich die körperlichen, seelischen und sozialen Folgen in beiden Fällen tragen muss. Allerdings sollte eine solche Entscheidung immer nach reiflicher Vorüberlegung unter Beachtung und Einbeziehung aller Hilfemöglichkeiten getroffen werden. Die Abtreibung sollte der letzte Ausweg sein. Niemand kann der betroffenen Frau die Entscheidung abnehmen und niemand hat das Recht, diese moralisch zu bewerten. Ethisches Argumentieren läuft bei diesem Thema immer Gefahr, moralisierend zu wirken. Es muss akzeptiert werden, dass es für viele Konflikte und Probleme im Zusammenhang mit Schwangerschaft und Behinderung keine einheitlichen und für alle verbindlichen Moralnormen und Lösungen geben kann. Die ethischen Fragen werden durch die Entwicklung der Wissenschaft brisanter, Widersprüche und Gegensätze müssen toleriert und ausgehalten werden. Allerdings darf es keinen rechtlich legitimierten Automatismus zwischen der vorgeburtlichen Prognose einer Behinderung und einem Schwangerschaftsabbruch im Sinne einer Selektion geben. Solche Erwartungshaltungen und Bestrebungen sind ethisch bedenklich, da sie die Menschenwürde und das Lebensrecht von Menschen antasten bzw. infrage stellen.

Die Schwangerschaft abbrechen, wenn das Baby vielleicht behindert ist?

„**Frage**: Meine beste Freundin hat eine Tochter, die geistig behindert ist. Sie ist jetzt vier Jahre alt, und braucht viel Betreuung und Aufmerksamkeit. Meine Freundin ist wieder schwanger, aber noch so ein Kind, das schaffen sie und ihr Mann nicht. Die Ärzte können nicht sagen, ob das Kind normal wird. Ich kenne ein Paar, das sich in einem ähnlichen Fall zum Abbruch entschlossen und es danach noch mal probiert hat. Ich würde ihr gern helfen – kann ich ihr raten, es auch so zu machen?

Hans-Martin Sass[1] **antwortet:** Sie sprechen eine Frage an, die in ihrem Kern jahrhundertealt ist und auf die Philosophen, Theologen, Juristen, Vorgesetzte, Ehemänner, Familienoberhäupter immer wieder Antworten vorgeschlagen oder durchgesetzt und erzwungen haben. Ich denke, Ihre Freundin sollte es sich nicht leicht machen mit einer Entscheidung. Sie sollte viele Meinungen einholen – nicht als besserwisserische Ratschläge, sondern als unterschiedliche Informationen zu einem ethisch und existentiell (nicht unbedingt juristisch) offenen Thema. Und sie sollte auf Sie oder andere Freunde dabei mehr hören als auf Priester oder Juristen oder Ärzte oder Bioethiker. Sie wird letztlich allein die Verantwortung für die Entscheidung tragen, tragen müssen, tragen dürfen. Die Entscheidung wird auch davon abhängen, wie belastbar sich Ihre Freundin fühlt, wie überlastet sie schon jetzt eventuell ist mit ihrem behinderten Kind. Mein Rat, den ich auch anderweit vertreten habe, wäre, eine Entscheidung aber bald zu treffen und sich nicht allzu lange zu quälen, weil ja auch das werdende Leben wächst. Wir wissen, dass vor dem 70. Tage der Schwangerschaft ein funktionierendes Hirnleben nicht existiert. Das Hirn wächst nur, Zellen spalten sich immer wieder, sie können deshalb keine Erinnerungen oder Informationen speichern, wohl auch keinen Schmerz. Eine klassische jüdische Position sieht daher den Fetus (sogar bis zur Geburt) als unselbstständigen Teil des weiblichen Körpers an, den sie wie eine Mikrobe abspalten, abtreiben kann. Ich würde das ethische Problem der Abtreibung mit zunehmendem Alter des Fetus als ethisch jeweils problematischer ansehen. Und hier müsste Ihre Freundin dann den Schutz und die Akzeptanz des in ihr wachsenden Lebens abwägen gegen ihre Verantwortung dem viel Zuwendung verlangenden schon geborenen Kind oder einem anderen noch zu zeugenden und/oder ihrer eigenen Belastbarkeit. Wir machen alle Fehler und bereuen diese später, aber dies ist auch der Fall, in dem nur einer (eine) die Verantwortung haben darf und haben soll: die Schwangere. Und je näher jemand ihr steht, umso wichtiger wird der Rat für sie sein – der Rat von Philosophen oder Theologen sollte weit dahinter anstehen. Wenn es allerdings um den ‚Rat' (besser ‚Drohung') des Staatsanwalts geht, ist das eine andere Sache. Aber auch über dem Staatsanwalt steht in solchen höchstpersönlichen Verantwortungen das eigene Gewissen (vor Gott und/oder nur vor sich selbst). …"

(www.das-tut-man-nicht.de, 2011)

Präimplantationsdiagnostik (PID)

> **Definition**
> **PID ist eine Gendiagnostik, bei welcher im Labor gezeugte Embryonen vor der Einpflanzung in die Gebärmutter auf Schäden untersucht werden, um zu verhindern, dass sich ein genetisch schwerst behindertes Kind entwickelt und geboren wird.**

Diese Gendiagnostik war in Deutschland bisher verboten, da das Embryonenschutzgesetz die Nutzung eines im Reagenzglas gezeugten Embryos zu Zwecken, die nicht zu seiner Erhaltung dienen, unter Strafe stellt. Das wäre bei der PID dann gegeben, wenn der Embryo Schäden aufweist und deshalb vernichtet wird. In vielen Ländern, auch in einigen europäischen, ist diese Diagnostik seit Jahren unter bestimmten Bedingungen erlaubt. Dazu

---

[1] *Hans-Martin Sass ist Philosophie-Professor an der Ruhruniversität Bochum und am Kennedy Institute of Ethics an der Georgetown University in Washington D.C. Sass hat 1985 das Zentrum für medizinische Ethik in Bochum gegründet und gilt als einer der Begründer der Bioethik in Deutschland.*

gehören z. B. Großbritannien und Frankreich. Die Methode wurde in England entwickelt. Sie kommt nur für bestimmte Personengruppen infrage, nämlich für:

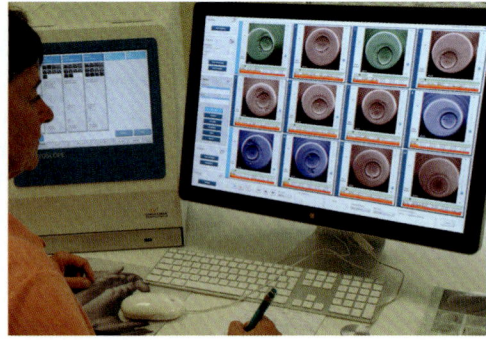

Embyro-Selektion am Computer

- Paare mit genetischem Risiko, die einen Schwangerschaftsabbruch grundsätzlich ablehnen;

- Frauen, die schon einen oder mehrere Schwangerschaftsabbrüche aufgrund eines genetischen Risikos hatten;

- Paare mit genetischem Risiko in Verbindung mit Unfruchtbarkeit und

- Paare mit altersbedingtem genetischen Risiko (Auftreten anormaler Chromosomenzahlen im Zellkern, z. B. Trisomie 21).

Aufgaben

1. *Lesen Sie das Fallbeispiel und diskutieren Sie darüber, ob die PID für die Geschlechterauswahl genutzt werden soll. Begründen Sie Ihre Auffassung.*

   Fallbeispiel
   Anna und Eddie haben drei Töchter. Da sich das Ehepaar einen Sohn wünscht, beschließen beide, ein weiteres Kind zu bekommen. Anna wird wieder schwanger. Das Geschlecht des Kindes will sie während der Schwangerschaft nicht wissen, es muss einfach ein Junge werden. Ihr viertes Kind ist wieder ein Mädchen. Nach einiger Zeit erfahren sie, dass es die Möglichkeit der PID gibt, bei der im Vorfeld das Geschlecht bestimmt werden kann. Sie überlegen, ob sie diese Möglichkeit nutzen sollen.

2. *Lesen Sie das Fallbeispiel und diskutieren Sie darüber, wie die Entscheidung des Paares aus Sicht der Pflichtethik und aus utilitaristischer Sicht bewertet werden kann. Vertreten und begründen Sie Ihre eigene Position.*

   Fallbeispiel
   Frau Müller hat eine Erbkrankheit, die sich darin äußert, dass die Kinder, die sie gebärt, meistens nicht überleben. Frau Müller hatte bisher drei Totgeburten. Als sie und ihr Mann erfahren, dass es in England die PID gibt, melden sie sich dort an.

Nach jahrelanger Diskussion in Deutschland hat der Bundesgerichtshof im Jahr 2010 entschieden, dass die Präimplantationsdiagnostik rechtmäßig ist.

Die Befürworter führen hauptsächlich folgende Argumente auf:

- Durch diese Methode werden Schwangerschaftsabbrüche, insbesondere Spätabbrüche verhindert und damit Leid verringert.

- Das reifere Leben (Fötus) hat damit Vorrang vor Embryonen im Frühstadium (bei der genetischen Untersuchung sind die Embryonen drei Tage alt).

- Eltern bekommen die Chance, ein gesundes Kind zu bekommen.

- Durch die genaue rechtliche Definition des Personenkreises wird Missbrauch ausgeschlossen.

Die Gegner der PID tragen hauptsächlich folgende Argumente vor:

- Die Erfolgsrate der PID ist gering (ca. 15 %). Damit werden falsche Hoffnungen geweckt und Leid vergrößert.

- Die notwendige Hormonbehandlung der Frau hat Risiken.

- Mehrlingsgeburten und Frühgeburten sind bei dieser Methode häufiger.

- Menschliche Embryonen werden wie Müll entsorgt.

- Missbrauch ist nicht ausgeschlossen, und es entsteht die Erwartungshaltung, ein Recht auf ein gesundes Kind zu haben.

Stellvertretend für die kontroverse Diskussion in Deutschland stehen die folgenden Texte:

PID- Diskussion um Präimplantationsdiagnostik geht weiter

„Im Bundestag und in den Kirchen wird in dieser Woche lebhaft weiter diskutiert: Soll die Präimplantationsdiagnostik (PID) in Deutschland zugelassen werden?

Befürworter sehen in dieser Methode eine Möglichkeit für Paare mit einer Anlage für genetische Erkrankungen oder Behinderungen, Kinder zu bekommen, die von diesen frei sind.

Die Bundesvereinigung Lebenshilfe weist jedoch darauf hin, dass das Erfolgsversprechen der PID nur in wenigen Fällen eingelöst werden kann. Lediglich ein knappes Drittel der Frauen bringt nach mehreren Zyklen künstlicher Befruchtung ein Kind zur Welt. Von diesen Kindern wird ein Drittel zu früh geboren, was mit gesundheitlichen Risiken verbunden ist. Durch die künstliche Befruchtung tragen nach Expertenmeinung drei Prozent der Kinder schwere Schäden davon.

Robert Antretter, Bundesvorsitzender der Lebenshilfe: ‚Dem geringen Erfolg der PID stehen massive ethische Probleme gegenüber. Denn eine Methode, die auf der Selektion von Embryonen beruht, verletzt die Menschenwürde.' Daher plädiert die Lebenshilfe dafür, die PID nicht zuzulassen. Zudem erwecke die PID den Eindruck, Behinderung sei vermeidbar. Das würde zu einer abnehmenden Solidarität der Gesellschaft gegenüber Menschen mit Behinderung führen.

Stattdessen sei es Aufgabe der Gesellschaft, Menschen mit schweren Behinderungen und Krankheiten sowie ihren Familien ein gleichberechtigtes Leben zu ermöglichen und ihren Anspruch auf gesellschaftliche Teilhabe zu verwirklichen."

(Pressemitteilung der Bundesvereinigung Lebenshilfe für Menschen mit geistiger Behinderung e. V. vom 28.01.2011)

Der Embryonenschutz soll Leben schützen, aber er kann Menschen schaden

„Am vergangenen Dienstag (Anmerkung: 06.07.2010) hat der Bundesgerichtshof entschieden, dass die Präimplantationsdiagnostik in Deutschland rechtmäßig ist. Seit 15 Jahren warte ich auf dieses Urteil ... Natürlich haben sich auch jetzt die Mahner sofort zu Wort gemeldet. Von Dammbruch ist die Rede, vom Menschen nach Maß und von Eugenik. Ein neues Gesetz, so heißt es, müsse her, um den Missbrauch der PID-Technik zu verhüten.

Wozu? Die Klarheit, die aus dem Urteil der Bundesrichter spricht, kann durch ein neues Gesetz nur geschmälert werden. All die Fragen und Probleme, die jetzt aufgeworfen werden, sind vorgeschoben – oder lösbar.

Das ‚Designer-Baby‘, vor dem jetzt alle warnen, ist nichts als ein Hirngespinst. Es ist Science-Fiction und wird nur benutzt, um gegen die PID Stimmung zu machen. Selbst wenn irgendjemand Menschen maßschneidern wollte, müsste er schnell einsehen: Das geht gar nicht. Die Vererbung von Merkmalen wie Haarfarbe, Körpergröße und erst recht Intelligenz und Emotionalität ist viel zu kompliziert, als dass sie sich durch PID je würde steuern lassen. Zudem sind sämtliche Eigenschaften in komplexer Weise Umwelteinflüssen ausgesetzt. Das einzige Merkmal, das sich ‚designen‘ lässt, ist das Geschlecht des Kindes. Dieses zu wählen, schließen aber das Gesetz ebenso wie das aktuelle Urteil ausdrücklich aus. Auch die Befürchtung, dass PID zur Diskriminierung Behinderter führen würde, ist unberechtigt. Wir machen jetzt seit über 40 Jahren Pränataldiagnostik. Und es stimmt: Behinderte Föten werden dabei regelmäßig abgetrieben. Aber hat sich dadurch die Situation der Behinderten verschlechtert? Im Gegenteil: Behinderte sind heute wesentlich höher geachtete Mitglieder der Gesellschaft als vor 40 Jahren. Immer mehr gehen in Integrations-Kindergärten, immer mehr erreichen einen Schulabschluss. Ein anderer Einwand lautet, man müsse der PID enge Grenzen setzen, andernfalls werde sie schon bald selbst bei minderen Gebrechen Anwendung finden. Ich verstehe nicht, worauf sich diese Angst gründet. Das BGH-Urteil grenzt klar ein, in welchen Fällen eine PID in Frage kommt: nämlich nur, um ‚schwere genetische Schäden‘ zu verhüten. Ein breitflächiges Screening von Embryonen, bei dem ohne bestehenden Verdacht nach erblichen Belastungen gesucht würde, ist damit untersagt. Ich hielte es auch für zutiefst unethisch. Und auch ein weiteres Verfahren, das im Ausland ja bereits praktiziert wurde, bleibt in Deutschland verboten: Embryonen dürfen nicht danach ausgewählt werden, ob sie nach ihrer Geburt ein geeigneter Knochenmarks- oder Stammzell-Spender für ein lebensbedrohlich erkranktes Geschwisterkind sind. ...

Wir sollten deshalb nicht vergessen: Die PID taugt nicht zur Massenuntersuchung. Man kann mit ihr nur seltene, durch den Defekt einzelner Gene verursachte Erkrankungen verhindern. Insgesamt, schätzen wir Humangenetiker, wird es in Deutschland etwa 500 PID-Untersuchungen pro Jahr geben. Dies ist eine geringe Zahl. Aber in diesen 500 Fällen kann das Verfahren für junge Familien großes Glück bedeuten.

(Eberhard Schwinger, in: DER SPIEGEL 28/2010, S. 116 f.)

Aufgabe

Führen Sie in Kleingruppen einen Diskurs zur ethischen Legitimierung der PID unter Einbeziehung der ethischen Prinzipien Fürsorge, Schadensvermeidung, Gerechtigkeit und Autonomie. Verfassen Sie ein Positionspapier, das die Ergebnisse Ihrer Diskussion beinhaltet.

7.4.3 Ethische Leitideen bei der sozialpädagogischen Begleitung von Menschen mit Behinderung

In der Arbeit mit Menschen mit Behinderung werden ethische Probleme angesprochen, die im direkten oder indirekten Zusammenhang mit dem Begriff der Menschenwürde und dem Menschenbild stehen. Früher wurden Menschen mit Behinderung oder Eltern von betroffenen Kindern vorrangig aus der Perspektive der Hilfsbedürftigkeit und Schwäche wahrgenommen. Das Fürsorgeprinzip stand im Mittelpunkt dieser Sichtweise. Heute ist u. a. das Empowerment-Konzept Grundlage der Arbeit mit Menschen mit Behinderung (siehe Kapitel 6). Dieses Konzept betrachtet Betroffene ganzheitlich, geht von deren Kompetenzen aus und beachtet ihre unverwechselbare Individualität. Das Konzept zielt auf Autonomie und Gerechtigkeit ab.

Behindertenarbeit als Assistenz

Assistenz spricht die Beziehung zwischen der professionell helfenden Person und dem Menschen mit Behinderung an. Im Zentrum steht die Forderung, sozialpädagogisches Handeln nicht vorrangig als Betreuung zu sehen, sondern vielmehr als Assistenz für den Betroffenen bei bestimmten Verrichtungen oder Tätigkeiten. Der Betroffene entscheidet selbst, welche Unterstützung er benötigt, und übernimmt damit für sich selbst Verantwortung.

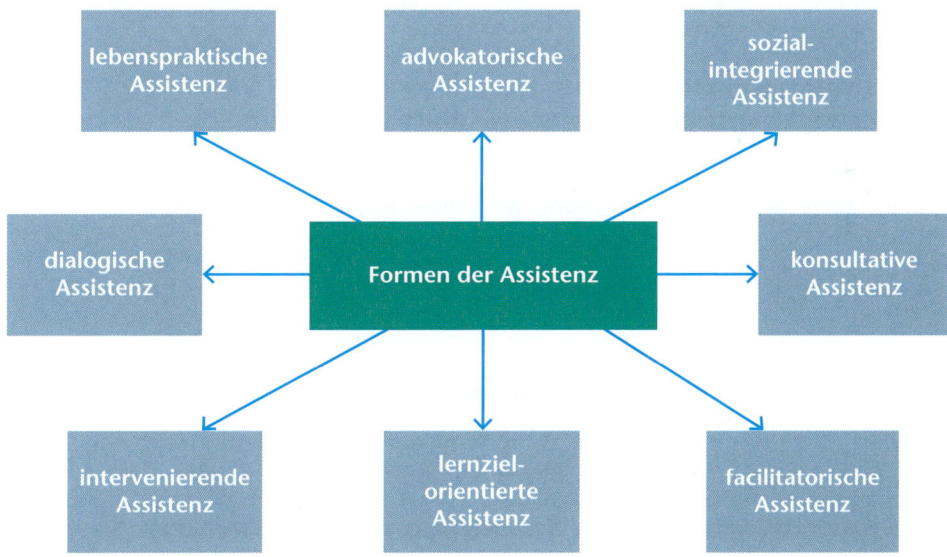

Georg Theunissen beschäftigt sich seit einigen Jahren mit dem aus den USA stammenden Konzept. Er hat ein Modell zur Professionalisierung der Arbeit mit hauptsächlich kognitiv beeinträchtigten Menschen entwickelt, welches acht Formen assistierender Hilfen unterscheidet:

1. **Dialogische Assistenz**
   Hier wird dem Bedürfnis nach Kommunikation, Zuwendung und Geborgenheit Rechnung getragen. Es geht darum, Bedürfnisse des Betroffenen zu erkennen.

2. **Lebenspraktische Assistenz**
   Hilfen im lebenspraktischen Bereich werden auch von Menschen mit Körper- oder Sinnesbehinderung eingefordert und beziehen sich beispielsweise auf Hilfen im Haushalt und bei der Hygiene.

3. **Advokatorische Assistenz**
   Diese Form der Assistenz bedeutet, stellvertretend für den Betroffenen in seinem Interesse zu handeln, z. B. bei Entscheidungen, deren Folgen er nicht allein abschätzen kann.

4. **Sozialintegrierende Assistenz**
   Dazu gehören Hilfen bei der gesellschaftlichen Partizipation, also z. B. Teilhabe an Gruppenaktivitäten.

5. **Konsultative Assistenz**
   Darunter ist die Beratung bei bestimmten Problemen oder in kritischen Lebenssituationen zu verstehen.

6. **Facilitatorische Assistenz**
   Damit sind individuelle und spezielle Lernhilfen gemeint, wenn andere Assistenzformen nicht ausreichen.

7. **Lernzielorientierte Assistenz**
   Hier werden gezielte, strukturierte Lernhilfen bereitgestellt.

8. **Intervenierende Assistenz**
   Im Sinne der Selbstbestimmung wird diese Form als nachrangig betrachtet und kommt nur dann zum Einsatz, wenn Gefährdungen auftreten, z. B. Schutz vor Verletzungen.

(vgl. Theunissen, 2009, S. 77-79)

Selbstbestimmung und Paternalismus in der Behindertenarbeit

Der Begriff „Selbstbestimmung" im Zusammenhang mit Behinderung wird gegenwärtig hauptsächlich unter folgenden Aspekten diskutiert:

- Selbstbestimmung als erlernbare Kompetenz, z. B. Mobilitätstraining

- Selbstbestimmung als Kommunikation in sozialen Bezügen, z. B. das Begreifen der basalen Kommunikation mit schwerst geistig behinderten Menschen als eine Form der Selbstbestimmung

- Selbstbestimmung als Anforderung an die Gestaltung der professionellen Hilfesysteme, z. B. durch kleine Wohneinheiten

- Selbstbestimmung als gesetzlich garantiertes Recht

Die Berufsethik fragt nach Maßstäben und Orientierungen im Umgang mit Menschen mit Behinderung. Insbesondere im Falle einer geistigen Behinderung muss die Grenze zwischen paternalistischer Einflussnahme und Selbstbestimmung reflektiert werden. Da Erziehung und Förderung auf Verhaltensänderungen abzielen und durch pädagogische Zielsetzungen bestimmt sind, werden der Bereich des Erlebens und die Selbstbestimmung oftmals zu wenig berücksichtigt. Menschen mit schweren Beeinträchtigungen haben oftmals eigene, ganz individuelle Kommunikationsformen. Das kann sich z. B. in bestimmten stereotypen Verhaltensmustern oder in aggressivem oder autoaggressivem Verhalten zeigen. Fachkräfte setzen oft gegenwirkende Maßnahmen (Korrektur, Tadel) ein, um Verhalten zu ändern. Meist führen gegenwirkende Maßnahmen zur Verstärkung des unerwünschten Verhaltens. Unter dem Aspekt der Selbstbestimmung und der Schadensvermeidung ist es in vielen Fällen sinnvoller, sich in die Person einzufühlen und zu versuchen, ihr Erleben zu verstehen. Dadurch können Spielräume für die Selbstbestimmung des Betroffenen leichter erspürt und ermöglicht werden.

Beispiel:

Jörg ist geistig behindert. Er kratzt sich sehr oft im Gesicht, an Armen und Beinen. Manchmal hört er erst auf, wenn die Wunde blutet. Eine medizinische Ursache (Hautkrankheit) liegt nicht vor. Die Erzieher des Wohnheimes haben schon vieles ausprobiert, um ihn davon abzubringen. Weder Strafen noch Belehrungen helfen. Wenn er ermahnt oder von seinen Mitbewohnern geschimpft wird, kratzt er sich noch mehr. Eine Heilerziehungspflegerin schlägt Jörg nun vor, dass er sich kratzen darf, dazu aber in sein Zimmer gehen soll. Er darf das tun, wann und so oft er das will. Jörg willigt ein. Seit dieser Zeit ist Jörg offener geworden und sein Zimmer sucht er auch immer seltener auf. Die meisten Wunden sind bereits verheilt.

Die uneingeschränkte Achtung der Menschenwürde von Menschen mit Behinderung kann in der Sozialpädagogik wesentlich durch die Beachtung der folgenden ethischen Grundsätze gewährleistet werden:

1. den Menschen in seinem Erleben ergründen, verstehen, ihm nahekommen

2. seine Kommunikationsabsichten und Bedürfnisse wahrnehmen, erkennen und als solche akzeptieren

3. das Unbekannte und Andere im Erleben und Verhalten respektieren

4. das Vorhandene, und nicht das Fehlende, als das Wesentliche der Persönlichkeit anerkennen

5. ein Gleichgewicht zwischen Grenzen (Rahmen) und Autonomie (Spielraum) schaffen

Folgende Tabelle kann dabei als Handlungsorientierung dienen:

Unterstützung von Autonomie	Zweck	Vorgehensweise
(1) Kennenlernen der Person – in seine Welt vordringen	• Kennenlernen des unterstützten Menschen • Vorlieben/Abneigungen; Ziele, Werte, Träume für die Zukunft; Kommunikation • Fähigkeiten und Fertigkeiten • derzeitige Möglichkeiten und Einschränkungen bei der Entwicklung des Lebensstils	• mit dem Menschen Zeit verbringen und so Vertrauen aufbauen • zuhören und zusehen; erkennen, sich einlassen • Biografie erfassen • nach Vorlieben und Zielen fragen • Freunde und Angehörige befragen • gemeinsam persönliche Zukunftsplanung vornehmen
(2) Erarbeitung eines Lebensstils, der viele Wahlmöglichkeiten einschließt	• Entwicklung eines Lebensstils, der den Vorstellungen des Betreffenden entspricht • Lernchancen und persönliche Autonomie ermöglichen • Ressourcen stärken	• Sicherstellen von Möglichkeiten täglicher Entscheidungen bei allen Aktivitäten • Einführen neuer Erfahrungen und Aktivitäten sowie verständlicher Entscheidungsmöglichkeiten • Anpassung der physischen Umgebung zur Vergrößerung des Handlungsspielraums

(3) Vermittlung von Fähigkeiten und Fertigkeiten zur Selbstbestimmung	• Förderung von Fähigkeiten und Fertigkeiten, die für eine größere Kontrolle über das eigene Leben nötig sind	• Förderung von Fähigkeiten in den Bereichen:
		
		  – Kommunikation
		
		  – Treffen von Entscheidungen
		
		  – Problemlösung
		
		  – Vertretung der eigenen Interessen
		
		  – persönliche Autonomie

Unterstützung von Autonomie	Zweck	Vorgehensweise
(4) Schaffung eines verlässlichen und unterstützenden sozialen Kontextes	• Gewährung dauerhafter Unterstützung und Ermutigung zu selbstbestimmten Handlungen	• Aufbau von Vertrauen, u. a. durch Zuhören, Erkennen und Berücksichtigen der Bedürfnisse • stellvertretendes Handeln im Sinne der unterstützten Person; Förderung von Beziehungen zu anderen Personen • Anbieten von Alternativen oder Lösungen für Probleme • emotionale Unterstützung und Ermutigung

(vgl. Bambera u. a., 1998, S. 27–37)

Aufgaben

Lesen Sie die Fallbeispiele und lösen Sie die Aufgaben.

Fallbeispiel Bernd

Bernd ist 17 Jahre alt, geistig behindert und lebt im Wohnheim. Bernd hat ein starkes sexuelles Verlangen. Es ist ihm nicht gelungen, eine Partnerin zu finden. Zum Geburtstag bekommt er von seiner Großmutter 100 Euro geschenkt. Das Geld will er dafür verwenden, eine Prostituierte aufzusuchen. Die Großmutter ist strikt dagegen und droht damit, ihm das Geld wieder wegzunehmen. Die Erzieher des Wohnheimes beraten über Möglichkeiten, das Problem zu lösen.

Fallbeispiel

Emily und Robert sind beide geistig behindert. Seit zwei Jahren leben die beiden 20-Jährigen als Paar in einer Wohngruppe. Obwohl sie verhüten, ist Emily in der fünften Woche schwanger. Emilys Eltern wollen eine Abtreibung, das Paar möchte das Kind behalten. Sowohl Eltern als auch Emily bitten Jenny, die Erzieherin der Wohngruppe, um Beistand. Wie sollte Jenny vorgehen?

1. *Gestalten Sie eine Teamberatung als Rollenspiel zu einem der beiden Fallbeispiele.*

2. *Diskutieren Sie anschließend Vor- und Nachteile verschiedener Handlungsmöglichkeiten unter Beachtung der Prinzipien Fürsorge und Autonomie. Informieren Sie sich auch über die Rechtslage.*

7.5 Ethische Fragen im Alter

Die Berufsethik der Sozialpädagogik wendet sich in den letzten Jahren verstärkt dem Thema „Alter" zu. Durch den medizinischen Fortschritt und die Erhöhung der Lebenserwartung werden immer mehr ältere Menschen nicht nur medizinisch-pflegerisch, sondern auch sozialpädagogisch betreut. Diese Betreuung kann entweder über Familienhilfe geleistet werden oder sie erfolgt ambulant, teilstationär oder stationär ausschließlich durch professionelle Helfer.

Der würdevolle Umgang mit alten Menschen stellt nicht nur ein moralisches Problem für Fachkräfte und Institutionen dar, sondern ist auch eine gesamtgesellschaftliche Herausforderung für die Zukunft. Eine kompetenzorientierte Sicht auf diesen Lebensabschnitt ist sinnvoll, denn sie beachtet die Ganzheitlichkeit und Kontinuität menschlichen Lebens.

Alt werden ist wie auf einen Berg steigen. Je höher man kommt, desto mehr Kräfte sind verbraucht, aber um so weiter sieht man.

„Jeder, der sich die Fähigkeit erhält, Schönes zu erkennen, wird nie alt werden." (Kafka)

„Nicht der Mensch hat am meisten gelebt, welcher die höchsten Jahre zählt, sondern derjenige, welcher sein Leben am meisten empfunden hat." (Rousseau)

Dialog zwischen Arzt und Patient
„Wie alt, glauben Sie, Herr Doktor, kann ich werden?"
„Rauchen Sie?" „Nein."
„Trinken Sie?" „Nein."
„Frauen?" „Niemals."
„Warum wollen Sie alt werden?"

Alt ist man erst dann, wenn man an der Vergangenheit mehr Freude hat als an der Zukunft.

Es kommt nicht darauf an, wie alt man ist, sondern wie man alt ist.

Derjenige ist in den besten Jahren, bei dem sich die Jungen über die Alten und die Alten über die Jungen beschweren.

Alt werden wollen alle, alt sein niemand.

Da Alter, noch stärker als andere Lebensabschnitte, mit Verlusten (Rollen, Fähigkeiten, Sozialbeziehungen) verbunden ist, stehen Sozialpädagogen und Pflegekräfte sehr oft vor ethischen Problemen und Fragen, die im Zusammenhang mit der würdevollen Begleitung des alten Menschen im Spannungsfeld zwischen Autonomie und Paternalismus stehen.

Mögliche kognitive Beeinträchtigungen im Alter wie Verwirrtheit und Demenz stellen für Fachkräfte sowie Angehörige und Institutionen ein besonderes Problem dar. So kommen Fachkräfte sehr oft in Entscheidungssituationen, die bestimmte moralische Einstellungen und Einsichten erfordern und einer ethischen Reflexion bedürfen.

7.5.1 Menschenwürde und Demenz

Heute leiden über eine Million Menschen in Deutschland an einer Demenzerkrankung. Da die Häufigkeit der Krankheit statistisch mit zunehmendem Lebensalter steigt, wird mit einem weiteren Anstieg der Krankheitsfälle gerechnet. Prognosen zufolge wird sich die Anzahl der Erkrankungen bis zum Jahr 2030 verdoppeln.

In diesem Kapitel soll ausschließlich die degenerative Demenz (Altersdemenz) betrachtet werden, die aufgrund von altersbedingten hirnorganischen Veränderungen im höheren Lebensalter auftritt. Die Zahl der wissenschaftlichen Veröffentlichungen zum Thema Demenz unter ethischen Gesichtspunkten hat zugenommen. Gegenwärtig steht besonders ein Konzept im Zentrum der ethischen Diskussion, nämlich das Konzept der integrativen Demenzethik.

Definition
Unter dem Begriff „Demenz" werden Einschränkungen der kognitiven Leistungs- und Kommunikationsfähigkeit zusammengefasst, die auf der Grundlage von Degenerationsprozessen im Gehirn in unterschiedlicher Ausprägung und Schwere auftreten. Der Krankheitsverlauf beginnt schleichend und führt allmählich zur Beeinträchtigung und zum Abbau verschiedener Fähigkeiten bis hin zum Verlust der eigenen Identität.

Non persona. Hier bin ich - siehst du mich? - eine Person.

„Schwester – Doktor – weißt du, wer ich bin, was ich war?
Ich – ich war Schneiderin, liebte mit Stoffen umzugehen, Satin, glatt und schmiegsam, Cordsamt, rau, Spitzen, delikat und weiß, wie Löwenzahnlichter. Weißt du, dass meine Augen beim Anblick von Farben trunken wurden?

Die Vorhänge dort am Fenster – vergilbt, zerrissen. Könnte ich neue nähen – neue für jenes Fenster. Eine spitze Nadel, bunten Faden – könntest du mir das anvertrauen?

Ich zupfe Fäden aus meinem Kleid, fühle den Stoff – Erinnerung wird Gegenwart.

‚Seht sie an, sie zupft wieder an ihrem Kleid herum – gebt ihr eine Pille!'

Schwester – Doktor – weißt du, wer ich bin, was ich war?

Ich – ich war Athlet, liebte meinen Körper, meine Kraft. Meine Muskeln gehorchten meinem Willen, meinen Befehlen – koordiniert, sinnvoll. Jetzt aber gehorchen sie anderen Befehlen – unkoordiniert, sinnlos.

Könnte ich dem Ball entgegenspringen, meine Arme ausstrecken, im Auffangen seinen Aufprall an den Händen spüren – prickelnder Schmerz. Einen Ball, einen harten Ball – könntest du mir das anvertrauen?

Ich springe und schwinge meine Arme, erfühle mich – Erinnerung wird Gegenwart.

‚Der dort gebärdet sich wieder gefährlich – gebt ihm eine Pille!'

Schwester – Doktor – weißt du, wer ich bin, was ich war?

Ich – ich war Gärtner. Meine Hände – für dich niemals sauber genug – Schwielen, Schmutz. Die gute kühle Erde. Ich hätschelte sie – viele Jahre lang. Ich liebte den feuchten, modrigen Geruch gärenden Komposts – den beißenden Rauch versengter Blätter – den schweren betörenden Duft exotischer Blumen.

Die Blumenbeete dort draußen – verwildert, verwaist ... Könnte ich hingehen, sie hegen und pflegen, mich bücken, dort knien. Eine Harke, eine Schaufel – könntest du mir das anvertrauen?

Ich gehe auf die Knie, betaste den kühlen Boden mit meinen Händen – Erinnerung wird Gegenwart.

‚Der alte Mann benimmt sich wieder verworren – gebt ihm eine Pille!'"

(Verfasser unbekannt)

Typische Symptome einer Demenz

Bei einer Demenz können verschiedene Symptome in unterschiedlicher Kombination auftreten. Dazu gehören folgende:

- Gedächtnis- und Erkennensstörungen (schnelles Vergessen, Dinge nicht wiederfinden, Zweck von Objekten nicht mehr wissen, Personen nicht erkennen)

- Orientierungsstörungen (räumlich, z. B. Heimweg nicht finden; zeitlich, z. B. Tageszeit nicht wissen; situativ und personell, z. B. Arzt nicht als Person und in seiner Funktion erkennen)

- Sprachstörungen (Wortfindungsstörungen bis Sprachverlust)

- Störungen im abstrakten Denken (Sprache nicht verstehen, Fragen nicht beantworten können, starres Denken, zusammenhanglos reden)

- Lese-, Schreib- und Rechenstörungen

- motorische Störungen (schwerfällige Bewegungen)

- psychische Störungen (plötzliche Aggressivität oder Depressivität)

Die mit der Krankheit verbundene Desorientierung kann in vier Stadien eingeteilt werden, wobei diese Stadien nicht als starres Raster anzusehen sind, sondern als eine Hilfe für Fachkräfte, mit dem Betroffenen in eine seinen Bedürfnissen entsprechende Beziehung zu treten. Das Phasenmodell verdeutlicht den allmählichen Abbau kognitiver Fähigkeiten und den Rückzug des Betroffenen aus der Realität. Die Grenzen zwischen den Phasen sind fließend. Viele Betroffene „pendeln" zwischen den Stadien, befinden sich jedoch die meiste Zeit in einem der Stadien.

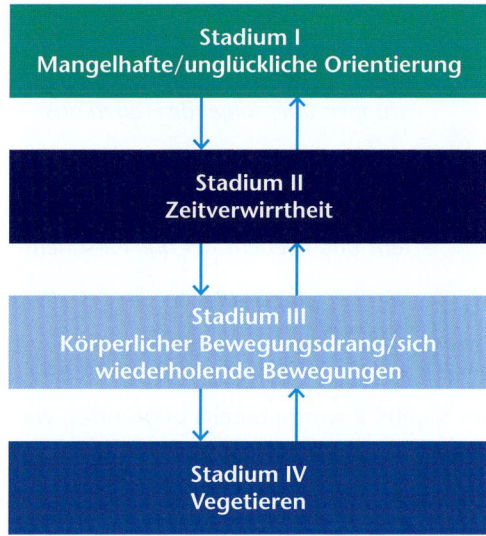

Stadium I: Mangelhafte/unglückliche Orientierung

In diesem Stadium halten die Personen an gesellschaftlich vorgeschrieben Rollen fest. Sie sind sich ihrer gelegentlichen Verwirrtheit bewusst und versuchen, diese zu leugnen. Erinnerungslücken werden beispielsweise durch Ausreden vertuscht.

> *Beispiel:*
> *Frau Meier findet ihren grünen Pullover nicht, sie weiß nicht, wo sie ihn abgelegt hat. Also behauptet sie, der Pullover sei ihr gestohlen worden.*

Stadium II: Zeitverwirrtheit

Kognitive Fähigkeiten, die Funktion der Sinnesorgane und das Kurzzeitgedächtnis lassen allmählich nach. Die Person kann sich z. B. nicht erinnern, was sie gerade gegessen hat oder dass sie gerade gegessen hat. Es beginnt ein Rückzug in die Vergangenheit. Damit wird die rationale Ebene immer mehr verlassen, die emotionale Ebene gewinnt an Bedeutung.

Stadium III: Körperlicher Bewegungsdrang/sich wiederholende Bewegungen

Über Bewegungen (zupfen, streichen, hin- und herlaufen usw.) oder singen, summen und schnalzen werden Gefühle ausgedrückt und die Vergangenheit zurückgeholt. Diese Bewegungen sind eine Form der Kommunikation. In diesem Stadium wird Sprache unverständlich.

Stadium IV: Vegetieren

In diesem Stadium verschließt sich der Mensch der Außenwelt gänzlich. Es gibt keine Möglichkeit für Begleiter festzustellen, was der Betroffene wahrnimmt und wie er Wahrgenommenes verarbeitet.

(vgl. Feil, 1999, S. 49-61)

Aufgaben

Lesen Sie den Text „Non persona" auf S. 201/202 und tauschen Sie sich in Klein-gruppen über folgende Fragen aus:

1. *Was erfahren Sie über das Erleben und Verhalten demenzkranker Personen?*

2. *Welches Stadium der Desorientierung erkennen Sie in der Beschreibung des Verhal-tens und Erlebens der drei Personen?*

3. *Welchen Appell richten die Betroffenen an die Gesellschaft, insbesondere an ihre Begleiter?*

Im Kapitel 2 wurde bereits begründet, warum jedem Menschen, unabhängig von seinen aktuellen Fähigkeiten und Leistungen, gleichermaßen Menschenwürde zukommt.

Die Wahrung der Menschenwürde bei fortschreitender Demenz wirft jedoch weitere ethische Fragen auf, z. B.:

- Wie kann dem Betroffenen das Recht auf Selbstbestimmung gewährt werden, wenn seine Entscheidungs- und Urteilsfähigkeit schwindet?

- Wie können seine Bedürfnisse befriedigt werden, wenn er sie nicht mehr adäquat äußern kann?

- Wie können Fachkräfte ethisch angemessen auf situationsunangepasstes Verhalten des Betroffenen eingehen, ohne dabei seine Würde zu verletzen?

Die Beantwortung dieser und ähnlicher Fragen steht in engem Zusammenhang mit dem Menschenbild, also mit der Sicht auf die erkrankten Menschen. Die Begleitung betroffener Personen erfordert eine ganzheitliche Betrachtung des Menschen mit seiner ganz individuellen Biografie. Trotz seiner Einschränkungen verfügt der Betroffene über Kompetenzen, die durch angemessene Begleitung weitgehend erhalten werden kön-nen. Das Menschsein darf nicht einseitig an bestimmte rationale Fähigkeiten geknüpft werden. Neben der auf das Wohl des Betroffenen ausgerichteten Fürsorgeperspektive sollte vor allem die Perspektive der Selbstbestimmung und Gerechtigkeit Berücksichti-gung finden. Die Begegnung zwischen Fachkraft und Betroffenen sollte immer auf Au-genhöhe stattfinden.

Verena Wetzstein spricht von einer „integrativen Demenzethik", die sich gegen eine rein medizinische Sichtweise auf das Problem der Demenz wendet, also gegen eine einseitige Fixierung auf Diagnose und Therapie. Sie fordert damit zu einer ganzheitlichen Sicht unter Einbeziehung von Pflegewissenschaft, Psychologie, Philosophie und Soziologie auf (vgl. Wetzstein, 2005, S. 179 ff.).

Ethisch reflektierte Begleitung demenzkranker Menschen

Für den Umgang mit demenzkranken Menschen gibt es keine gesonderten ethischen Grundhaltungen und Prinzipien. Sowohl die ethischen Prinzipien Autonomie, Fürsorge und Gerechtigkeit als auch die ethischen Grundhaltungen Empathie, Akzeptanz und Kongruenz sind eine wesentliche Grundlage für eine gelingende Beziehung zwischen Begleiter und Betroffenen. Die besondere Lage Demenzkranker erschwert jedoch oftmals die konsequente Umsetzung. Aufgrund eingeschränkter Entscheidungsfähigkeit ist paternalistisches Handeln notwendig, das Autonomieprinzip gilt also nicht uneingeschränkt. Dilemma-Situationen entstehen für Fachkräfte oder Angehörige auch

dann, wenn es um existenzielle Fragen geht, beispielsweise das Unterlassen lebensverlängernder Maßnahmen, die der Betroffene vor seiner Erkrankung in einer Patientenverfügung dokumentiert hat. Eine Ausgewogenheit zwischen Selbst- und Fremdbestimmung zu gestalten, erfordert vom Begleiter ein hohes Maß an ethischer Kompetenz.

Einfühlendes Verstehen (Empathie) setzt voraus, dass die Fachkraft bereit ist, in die Welt des demenzkranken Menschen vorzudringen, seine Gefühle zu erkennen und ihn zu verstehen. Wertschätzung (Akzeptanz) bedeutet, unangemessene Verhaltensweisen wie Gefühlsausbrüche des Betroffenen auszuhalten, ohne sie zu korrigieren (zu widersprechen).

Echtheit in den eigenen Gefühlen (Kongruenz) heißt, dieses Aushalten unangepasster Verhaltensweisen auch durch Mimik, Stimme und Körperkontakt zum Ausdruck zu bringen, sich also nicht zu verstellen. Diese Kompetenzen im Umgang mit demenzkranken Menschen sind nicht in erster Linie zu erlernende Techniken, sondern sind moralische Einstellungen, die auf einem humanistischen oder christlichen Menschenbild basieren und die immer wieder der individuellen ethischen Reflexion und der Teamreflexion bedürfen.

Integrative Validation (IVA)

Naomi Feil, die 1932 in München geboren wurde und 1937 mit ihrer Familie in die USA emigrierte, entwickelte als Assistenz-Professorin an der Schule für Angewandte Sozialwissenschaften in Cleveland zwischen 1963 und 1980 die Validationsmethode. In zahlreichen Workshops lehrte sie die Methode auch in Deutschland.

In den 1990er Jahren wurde die Validationsmethode durch Nicole Richard zur Integrativen Validation (IVA) weiterentwickelt. Es handelt sich um eine Methodik für pflegerische und sozialpädagogische Fachkräfte, die eine wertschätzende Kommunikations- und Umgangsform in der ambulanten, teilstationären, stationären und häuslichen Betreuung von demenzkranken Menschen darstellt.

Es ist ein entwicklungsorientierter Ansatz, der an den Fähigkeiten und an der Erfahrungswelt der erkrankten Menschen anknüpft. Den Ausgangspunkt bilden vorhandene Ressourcen an Hirnleistungen des Betroffenen. An und mit diesen Kompetenzen wird gearbeitet. Dabei spielt die Biografie des Betroffenen eine wichtige Rolle. Die Fachkraft versucht, in die Welt des Betroffenen zu gehen, indem sie den emotionalen Gehalt einer Aussage oder einer Handlung aufgreift. Der Begriff „validieren" bedeutet, das hinter der Aussage oder Handlung stehende Gefühl für gültig zu erklären und anzuerkennen. Das Gesagte oder die Handlung wird nicht bewertet oder korrigiert. „Integrativ" bedeutet, die Biografie, das gelebte Leben, die gewordene Persönlichkeit in die Validation einzubeziehen. Die Biografie ist oftmals der Schlüssel zum Verstehen. Ziel der integrativen Validation ist es also, einen Zugang zum Erleben des desorientierten Menschen zu finden und dadurch Selbstbestimmung und Lebensqualität zu erhalten.

Grundsätze der Validation

Der Umgang mit Demenzkranken basiert hauptsächlich auf folgenden allgemeinen Grundsätzen und Einsichten (vgl. Feil, 1999, S. 11 f.):

- Die betroffene Person ist als einzigartiges Individuum wahrzunehmen.

- Ihre Menschenwürde ist uneingeschränkt zu achten.

- Jedes Verhalten von demenzkranken Personen hat einen (Hinter-)Grund.

- Das Verhalten der Person ändert sich nicht durch Gebote oder Verbote.

- Der Mensch ist zu akzeptieren und nicht zu beurteilen.

- Negative Gefühle, die aufgegriffen werden, werden geringer, ignorierte schmerzliche Gefühle werden stärker.

- Empathie führt zu Vertrauen.

Aufgaben

1. *Erarbeiten Sie in Kleingruppen Handlungsmöglichkeiten für die folgenden Situationen. Einigen Sie sich auf die Handlungsoption, die dem ethischen Grundsatz der Menschenwürde am meisten entspricht. Vergleichen Sie Ihre Ergebnisse anschließend.*
   Sie arbeiten als Sozialpädagoge in einer betreuten Wohnform, in der auch demenzkranke Menschen leben. Ein Bewohner …

   a) *redet Sie mit „Mutti/Vati" an.*
   b) *denkt, er sei auf seiner Arbeitsstelle.*
   c) *beschuldigt Sie des Diebstahls.*
   d) *sagt Ihnen, dass das Essen vergiftet sei.*
   e) *fragt Sie immer dasselbe, z. B. „Wer sind Sie?"*
   f) *versteht Ihre Anweisungen/Informationen nicht.*

g) bittet Sie, ihn nach Hause zu bringen.

h) klammert sich an Sie, wenn Sie gehen wollen.

i) sieht eine fremde Person im Zimmer, fühlt sich verfolgt.

j) beschimpft und beleidigt Sie.

2. Wie leicht oder schwer ist es Ihnen gefallen, eine angemessene Reaktion zu bestimmen?

Techniken der Validation

Im Umgang mit demenzkranken Menschen haben sich bestimmte Techniken bewährt, die für den Beziehungsaufbau und die Beziehungsgestaltung zwischen Begleiter und Betroffenen hilfreich bzw. unumgänglich sind.

1. Bewusstwerden der eigenen Befindlichkeit

Da sich demenzkranke Menschen zumeist auf der emotionalen Ebene befinden, nehmen Sie die emotionale Befindlichkeit des Begleiters durch dessen Stimme, Mimik und Gestik sehr deutlich wahr. Ein Begleiter, der seine eigenen Probleme nicht loslassen kann, sollte in einer solchen Verfassung engere Kontakte mit dem Kranken vermeiden.

2. Blickkontakt

Aufrichtiger Blickkontakt vermittelt Vertrauen und Verständnis. Blickkontakt ist deshalb ein wesentlicher Aspekt der Kommunikation mit demenzkranken Personen.

3. Vergangenheit aufgreifen

Über die Vergangenheit zu reden, heißt, in die Welt des Betroffenen zu gehen. Durch Fragen über die Vergangenheit kann Beziehung gestaltet und aufrechterhalten werden.

4. Körperkontakt

Durch Körperkontakt wird kommuniziert und Vertrauen und Wohlbefinden hergestellt. Im Stadium I wird Körperkontakt jedoch häufig abgelehnt. Im weiteren Verlauf der Demenz (ab Stadium II) gilt Körperkontakt als Zugang zur (Gefühls-) Welt des Betroffenen.

5. Deutliche und liebevolle Stimme

Die Sprache sollte klar und deutlich sein und sich auf das Wesentliche beschränken. Eine liebevolle Stimme vermittelt ebenfalls Vertrauen und Geborgenheit.

6. Spiegeln

Diese Technik ist für die Beziehung sehr wichtig. Gespiegelt werden können Gefühle, Bewegungen und Aussagen. Wenn ein Demenzkranker beispielsweise sehr zornig ist, dann sollte er nicht gleich besänftigt oder gar korrigiert werden. Er würde sich unverstanden fühlen und das negative Gefühl würde sich verstärken. Das Gefühl zu spiegeln, bedeutet hier, dass der Begleiter Verständnis für den Zorn zeigt und das Gefühl benennt. Bewegung und Körperhaltung können gespiegelt werden, indem der Begleiter in die Bewegung einsteigt, ein Stück mit dem Betroffenen geht, summt, schaukelt o. Ä. Aussagen können durch bestätigende oder fragende Wiederholung gespiegelt werden. Dabei ist es nicht wichtig, ob die Aussage für den Außenstehenden sinnvoll oder nachvollziehbar ist. Wenn eine Demenzkranke beispielsweise sagt, dass in ihrem Zimmer ein Hund sei, dann kann der Begleiter diese Aussage fragend wiederholen. Durch diese Technik wird vermittelt, dass der Betroffene in seinem Gefühl ernst genommen und damit wertgeschätzt wird. Sehr wichtig ist in diesem Zusammenhang, dass dem Demenzkranken nicht widersprochen wird. Der Begleiter muss trotzdem kongruent bleiben.

Aufgaben

Bearbeiten Sie die zehn Situationen der vorangegangenen Aufgabe auf S. 206/207 unter folgender Fragestellung:

1. War Ihre Reaktion im Hinblick auf die Validationstechniken angemessen?

2. Welche Techniken wenden Sie bei der jeweiligen Situation an?

Weitere ethisch bedeutsame Konfliktfelder ergeben sich aus der Aufsichts- und Fürsorgepflicht im Zusammenhang mit freiheitsentziehenden und freiheitsbeschränkenden Maßnahmen. Weil demenzkranke Menschen Gefahren oder Risiken oft nicht mehr abschätzen können, sind freiheitsbeschränkende Maßnahmen unumgänglich. Aus ethischer Sicht haben diese Maßnahmen jedoch nur dann ihre Berechtigung, wenn sie ausschließlich zum Schutz des Betroffenen oder anderer Personen eingesetzt werden und nicht etwa im Interesse von Fachkräften oder Angehörigen. Fixierungsmaßnahmen bedürfen aus diesem Grund in vielen Fällen einer richterlichen Anordnung bzw. der Zustimmung des gesetzlichen Betreuers. Um die Menschenwürde der Betroffenen zu wahren, sollte bei ethischen Entscheidungen immer versucht werden, den Gegensatz zwischen Fürsorge und Autonomie sowie zwischen Freiheit und Sicherheit so gering wie möglich zu halten.

7.5.2 Sterbebegleitung und Sterbehilfe

Das Thema Sterben wird in unserer Gesellschaft als Tabuthema behandelt (vgl. Kapitel 7.2). Oft wird die Verantwortung an medizinische und Pflegeeinrichtungen abgegeben, obwohl die meisten Menschen den Wunsch haben, zu Hause zu sterben.

Auch Sozialpädagogen können jederzeit direkt oder indirekt mit diesem Thema konfrontiert werden.

Interpretieren Sie den Ausspruch: „Sterbebegleitung ist eine wichtige Form der Lebenshilfe."

Sterbebegleitung bedeutet, dem Sterbenden in der letzten Phase seines Lebens beizustehen. Dazu gehört, dass der Begleiter die Bedürfnisse des Sterbenden wahrnimmt und dass er ihn bei deren Befriedigung unterstützt. Sterbende zu begleiten, heißt oftmals einfach nur da zu sein, zuzuhören, dem Sterbenden durch die persönliche Präsenz Aufmerksamkeit und Zuwendung zu schenken.

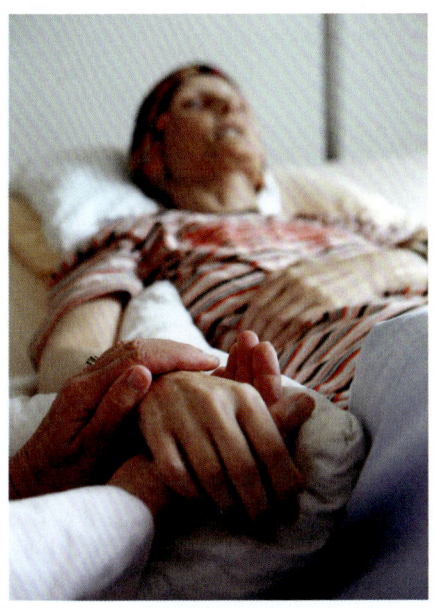

Dennoch ist Sterbebegleitung eine schwierige Aufgabe, weil am Ende der Tod eines Menschen steht. Zugleich ist es eine sehr wichtige und wertvolle Aufgabe. Dem Sterbenden wird das Lebensende erleichtert und durch die Zuwendung und Aufmerksamkeit ein würdevolles Sterben ermöglicht.

Sterbephasenmodell

Die Medizinerin Elisabeth Kübler-Ross hat ein Modell der Sterbephasen entwickelt. Es soll als Anregung für Begleiter dienen, Bedürfnisse des Sterbenden zu erkennen. Es ist nicht als starres Schema oder Anleitung für jeden Sterbefall zu verstehen. Sterbeprozesse sind individuell unterschiedlich. Nicht jeder Sterbende durchläuft die im Modell beschriebenen Phasen.

Kübler-Ross beschreibt in ihrem Modell fünf Phasen. Die folgende Tabelle soll dem Begleiter Hinweise zur Deutung des Verhaltens Sterbender sowie zu angemessener Hilfe bei der Begleitung geben (vgl. Kübler-Ross, 2009, S. 66-162):

Kennzeichen der Phase	Mögliche Verhaltensweisen des Sterbenden	Ethische Grundhaltung, helfendes Begleiten durch Fachkräfte oder Angehörige
1. Phase: Nicht-wahrhaben-Wollen und Isolierung (Konfrontation mit der Wirklichkeit des Sterbens)	• Verdrängung • Verleugnung (z. B. Arztwechsel) • Rückzug und soziale Isolation	• empathisches Beobachten • Akzeptanz des Verhaltens • Leugnung nicht bestärken, jedoch auch nicht gleich korrigieren • Gesprächsbereitschaft signalisieren

Kennzeichen der Phase	Mögliche Verhaltensweisen des Sterbenden	Ethische Grundhaltung, helfendes Begleiten durch Fachkräfte oder Angehörige
2. Phase: Zorn und Auflehnung (heftiger Widerspruch)	• aggressives Verhalten gegenüber unterschiedlichen Personen • Nörgelei/Unzufriedenheit/Kritik	• Verhalten akzeptieren, nicht korrigieren • Empathie zeigen, Gefühle spiegeln • professionelle Distanz (Verhalten nicht persönlich nehmen)
3. Phase: Verhandeln: „Jetzt noch nicht!" (scheinbare subjektive Besserung)	• meist flüchtig und kaum beobachtbar • oft mit Bitte nach Aufschub verbunden (z. B. Geburtstag noch erleben wollen oder Angelegenheiten noch regeln wollen)	• Hoffnungen nicht nehmen, aber auch keine falschen Hoffnungen bestärken (Kongruenz) • Hilfe anbieten
4. Phase: Depression (Unausweichlichkeit der Situation wird erkannt)	• Endgültigkeit wird erkannt • Schmerz über die Verluste (Leben, soziale Beziehungen, Eigentum) • Angst	• Empathie: Trauer zulassen, nichts wegtrösten • da sein und aushalten • Wünsche erfüllen
5. Phase: Zustimmung (Akzeptanz der Situation)	• Müdigkeit • Emotionslosigkeit	• Bedürfnisse erkennen • da sein

Für die gelingende Begleitung Sterbender ist es für die Begleiter wichtig, sich mit dem Thema Sterben und Tod auseinanderzusetzen und sich der eigenen Ängste und Unsicherheiten bewusst zu werden. Ohne diese persönliche Reflexion stellen sich oft Ohnmacht und Hilflosigkeit ein, die der Sterbende wahrnimmt. Das kann dem Betroffenen die Bewältigung seiner Situation erschweren. Das ethische Prinzip der Autonomie ist auch ein wesentlicher Grundsatz der Sterbebegleitung. Bei der Sterbebegleitung führt der Sterbende „Regie" – er signalisiert, wann, mit wem und worüber er reden möchte. Wenn Sterbende über das Sterben, über den Tod und darüber, was danach sein wird, Fragen stellen, stoßen Begleiter manchmal an ihre Grenzen. Der Begleiter sollte auch hier kongruent sein und seine Unsicherheit zum Ausdruck bringen. Er sollte sowohl in seinen Aussagen als auch in seinen Gefühlen echt sein. Wichtiger als die Beantwortung der Fragen ist zumeist das Aufgreifen der Sorge, die durch die Frage zum Ausdruck gebracht wird. Es geht um die Angst vor dem Sterben, die Sorge, Angehörige zu verlassen u. Ä. Für den Begleiter ist es wichtig, das Gefühl hinter der Frage zu erkennen, zu spiegeln und ernst zu nehmen.

Für Angehörige ergibt sich bei der Sterbebegleitung eine weitere Belastung. Aufgrund der emotionalen Bindung an den Sterbenden erleben sie oft tiefe Trauer, Verzweiflung und Ohnmacht. Diese emotionale Befindlichkeit kann dem Sterbenden das Loslassen erschweren. Deshalb sollten nahe Angehörige in die Begleitung einbezogen werden und bei der Bewältigung von Trauer unterstützt werden.

Sterbehilfe

Aufgaben

1. *Diskutieren Sie die folgende Frage: „Erfordert das Recht auf Leben zugleich die Pflicht zu leben?"*

2. *Lesen Sie das folgende Fallbeispiel. Erarbeiten Sie in Kleingruppen Pro- und Kontra-Argumente.*

3. *Treffen Sie jeweils eine Entscheidung, wenn der Arzt:*

   a) *nach der Pflichtethik handeln würde,*

   b) *nach utilitaristischem Ansatz handeln würde und*

   c) *nach Ihrer persönlichen Position handeln würde.*

Fallbeispiel
Eine Frau hat Krebs im fortgeschrittenen Stadium. Es gibt keine Chance mehr, sie durch eine der medizinischen Therapien zu retten. Ihr Arzt weiß, dass sie nur noch kurze Zeit zu leben hat. Sie bekommt starke schmerzdämpfende Mittel. Die Schwerstkranke erklärt ihrem Arzt, dass sie diesen würdelosen Zustand nicht mehr ertragen kann und bittet ihn, ihr doch so viel Morphin zu geben, dass sie endlich sterben könne. Der Arzt überlegt, ob er den Wunsch der Frau erfüllen soll.

Formen der Sterbehilfe

Sterbehilfe wird in der Regel von einem Arzt geleistet. Auf der deskriptiven Ebene der Ethik werden aus Sicht des Arztes folgende Formen unterschieden:

1. **Passive Sterbehilfe („Sterben lassen")**
   Bei dieser Form werden lebenserhaltende oder lebensverlängernde Maßnahmen unterlassen, z. B. Therapien oder die Verabreichung von Medikamenten.

2. **Indirekte Sterbehilfe („Tod in Kauf nehmen")**
   Hier nimmt der Arzt bei der Schmerztherapie den Tod des Patienten in Kauf. Seine Absicht ist jedoch nicht, den Patienten zu töten, sondern seine Schmerzen zu lindern. Bei sehr geschwächten Patienten kann das Risiko nicht genau abgeschätzt werden.

3. **Aktive Sterbehilfe („Töten")**
   Der Patient wird durch gezielte Maßnahmen (Medikamente) getötet.

Aus der Perspektive des Patienten wird Sterbehilfe wie folgt unterteilt:

1. **Sterbehilfe bei Freiwilligkeit**
   In diesem Fall bittet der Patient um Sterbehilfe bzw. willigt in diese ein (in mündlicher oder schriftlicher Form).

2. **Sterbehilfe bei Nicht-Freiwilligkeit**
   Hier kann der Wille des Patienten nicht erhoben werden, z. B. im Falle eines Komas oder bei schwerer geistiger Beeinträchtigung.

3. **Sterbehilfe bei Unfreiwilligkeit**
   Die Sterbehilfe wird durchgeführt, obwohl der Patient diese ablehnt.

Die Unterscheidungen zeigen, dass der Arzt bei der Sterbehilfe in jedem Fall Subjekt des Handelns und der Patient Objekt der Handlung ist. Nimmt der Patient jedoch sein Selbstbestimmungsrecht wahr und bittet um Sterbehilfe, wird auch er zum Subjekt.

Aufgaben

1. *Um welche Art der Sterbehilfe handelt es sich bei den folgenden Beschreibungen?*

   a) *Der Arzt unterlässt es, den Patienten zur Lebensverlängerung an eine künstliche Niere anzuschließen.*

   b) *Der Arzt schaltet die künstliche Niere, an die der Patient bereits angeschlossen ist, wieder ab.*

   c) *Der Arzt spritzt dem Patienten zur Schmerzlinderung ein Mittel, das seinen Tod beschleunigt.*

   d) *Der Arzt verschafft dem Patienten eine Spritze mit einer Überdosis Morphium und weist ihn in den Gebrauch der Spritze ein. Der Patient spritzt sich das Morphium und stirbt.*

   e) *Der Arzt spritzt bei dem Patienten eine Überdosis Morphium, die zum Tode führt.*

2. *Wie ist das Einstellen der künstlichen Ernährung bei einem Patienten im Koma unter den folgenden Bedingungen einzuordnen (Freiwilligkeit, Nicht-Freiwilligkeit oder Unfreiwilligkeit)?*

   a) *Der Patient hat sich gegenüber seiner Ehefrau mündlich geäußert, dass er keine lebensverlängernden Maßnahmen will, wenn er im Sterben liegt und sich nicht mehr selbst äußern kann.*

   b) *Der Patient hat in seiner Patientenverfügung geäußert, dass im Fall eines Wachkomas die Ernährung eingestellt werden soll.*

   c) *Der Wille des Patienten ist nicht bekannt.*

Die normative Ebene wertet die Formen der Sterbehilfe vor dem Hintergrund des Menschenwürdeanspruchs und nach bestimmten moralischen Kriterien wie Autonomie, Fürsorge und Gerechtigkeit.

Rechtslage in Deutschland

Gemäß § 216 des Strafgesetzes ist aktive Sterbehilfe verboten. Indirekte Sterbehilfe ist straffrei. Der Arzt hat zudem die Verpflichtung, Patienten weitgehend schmerzfrei zu halten. In der ethischen Diskussion spielt indirekte Sterbehilfe eine eher untergeordnete Rolle, da Schmerzmittel den Sterbeprozess in aller Regel nicht beschleunigen.

Die passive Sterbehilfe – also das Sterbenlassen – ist im Sinne des Selbstbestimmungsrechtes des Patienten straffrei und in Deutschland weitgehend akzeptiert. Allerdings ist die Zustimmung des Patienten immer Voraussetzung für die Straffreiheit. Rechtlich wie ethisch unumstritten ist die Ablehnung jeglicher Sterbehilfe bei Unfreiwilligkeit. Schwieriger gestalten sich jedoch Entscheidungsprozesse, in denen der Wille des Betoffenen nicht (mehr) erhoben werden kann, also im Falle der Nichtfreiwilligkeit. In der Vergangenheit erregten mehrere solcher Fälle Aufsehen.

Beispiel 1: Terri Schiavo
Die US-Amerikanerin fiel aufgrund einer schweren Hirnverletzung 1990 ins Wachkoma. Ab 1998 klagte ihr Ehemann durch mehrere Instanzen den Abbruch der Sondenernährung ein. Im Jahr 2005 wurde die künstliche Ernährung dann eingestellt.

Beispiel 2: Inmuaculada Echevarria
Auch dieser Fall erregte öffentliche Aufmerksamkeit. Die Spanierin litt seit ihrem elften Lebensjahr an Muskelschwund. Ihre letzten zehn Lebensjahre war sie vollständig gelähmt und wurde in einem Krankenhaus in Granada betreut. Im Jahr 2007 wurde das Beatmungsgerät abgestellt, die Betroffene war damals 51 Jahre alt.

Das Abstellen von Geräten gilt als aktive Handlung und kann damit der aktiven Sterbehilfe zugeordnet werden. Am 25. Juni 2010 hat der Bundesgerichtshof in einem Grundsatzurteil die Autonomie, das Recht auf Selbstbestimmung der Patienten, gestärkt. Bei einer entsprechenden Einwilligung des Patienten ist sowohl das Unterlassen weiterer lebenserhaltender Maßnahmen als auch die aktive Beendigung oder Verhinderung einer vom

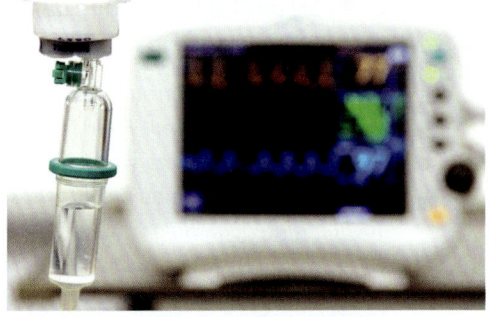

Patienten nicht oder nicht mehr gewollten Behandlung straffrei. Die Einwilligung kann vorab in einer Patientenverfügung abgegeben werden.

Aufgabe

Der Rechtstreit im Fall Terri Schiavo (siehe Beispiel oben) wurde mehrere Jahre zwischen ihren Eltern und ihrem Ehemann als ihr Vormund geführt. Zuletzt bat der Ehemann sogar den amerikanischen Präsidenten um Hilfe. Sowohl die Eltern als auch der Ehemann beriefen sich damals auf den mutmaßlichen Willen von Terri, wobei sich die Aussagen beider Parteien widersprachen. Die Eltern meinten, dass Terri weiterleben will, der Ehemann hingegen sagte aus, dass sie so nicht weiterleben will.

Führen Sie in Kleingruppen eine ethische Entscheidungsfindung nach zwei selbstgewählten ethischen Grundpositionen durch.

Patientenverfügung

Eine Patientenverfügung kann in mündlicher oder schriftlicher Form geäußert werden. Inhaltlich geht es dabei um den Willen des Patienten über Art und Umfang medizinischer und therapeutischer Behandlung oder Nichtbehandlung. Die Patientenverfügung ist als Vorsorge zu betrachten für den Fall, dass der Patient durch Unfall oder Krankheit in eine Situation gerät, in der er sich selbst nicht mehr rechtswirksam äußern kann (z. B. Koma, Demenz). Für die Patientenverfügung gibt es keine verbindliche Formvorschrift. Verschiedene Institutionen bieten Formulare und eine entsprechende Beratung an. In einer Patientenverfügung können der Wille zu passiver und indirekter Sterbehilfe sowie der Wille zum Ernährungs- und Behandlungsabbruch unter bestimmten genau zu beschreibenden Voraussetzungen, wie z. B. Wachkoma, geäußert werden. Aktive Sterbehilfe ist aufgrund des geltenden Rechts ausgeschlossen. Der Patientenwille ist verbindlich und muss beachtet werden, eine Missachtung wird als Körperverletzung gewertet und ist demnach strafbar. Eine Beteiligung des Gerichtes ist nur in Konfliktfällen erforderlich, z. B. wenn aus der Verfügung nicht zweifelsfrei hervorgeht, ob die Voraussetzungen für einen Behandlungsabbruch in dem eingetretenen konkreten Fall gegeben sind.

Aufgabe

Lesen Sie das Fallbeispiel und diskutieren Sie den Fall in Kleingruppen.

Fallbeispiel Frau Bauer
Frau Bauer erhält vom Arzt die Diagnose einer beginnenden Demenz. Daraufhin verfasst sie gemeinsam mit ihrer Tochter eine Patientenverfügung. Sie bestimmt, dass sie keine Sondenernährung wünscht, wenn sie im fortgeschrittenen Stadium der Demenz nicht mehr sprechen und nicht mehr schlucken kann. Die Patientenverfügung ist bei der Tochter hinterlegt. Bald wird die Mutter im Pflegeheim untergebracht, da es nicht mehr verantwortbar ist, sie allein zu lassen. Nach zwei Jahren tritt der in der Patientenverfügung beschriebene Fall ein. Der Arzt informiert die Tochter, dass eine Magensonde gelegt werden muss. Die Tochter denkt an die Patientenverfügung und ist nun in einem Dilemma. Die Mutter macht einen zufriedenen Eindruck, sie hört gern Musik und freut sich, wenn sie angesprochen wird. Sie wirkt gar nicht so, als wolle sie jetzt sterben.

Ethischer Konflikt: aktive Sterbehilfe

In einigen Ländern ist die aktive Sterbehilfe unter bestimmten Voraussetzungen straffrei, in Europa gehören dazu z. B. die Niederlande (seit 2001) und Belgien (seit 2002).

Aufgrund der Klage einer schwerbehinderten Frau auf das Recht zu sterben (durch aktive Sterbehilfe) hat der Europäische Gerichtshof für Menschenrechte in seinem Urteil von 2002 die aktive Sterbehilfe abgelehnt. Das Urteil wird damit begründet, dass es kein Menschenrecht auf das Sterben gibt.

Gegner der aktiven Sterbehilfe fordern, dass mehr für ein schmerzfreies und würdiges Sterben im Sinne der Hospizbewegung getan werden sollte, da sich hinter der Forderung auf aktive Sterbehilfe meistens die Angst vor einem unwürdigen und qualvollen Sterben verbirgt.

Folgende Argumente werden von den Befürwortern der aktiven Sterbehilfe in die Diskussion eingebracht:

- das Selbstbestimmungsrecht des Menschen, das auch im Grundgesetz verankert ist

- die Minderung von Leid und das Ermöglichen eines würdevollen Sterbens ohne Qualen bei schweren Erkrankungen im Finalstadium

- der Kostenaspekt

Die Gegner der aktiven Sterbehilfe, die mit ihrer Auffassung dem geltenden Recht in Deutschland ausdrückliche Zustimmung geben, bringen folgende Argumente vor:

- Schmerzbehandlung und Zuwendung ermöglichen ein würdevolles Sterben, z. B. durch die Betreuung in einem stationären oder ambulanten Hospiz.

- Es gibt keine objektiven Kriterien dafür, wann ein Leben unerträglich ist.

- Es besteht die Gefahr des Missbrauchs, der Druck auf Schwerkranke und deren Familien könnte sich verstärken.

- Der Arzt würde gegen seine Verpflichtung handeln, Leben zu schützen und Leiden zu lindern, was das Vertrauensverhältnis zum Arzt stark belasten kann.

Aufgaben

1. *Diskutieren Sie die aufgeführten Argumente für und gegen die aktive Sterbehilfe. Tauschen Sie sich über Ihre persönlichen Haltungen zum Thema aktive Sterbehilfe aus.*

2. *Informieren Sie sich über die Hospizarbeit.*

Literaturverzeichnis

Aktion Psychisch Kranke e.V.: Zappelphilipp, in: Verletzte Kindheit – Seelische Störungen bei Kindern und Jugendlichen (Broschüre), 2. Aufl., 1994, S. 40–41

Apel, Karl-Otto: Diskurs und Verantwortung, 2. Aufl., Frankfurt/M., Suhrkamp, 1992

Arnold, Claudia/Huwiler, Kurt/Raulf, Barbara: Pflegefamilien und Heimplatzierungen – empirische Studie über den Hilfeprozess und die Partizipation von Eltern und Kindern, 1. Aufl., Zürich, Rüegger, 2008

Bambera, L. H./Cole, C. L./Koger, F.: Umsetzung der Selbstbestimmungsaspekte in der Arbeit mit Menschen mit geistiger Behinderung (Translating Self-Determination Concepts into Support for Adults with Severe Disabilities) in: JASH (Journal American Society of Hypertension), 23/1, 1998, S. 27–37

Bast, Heinrich/Bernecker, Angela/Kastien, Ingrid/Schmitt, Gerd: Gewalt gegen Kinder – Kindesmisshandlung und ihre Ursachen, hrsg. v. Reinhart Wolff, 1. Aufl., Reinbek bei Hamburg, Rowohlt, 1975

Beauchamp, Tom L./Cildress, James F.: Principles of Biomedical Ethics, Oxford, Oxford University Press, 2001

Becker, Georg L.: Lehrer lösen Konflikte – Handlungshilfen für den Schulalltag, 11. Aufl., Weinheim, Beltz, 2006

Bentham, Jeremy: Eine Einführung in die Prinzipien der Moral und Gesetzgebung – Utilitarismus, in: Einführung in die utilitaristische Ethik, hrsg. v. Otfried Höffe, 4. Aufl., Tübingen, Francke/UTB, 2008, S. 56

Blandow, Jürgen: Versorgungseffizienz im Pflegekinderwesen, in: Handbuch Heimerziehung und Pflegekinderwesen in Europa, hrsg. v. Herbert Colla u. a., 1. Aufl., München, Ernst Reinhardt Verlag, 1999, S. 557

Brockhaus, Ulrike/Kolshorn, Maren: Sexuelle Gewalt gegen Mädchen und Jungen – Mythen, Fakten, Theorien, Frankfurt/M., Campus, 1993

Bundesministerium für Familien, Senioren, Frauen und Jugend (BMFSFJ): Die Rechte des Kindes – UN-Kinderrechtskonvention im Wortlaut (Broschüre), 2007, S. 13

Bundesvereinigung Lebenshilfe: Lebenshilfe bekräftigt Ablehnung der PID – Mitteilung v. 28.01.2011, verfügbar im Internet unter: www.lebenshilfe.de/wDeutsch/aus_fachlicher_sicht/artikel/Lebenshilfe_bekraeftigt_Ablehnung.php [25.03.2011]

Danner, Helmut: Verantwortung und Pädagogik – anthropologische und ethische Untersuchungen zu einer sinnorientierten Pädagogik – Hochschulschriften Erziehungswissenschaft Bd. 16, 2. Aufl., Hanstein, Forum Academicum in der Verlagsgruppe Athenäum, 1985

Deegener, Günther: Kindesmisshandlung und Kindesvernachlässigung, Göttingen, Hogrefe, 2005

Deutscher Ethikrat (Hrsg.): Das Problem der anonymen Kindesabgabe – Stellungnahme, Berlin, Deutscher Ethikrat, 2009 verfügbar im Internet unter: www.ethikrat.org/dateien/ pdf/stellungnahme-das-problem-der-anonymen-kindesabgabe.pdf [28.03.2011]

Deutsches Jugendinstitut DJI (Hrsg.): Pflegekinder und ihre Familien. Chancen – Risiken – Nebenwirkungen, DJI Online Thema 2009/05, abgerufen unter: www.dji.de/cgi-bin/ projekte/output.php?projekt=922&Jump1=LINKS&Jump2=20 [10.08.2011]

Eggers, Christian: Seelische Misshandlung von Kindern, in: Der Kinderarzt, 25, 1994, S. 748 ff.

Eigner, Jutta (adoptionsberatung.at): Es gibt dieses Solidaritätsgefühl unter Adoptierten (Interview mit Roman Riedel), verfügbar im Internet unter: www.adoptionsberatung.at/ index.php/articleview/292/1/

Feil, Naomi: Validation – Ein Weg zum Verständnis verwirrter alter Menschen, 5. Aufl., übers. v. Andrea Marenzeller, München, Ernst Reinhardt Verlag, 1999

Feuser, Georg: Geistigbehinderte gibt es nicht – Projektionen und Artefakte in der Geistigbe-hindertenpädagogik, in: Das Puzzle muss vollständig sein, hrsg. v. Hermann Stüssel, Gütersloh, Paranus Verlag, Verlag Jakob van Hoddis, 2000, S. 189 ff.

Gibran, Khalil: Der Prophet, 5. Aufl., übers. v. Giovanni und Ditte Bandini, München, Deutscher Taschenbuch Verlag, 2003

Gilligan, Carol: Gerechtigkeit und Fürsorge, in: Lesebuch zur Ethik, hrsg. v. Otfried Höffe, 4. Aufl., München, C.H. Beck, 2007, S. 421

Günder, Richard: Praxis und Methoden der Heimerziehung – Entwicklungen, Veränderungen und Perspektiven der stationären Erziehungshilfe, 4. Aufl., Freiburg im Breisgau, Lamber-tus, 2011

Habermas, Jürgen: Moralbewußtsein und kommunikatives Handeln, 6. Aufl., Frankfurt/ M., Suhrkamp, 1996

Hentig, Hartmut von: Ach, die Werte! Über eine Erziehung für das 21. Jahrhundert, Wein-heim, Beltz, 2007

Hentig, Hartmut von: Die Schule neu denken – Eine Übung in pädagogischer Vernunft, 5. Aufl., Weinheim/Basel, Beltz Taschenbuch Verlag, 2003

Herpich-Behrens, Ulrike: Auswirkungen der anonymen Angebote auf die Arbeit der Adop-tionsvermittlungsstellen (Referat 2008–10–23), verfügbar im Internet unter: www. ethikrat.org/dateien/pdf [28.03.2011]

Hüsch, Hanns Dieter: Das Schwere leicht gesagt, Jubiläumsausgabe, Freiburg im Breisgau, Herder, 2007

Husebø, Stein/Klaschik, E. (Hrsg.): Palliativmedizin. Grundlagen und Praxis, 5. Auflage, Heidelberg, Springer Medizin Verlag, 2009.

Jaun, Thomas: Durch Identifikation zu Verantwortungsbewusstsein – Die Partizipation von Kindern und Jugendlichen als Chance für eine nachhaltige Entwicklung, in: … man kann ja nicht einfach aussteigen – Kinder und Jugendliche zwischen Umweltangst und Konsumlust, hrsg. v. Ruth Kaufmann-Hayez/Christine Künzli, Zürich, vdf Hochschulverlag Zürich, 1999, S. 266

John, Susanne: Blick von außen von Sybille B. – Pflegekinder im Spannungsfeld zwischen Verantwortung, Überforderung und Liebe, hrsg. v. Deutsches Jugendinstitut e.V., verfügbar im Internet unter: www.dji.de/cgi-bin/projekte/output.php?projekt= 922&Jump1=LINKS&Jump2=20 [28.03.2011]

Jungjohann, Eugen E.: Hilfen für misshandelte Kinder. Thiemann-Praxis-Leitfaden, hrsg. v. Eugen Jungjohann, Ratingen, Edition Medical Communication Lemke, Peters und Partner, 1993

Kant, Immanuel: Grundlegung der Metaphysik der Sitten, Kommentar von Christoph Horn/ Corinna Mieth/Nico Scarano, 1. Aufl., Frankfurt/M., Suhrkamp, 2007

Kinder- und Jugendförderung – Pflegeelternverein Steiermark: Es gibt dieses Solidaritätsgefühl unter Adoptierten, Graz, 10. Juli 2008, abgerufen unter: www.adoptionsberatung. at/themen/adoptierte/250-esgibtdiesessolidaritaetsgefuehlunteradoptierten.html [10.08.2011]

Kohlberg, Lawrence: Psychologie der Moralentwicklung, hrsg. v. Wolfgang Althof, 1. Aufl., Frankfurt/M., Suhrkamp, 1996

Korczak, Janusz: Von Kindern und anderen Vorbildern, 4. Aufl., übers. v. Ilse Renate Wompel/ Barbara Bayer-Faber/Zenon Weigt, hrsg. v. Erich Dauzenroth, Gütersloh, Gütersloher Verlagshaus, 2001

Kruczek, Dietmar: Geschichten aus dem Abseits – Behinderte erzählen, 1. Aufl., Leipzig, Edition Freiberg, 2000, S. 42–44

Kübler-Ross, Elisabeth: Interview mit Sterbenden, Stuttgart, Kreuz-Verlag, 2009

Kuhn, Sonja: Babyklappen und anonyme Geburt – Sozialregulationen und sozialpädagogischer Handlungsbedarf, 1. Aufl., Augsburg, Marco-Verlag, 2005

Lind, Georg: Moral ist lehrbar, 1. Aufl., München, Oldenbourg-Schulbuchverlag, 2003

Lindgren, Astrid: Steine auf dem Küchenbord, 1. Aufl., übers. v. C. Heinig/Else von Hollander-Lossow/Anna-Liese Kornitzky, Hamburg, Friedrich Oetinger, 2000

Lübbe, Hermann: Über Entscheidung, in: Lesebuch zur Ethik, hrsg. v. Otfried Höffe, 4. Aufl., München, C.H. Beck, 2007, S. 395–396

Paasche, Hans: Die Forschungsreise des Afrikaners Lukanga Mukara ins Innerste Deutschlands, Löhrbach, Werner Pieper & The Grüne Kraft Mediem Xperimente, 1975

Pieper, Annemarie: Einführung in die Ethik, 5. Aufl., Tübingen, Francke/UTB, 2003

Portengen, Riet: Zitat, in: Irmela Wiemann – Adoptivkindern ein Zuhause geben, 1. Aufl., Bonn, Verlag Balance Buch + Medien, 2009

Rawls, John: Gerechtigkeit als Fairness, 1. Aufl., übers. v. Joachim Schulte, Frankfurt/M., Suhrkamp, 2006

de Saint Exypéry, Antoine: Der kleine Prinz, 9. Aufl., Berlin, Verlag Volk und Welt, 1984

Sandmeir, Gunda: Pflegekinder kommen zu Wort, in: Bulletin DIJ, Heft 82, 2008, S. 15–18

Sass, Hans-Martin: Die Schwangerschaft abbrechen, wenn das Baby behindert ist?, verfügbar im Internet unter: www.das-tut-man-nicht.de/index.php?id=68&tx_uoout_pi1 [questionid]=143&back=59pnr=17 [28.03.2011]

Schmidbauer, Wolfgang: Die hilflosen Helfer – über die seelische Problematik der helfenden Berufe, 17. Aufl., Reinbek bei Hamburg, Rowohlt, 1992

Schorlemmer, Friedrich: Das Buch der Werte, 1. Aufl., Gütersloh, Bertelsmann, 1995

Schulz von Thun, Friedemann: Miteinander Reden 2 – Stile, Werte und Persönlichkeitsentwicklung, 23. Aufl., Reinbek bei Hamburg, Rowohlt Taschenbuchverlag, 2003

Schweizerische Fachstelle für Adoption (Hrsg.): Berufsethischer Kodex der Adoptionsvermittlung, abgerufen unter: www.adoptions-forum.com/BerufsethischerKodexderAdoptionsvermittlung.htm [11.08.2011]

Schwinger, Erhard: Ende einer Farce, in: DER SPIEGEL, Heft 28, 2010, S. 116–117

Shaw, Bernard: Zitat, verfügbar im Internet unter: www.gungfu.de/zitate/author/Bernard_Shaw.html [24.03.2011]

DER SPIEGEL: Wer hat dich entjungfert, Mutter – Interview mit Marc Fischer, in: DER SPIEGEL, Heft 33, 2010, S. 44

Strittmatter, Eva: Unterm wechselnden Licht, 2. Aufl., Berlin, Aufbau-Verlag, 2006

Theunissen, Georg: Empowerment und Inklusion behinderter Menschen, 2. Aufl., Freiburg im Breisgau, Lambertus, 2009

Tödt, Heinz Eduard: Perspektiven theologischer Ethik, 1. Aufl., München, Chr. Kaiser Verlag, 1988

Tschudin, Verena: Ethik in der Krankenpflege, 2. Aufl., übers. v. Christine Andina, Basel, RECOM, 1988

Unbekannter amerikanischer Verfasser: Weißt du, wer ich bin, was ich war?, in: American Journal of Nursing, Heft 6, 1973 (frei übersetzt von Verena Fiechter)

Wetzstein, Verena: Diagnose Alzheimer. Grundlagen einer Ethik der Demenz – Kultur der Medizin Bd. 16, Frankfurt/M., Campus-Verlag, 2005

Zieberts, Hans-Georg: Ethisches Lernen, in: Religionsdidaktik, hrsg. v. Hans-Georg Zieberts, 2. Aufl., München, Kösel-Verlag, 2003

Bildquellenverzeichnis

- mauritius images/Flirt: S. 7
- Bildungsverlag Eins, Köln/Cornelia Kurtz, Boppard: S. 15, 16, 32, 107
- Richard Newstead/Getty Images: S. 19
- Ralph Ruthe/Bulls Press GmbH, Frankfurt: S. 24, 186
- Volker Dornemann, Bochum, www.volkertoons.de: S. 26, 197
- Renate Alf, Freiburg: S. 27
- Jamie Grill/Getty Images: S. 30
- MEV Verlag, Augsburg: Koserowsky Carola: S. 31/Nicholson Graeme: S. 37
- Wikimedia Commons: S. 39, 40 (unten)
- Henry William Pickersgill/Wikimedia Commons: S. 40 (oben)
- Danny Brückner, Jena: S. 43
- picture-alliance/dpa: S. 47 (oben), 123, 125, 192, 209
- picture-alliance/dpa/dpaweb: S. 47 (unten), 154, 175
- Gamma-Rapho/via Getty Images: S. 48
- Carol Gilligan/Fotografin: Joyce Ravid: S. 50
- Bilderbox, Thening: S. 53, 139, 185
- Ioannis Milionis: S. 58
- fotolia.com: Contrastwerkstatt S. 65, 73/Jjayo S. 83/MAK S. 103/John Steel S. 115/ freeday S. 132, 137/shocky S. 143/Jamie Wilson S. 146/Ella S. 150/Udo Kroener S. 176 (unten)/BildPix.de S. 190/Elisabeth Rawald S. 200/Ann Katrin Figge S. 213 (oben)/Firma V S. 213 (unten)
- SAM/www.bildergeschichten.eu: S. 86
- Angelika Frost: S. 87, 148, 152, 153 (2x), 205
- epd bild/Jochen Günther: S. 91
- Bildungsverlag Eins, Köln/Christian Schlüter, Essen: S. 95 (2x), 105, 118
- picture-alliance/Golden Pixels LLC: S. 98
- Bildungsverlag Eins, Köln/Nadine Dilly, Oberhausen: S. 114
- Uli Stein: S. 117, 161
- Jürgen Frey, Berlin, www.juergenfrey.de: S. 127
- ullstein bild - united archives: S. 136
- Marcus/toonpool.com: S. 156
- picture alliance/Sueddeutsche Zeitung Photo: S. 163
- Gerhard Mester, Wiesbaden: S. 174
- quirit/Licensegarden, 2010: S. 176 (oben)
- ullstein bild   photothek: S. 183
- picture-alliance/BSIP/BL: S. 188
- picture-alliance/ZB: S. 207

Sachwortverzeichnis